本书得到山东省高峰学科（马克思主义理论）建设经费出版资助

山东省社科规划研究青年项目（项目编号21DZXJ04）研究成果

山东师范大学马克思主义理论 学者文库

作为自由前提的"人的独立性"

马克思人的发展形态理论研究

邵长超 著

中国社会科学出版社

图书在版编目（CIP）数据

作为自由前提的"人的独立性"：马克思人的发展形态理论研究／邵长超著． －－北京：中国社会科学出版社，2024．10

（山东师范大学马克思主义理论学者文库）

ISBN 978 - 7 - 5227 - 3589 - 4

Ⅰ.①作… Ⅱ.①邵… Ⅲ.①马克思主义—人类学—研究 Ⅳ.①A811.62

中国国家版本馆 CIP 数据核字（2024）第 104157 号

出 版 人	赵剑英
责任编辑	田　文
特约编辑	周晓慧
责任校对	张爱华
责任印制	张雪娇

出　　版	中国社会科学出版社
社　　址	北京鼓楼西大街甲 158 号
邮　　编	100720
网　　址	http://www.csspw.cn
发 行 部	010 - 84083685
门 市 部	010 - 84029450
经　　销	新华书店及其他书店

印刷装订	北京君升印刷有限公司
版　　次	2024 年 10 月第 1 版
印　　次	2024 年 10 月第 1 次印刷

开　　本	710×1000　1/16
印　　张	15.25
字　　数	233 千字
定　　价	78.00 元

凡购买中国社会科学出版社图书，如有质量问题请与本社营销中心联系调换
电话：010 - 84083683
版权所有　侵权必究

前　言

　　人的发展形态理论是马克思思想的重要组成部分，在这一理论中，马克思对人的发展状况进行了历史性的考察。马克思以历史的宏大眼光概括了人类发展的形态特征，展示出人的发展的内在逻辑和对现代社会的辩证态度，这对我们理解现代社会和人的自由之间的关系起到了重要作用。结合现代社会所发展出的丰富现实材料，对马克思人的发展形态理论的全景展示，不仅扩展了马克思在现代社会"在场"的可能性，而且通过揭示其中的互为关系，能够使我们把握马克思对资本主义批判的辩证性。从马克思人的发展形态理论出发考察现代社会，既能使我们加深对现代社会的辩证理解，更能使我们在历史的整全性中对现代社会及自由的发展趋势作出历史性的评价。

　　马克思深刻地把握到了资本主义社会的内在逻辑，揭示了扬弃资本主义生产方式和实现共产主义道路的可能性。在现代社会的背景中重新考察马克思人的发展形态理论，既需要理解现代人的生存前提，也需要理解现代社会所创造的新的历史处境，尤其是理解现代社会的消极意义和积极意义。只有在辩证思维中把握现代社会，才能真正理解现代社会中"人的独立性"与自由的关系，才能真正地使马克思和现代人的自由连接起来。以这种思路为指导，本书主要做了以下工作：

　　在第一章中，本书从自然、原始共同体、道德、政治、时间空间五个维度阐释了依赖关系的基本内容。这部分通过对马克思所表述的

"人的依赖关系"的展开，较为全面地对人类在前资本主义时期的生活状况进行了介绍，也进一步明确了现代人的生存前提。在这一阶段，人的生存形态受自然的影响比较大，人的诸种依赖形式都可以理解为人和自然关系的变形。在生产力不发达的前资本主义时期，人们并不能在生存中实现较大的主动性，而人只能在一种原始的依赖关系中展开自己的全部生活。对现代人生存前提的说明既是对"人的依赖关系"的重要展开，也是理解现代人生存现状的必要前提。

在第二章中，本书结合马克思"以物的依赖性为基础的人的独立性"的论断着重分析了现代人如何借助于物而独立于"人的依赖关系"。在马克思的语境下，现代人从"人的依赖关系"中摆脱出来，实现了相对于传统生活的独立，并获得了更大程度的自由。这种独立状态以对传统生存方式的扬弃为前提，以物的依赖性为手段，以"人的独立性"为最终成果。人的关系从各种传统关系中解放出来，开始建立以物的依赖性为主要特征的社会关系。这种新型社会关系的积极意义既在于它对传统社会关系的扬弃，又在于使独立状态下的人们能够自由地建立社会关系。现代社会的交往关系就是在这一过程中建立起来的。

在第三章中，本书试图进一步发掘出"以物的依赖性为基础的人的独立性"为自由个性的发展所提供的条件。在这一过程中，物的依赖性依然起到了决定性的作用。从日常生活到社会生产，从现实交往到精神原则的全部社会内容都在对物的依赖中发生了革命性的变化。这种物的依赖既为自由提供了充足的物质基础，也使实现独立性的社会个体能够自由地展示自己的个性。人在独立性的基础上按照自由个性来实现自身的发展，自由地建立与外部世界的关系。

重释马克思人的发展形态理论既能使马克思与现代人的自由连接起来，也可以使我们认识到现代性和后现代主义关系的辩证性。本书通过分析马克思人的发展形态理论的具体环节及逻辑关系，揭示出一种在辩证视野中理解现代社会的可能性。马克思既把人的独立性看作对传统生活方式的扬弃,也把它看作实现自由的理论前提;既把人对物的依赖性看作人独立于传统生活方式的现实依据,也把它看作人实现自由的物质前提。对现代社会作辩证的理解既能使我们理解现存事物的合理性,更能看到扬弃历史的任务和道路。只有如此,马克思的历史唯物主义和辩证唯物主义才能得到现实的阐释。

目　录

绪　论 …………………………………………………………（1）

第一章　现代人的生存前提："人的依赖关系"……………（8）
　第一节　人对自然的依赖 ……………………………………（9）
　　一　人对自然的生存依赖 …………………………………（9）
　　二　人对自然的生产和生活依赖 …………………………（13）
　　三　人的文明形态对自然的依赖 …………………………（16）
　第二节　人对传统共同体的依赖 ……………………………（19）
　　一　人对共同体的生产生活依赖 …………………………（20）
　　二　人对共同体的交往依赖 ………………………………（23）
　第三节　人对道德和神学世界的依赖 ………………………（26）
　　一　道德和宗教——人的依赖的抽象形式 ………………（26）
　　二　伦理价值与生活规范 …………………………………（29）
　　三　神圣形象与精神依赖 …………………………………（31）
　　四　共同体生活与个体心理依赖 …………………………（34）
　第四节　人对政治共同体的依赖 ……………………………（36）
　　一　生存权 …………………………………………………（37）
　　二　防卫权和处罚权 ………………………………………（38）
　　三　财产权 …………………………………………………（40）
　第五节　人对时间空间的依赖 ………………………………（44）

一　人的时间依赖 …………………………………………（45）
　　二　人的空间依赖 …………………………………………（61）

第二章　现代人的生存处境："以物的依赖性为基础的人的独立性" ……………………………………（75）

第一节　以生产力发展为基础的生存独立 …………………（75）
　　一　生存依赖的独立性 ……………………………………（76）
　　二　原始劳动与自由时间 …………………………………（79）
　　三　分工与人的独立意识 …………………………………（81）
　　四　分工与交往中的独立性 ………………………………（84）

第二节　以所有权为基础的个体独立 ………………………（87）
　　一　财产共有与私有化 ……………………………………（88）
　　二　私有化与共同体生活 …………………………………（90）

第三节　以理性交往为基础的精神独立 ……………………（95）
　　一　货币交往与理性精神 …………………………………（96）
　　二　货币交往与精神独立 ………………………………（100）
　　三　货币关系与人的独立性 ……………………………（104）

第四节　以货币交换为基础的政治独立 …………………（107）
　　一　交换行为与个体关系 ………………………………（107）
　　二　货币交往与人的平等自由 …………………………（112）
　　三　货币经济与人的独立性 ……………………………（118）

第五节　以日常生活为基础的时空独立 …………………（123）
　　一　现代时间与人的独立性 ……………………………（123）
　　二　现代空间与人的独立性 ……………………………（138）

第三章　现代人的自由前景：人的独立性与自由个性的实现 …………………………………………（144）

第一节　生产力与自由个性 ………………………………（144）

一　普遍的社会物质交换 …………………………………（145）
　　二　全面的体系 ……………………………………………（149）
　　三　多方面的需要 …………………………………………（155）
　　四　全面的能力 ……………………………………………（157）
第二节　所有权和自由个性 ……………………………………（160）
　　一　所有权与主体性 ………………………………………（160）
　　二　所有权与法权人格 ……………………………………（165）
　　三　所有权与公共生活 ……………………………………（170）
第三节　理性精神与自由个性 …………………………………（176）
　　一　理性与主体确证 ………………………………………（176）
　　二　理性与主体交往 ………………………………………（181）
　　三　交往理性与伦理理性化 ………………………………（184）
第四节　理性交往与自由个性 …………………………………（188）
　　一　个人权利的形成：被解放的个性 ……………………（188）
　　二　个人与公共领域关系的发展态势 ……………………（201）
第五节　时空脱域与自由个性 …………………………………（211）
　　一　现代时间与个人自由 …………………………………（211）
　　二　现代空间与个人自由 …………………………………（216）

结　语 ……………………………………………………………（222）

参考文献 ………………………………………………………（228）

后　记 ……………………………………………………………（233）

绪　　论

人的发展形态理论是马克思在《1857—1858年经济学手稿》中的著名论断。他用精练的语言总结了人类在不同文明阶段的形态特征，为后来的思想家继承和发展马克思主义哲学提供了一个现实的切入点。马克思关于人的发展形态的论断不仅包含着丰富的人类学和社会学内涵，也包含着丰富的辩证性和现实性。距离马克思提出这个论断已经过去了150余年，资本主义不断用巨大的生产力改变着社会和人的发展形态。在这个发展过程中，现代社会的整体定位已经发生了变化，我们需要在一种全新的历史语境中重释马克思人的发展形态理论的实际内涵。

首先，马克思终生致力于人类的自由和解放，而人的发展形态理论作为马克思自由理论的必要环节必须得到重视。虽然马克思未给出关于自由人的联合的具体步骤，但对马克思人的发展形态理论的重释能够使我们把握人的自由个性发展的内在逻辑，从而为现代社会的发展提出建设性的意见。在这一问题上，马克思为我们提供了一个具体的切入点，而且相较于其他思想家，马克思对自由的理解更具历史性和现实性。在此，"以物的依赖性为基础的人的独立性"这一阶段并不仅仅是资本主义对人的发展的抑制，而是实现自由个性的必要过程。在这一点上，马克思宏大的历史视域使其对历史和人的发展的理解超脱出诸多思想家对资本主义当下的、非历史的批判，超脱出对现代社会一味地批评和放弃。在现代社会的发展中，分工和私有制的不断强化使我们既应该看到马克思所批判的东西，也应该看到历史未完成的东西。更重要的是，马克思对资本主义社会的分析是具体而现实的，马克思晚年对政治经济学的关注正体现了他试图发现和了解资本主义社会秘密的努力。只有如此，我们才能清楚且有条理地理解资本主义在何种程度上为人的自由提供了前提条件，才能洞见到现代社会的文明意蕴。把资本主义作为承上启下的历史存在，才能在批判中构建文明的新形态，即马克思所谓的以自由个性为特征的"自由人的联合体"。通过以上的分析，我们可以看出马克思对现代性的态度区别于后现代主义，故而"他的著作被认为是融合了对资本主义现代化过程的破坏性一面的充满真知灼见的分析以及对于解放的可能性的肯定"①。詹明信在《晚期资本主义的文化逻辑》一书中，强调了马克思对现代生活的启示作用：

> 马克思要发挥一种特殊的思考方法，既能掌握资本主义彰明在目的的劣根性，同时又能深切了解其异乎寻常、独具解放动力的优点。如何在同一个思维架构里掌握着两方面的特性而不致减弱任何一方的价值，那正是我们在评估之时要尝试做到的事。无论如何，资本主义同时是人类历史，最好和最坏的一样东西，这点我们应该充分掌握，不过，要从这个严峻的辩证使命，跌落到一个更为舒服和安全的道德立场，也是人之常情，难以避免的。然而，问题的迫切性要求我们至少尝试尽力透过文化进化的观点来思考晚期资本主义这个历史现象；至少尽力透过辩证分析的方法，从"惨剧"和"进步"的观点予以同时掌握。②

但是，随着现代社会的迅猛发展，新的维度和历史材料的出现已经超出了马克思的论域。在社会学领域中，诸多思想家富有创见地在

---

① ［英］彼得·奥斯本：《时间的政治》，王志宏译，商务印书馆2004年版，第19页。
② ［美］詹明信：《晚期资本主义的文化逻辑》，陈清侨等译，生活·读书·新知三联书店1997年版，第502—503页。

对现代社会的批判中零星地表达了现代生活的解放因素，这成为引领我们理解现代人生存境遇的最佳方式。为此，我们必须结合现代社会发展的新情况，对马克思提出的人的发展形态理论进行翔实的介绍，以期丰富马克思对现代社会的研判。只有在这个基础上，我们才能真正理解现代性的前提意义，才能理解"人的独立性"和"自由个性"之间的关系，它们作为辩证法环节的意义才能够得到真正说明。

其次，重释马克思人的发展形态理论是对现代社会作历史性理解的必然要求。从启蒙运动开始，人们对现代社会的反思与批判就未曾停止，但是这种批判普遍缺乏一种宏观的历史思维，使人只能局限在现代社会的某一方面来看待问题。这不仅不能对现代社会的消极面作出准确的判断，而且会使人迷失方向，无法筹划现代社会的未来道路。只有明晰马克思人的发展形态的逻辑关联，才能准确地对现代人的生存状态进行判断，理解现代社会的积极意义和消极意义。只有如此，才能真正地使人理解他所处的时代并找到解决问题的出路。也就是说，一个人应该了解他自己所处的时代，并且应该知道这个时代将带他到何处。后现代主义者把诸多夸张的词汇用在表述我们的时代上，使我们不禁要问：我们生活的时代原来是那么的不堪吗？尽管现代性和后现代主义之间的争论好像已经过去，但不可否认的是，当今包含中国在内的发展中国家仍徘徊在这种关系的漩涡中。这种迷茫并非深陷在马克思所预言的"世界历史"趋势中，而是在新的文明形态下思考如何处理民族关系、文化认同、社会大众心理等诸问题。如同康德所形容的"老妪"般的形而上学，现代性今日也面对着同样的命运。黑格尔说："哲学的任务在于理解存在的东西，因为存在的东西就是理性。"[①] 在这里，黑格尔对我们提出了理解时代，把握时代精神的要求。在这种召唤中，我们不难想起阿波罗神在希腊帕尔纳索斯山神殿门上的格言。正是在这种认识自己的过程中，人们才能够达成与

---

① ［德］黑格尔：《法哲学原理》，范扬等译，商务印书馆1961年版，序言第12页。

自身时代的和解,这也正是身处历史,尤其是在后现代主义眼中"一无是处"的现代社会的人应该做的事情。在此基础上,人不仅应该具备理解历史的觉悟,还应该具备理解现存事物合理性的能力。对存在事物合理性的理解,既是对事物构成因素和机制的了解,也是对事物作辩证发展的理解。只有使这样的精神素养成为大众的思维习惯,哲学才能真正地完成从解释世界到改变世界的转换。只有如此,面对现代社会中普遍的悲观情绪和对宏大叙事原则的强烈否定,我们才能"在现在的十字架中去认识作为蔷薇的理性,并对现在感到乐观,这种理性的洞察,会使我们跟现实调和"①。

再次,重释马克思人的发展形态理论是马克思理论与时俱进的要求。在日新月异的现代社会中,我们必须用最新的历史材料充实理论,用坚实的理论观照现实。马克思用精练的语言总结出的人的发展规律是中国现代社会发展重要的理论资源。我们必须用历史的和全球化的视野来把握中国社会的变革,尤其要关注人的发展状况。中国拥有最成熟稳定的传统社会关系,中国社会真正从近代走进现代也才几十年的时间。这种历史的剧变使中国社会在转型期所遇到的问题更加复杂、更加剧烈。面对这种现实,我们既要理解社会问题的来龙去脉,理解现代社会的利与弊,也要寻根溯源,找到破解这些难题的中国方案。这是一个理论问题,更是一个现实问题。现代中国经历了从封建文明向现代资本主义文明的千年巨变,人的生存生活条件和精神世界都发生了翻天覆地的变化。在从传统向现代生活方式的转变中,人们普遍处于一种过去无可依、未来无可期的精神困境中,这也是虚无主义的现代境遇。在马克思的语境中,这就是现代人独立性的具体表现:一方面,人从传统价值体系中解脱出来;另一方面,新的生存价值体系尚未成形。再加之多元价值的泛滥,迷茫和无助成为现代人的普遍精神状态。因此,我们试图在马克思所表征的人的发展形态理

---

① [德]黑格尔:《法哲学原理》,范扬等译,商务印书馆1961年版,序言第13页。

论与现代人的生存状况之间作一种连接，并以此来明晰人的发展形态之间的辩证关系。只有把它们作为辩证法的环节来理解，才能更好地了解和指导我们身处的时代，端正我们对于现代社会的态度。实际上，把马克思引入现代人的生活中，既是马克思主义中国化、大众化的要求，也是以历史唯物主义把握时代发展的要求。进一步来说，中国人的现代生存境遇，以其复杂性、多样性、激烈性成为传统—现代—后现代转型的典型问题。

最后，重释马克思人的发展形态理论是理解马克思历史唯物主义和辩证唯物主义精髓的关键点。在对现代社会的态度问题上，后现代主义在批判现代性的过程中过度发展了对现代性的否定意义，并以一种决裂的姿态要求划清与现代社会的界限。实际上，在历史唯物主义和辩证唯物主义的基础上理解现代社会的种种病症，理解马克思所谓的"以物的依赖性为基础的人的独立性"，既能找到社会问题的根源，更能体会马克思对历史的辩证理解。要了解马克思如何看待现代人的生存，这就需要重新理解历史唯物主义视域中的"人的独立性"，需要对马克思人的发展形态理论作历史性的理解。随着这项工作的展开，我们还试图从一种宏观的历史维度把握人的发展形态，并从中发现开创未来的路径，重新审视现代人的自由现状及其未来。与生活世界对现代化的普遍欢迎态度不同，对于资本主义这一历史现实的思辨理解，辩证法的否定性以其大无畏的批判精神彰显了反思的力量。在这样相对特殊的历史时期，我们一方面沉迷于现代社会为我们创造的美好生活中，另一方面，我们又沉浸在一种对现代社会合法的否定性当中，由此导致了以现代性为特征的资本主义的合理性淹没在对资本的批判声中，进而造成了人对其生存境遇的无限悲观和不满。简言之，现代社会的合理性成为问题。在这个问题上，西方马克思主义者和后现代主义者从各个维度揭示了现代社会所造成的人的生存危机，于是理性的抛弃、价值的渴望、对差异和多样化的强调成为这个时代的普遍声音，这已经是充满"无力感"的老生常谈。但是，如果从辩证唯物主义或辩证法的逻辑环节来理解现代社会，我们不禁要问，否定的辩证法要把我们带向哪里？黑格尔所主张的"存在的就是合理的"如何展示出其意义？在物质领域，现代生产力的伟大功绩无可置疑，但在现代社会对人的发展的历史意义上，我们对于现代性的理解仍旧缺乏一种宏观和辩证的眼光，这主要体现在对现代性危机合理性的理解中。易言之，我们需要解答的问题是如何理解现代社会的人的生存危机及其辩证意义。

在国内对马克思人的发展形态理论的研究中，张军在其博士学位论文《人的发展的历史形态及其当代意蕴——"人的依赖"·"物的依赖"·"能力依赖"》及后续的文章中做了一些工作。该文提及了包括高清海、韩庆祥等人的相关论文，对国内学者的相关工作进行了相对全面的介绍。总体看来，第一，国内学者对马克思人的发展形态理论的解读更多的是选择不同的切入点。不管是从劳动关系的发展变化，还是从个体与社会的关系、类本性的观点入手，他们更多的是一种解读方法上的创新。第二，由于20世纪八九十年代是中国从计划经济向市场经济转变的关键时期，人们对马克思人的发展形态理论的解读更多地强调了"人的依赖关系"的瓦解和"物的依赖关系"的形成，结合西方马克思主义对卢卡奇物化理论的继续发挥，人们把关注的重点更多地放在了人对物的依赖上。第三，现有对马克思人的发展形态的解读更多的是一种理论注解，未能结合马克思自由理论和辩证法思想给出具有历史高度的理解。我们应该在历史的视野中对现代社会作出评价，用历史唯物主义和辩证唯物主义对现代社会作出历史定位。只有如此，我们才能在宏大的历史视野中回答我们是谁，我们从哪里来，我们要到哪里去的抽象问题。第四，在对马克思人的发展形态理论比较系统的论述中，张军及韩庆祥做了较多的工作，但是也存在着诸多问题。首先，他们对马克思人的发展形态的展开缺乏系统的论述，在论题的内部结构上更多的是一种主观性的发挥，章节内部缺乏必然的逻辑联系。其次，由于时代因素，其论文在材料的选择广度、深度和新颖度上都有较大不足，未能充分地吸收现代社会的最新研究成果。最重要的一点是，张军把马克思的自由个性转换成"能力依赖"，虽然极具创新意识，但总体上缺乏说服力，这既不符合马克思哲学的基本内容，也不符合理论和现实的内在要求。对能力的强调实际上只是人的全面发展的一个侧面，是人的自由发展的一种保障。对能力的过分依赖和解读，实际上仍旧停留在传统哲学的话语中，使人的发展仍旧停留在较为低级的阶段，这不足以真正地诠释马克思思想的实际内涵。

因此，本书对马克思人的发展形态理论展开系统全面的探讨。在结构安排上，本书共分为三章。在第一章中，马克思把传统社会中人的发展形态总结为"人的依赖关系"，我们通过详细梳理，选择了五个比较有代表性的角度对这一问题进行了展开。从人与自然、人与传统共同体、人与道德、人与政治和人与时空的关系上全景展示了传统生活的样貌，并以此作为理解现代人生存前提的基本工作。在第二章中，我们结合现代资本主义生产的新发展和新变化，分析了马克思所谓的"人的独立性"是如何实现的。在这一过程中，探究人们是如何把对"人的依赖关系"转移到对物的依赖关系中的。我们想强调的是，人们对物的依赖不仅在否定的意义上构成了人的异化，而且更重要的是为人的发展形态提供了一种积极的动力，人的独立性是社会发展的积极结果。只有如此，人们才有可能创建自由的社会关系。在第三章中，我们旨在分析在依赖于物所实现的独立性的基础上，人们自由个性的实现何以可能。只有在这个意义上阐明"物"的积极的历史意义，人们才能够真正知道应该如何看待现代社会所表现出来的"弊病"。在结语中，我们总结性地分析了现代性和后现代主义在各自历史语境中的积极意义和否定意义，认为把两者孤立起来或者对立起来的观点都是片面的。马克思在对资本主义现代性的批判中同样肯定了其积极意义，展示出了历史的和辩证的视野，对现代性和后现代主义之间的辩证联系进行了重新强调。

第一章　现代人的生存前提：
"人的依赖关系"

宗教改革和工业革命划出了西方传统社会与现代社会的界限，现代性成为相对于传统社会形态的资本主义社会的总体概括。要从实质上理解现代社会所包含的积极因素和解放力量，我们需要从"人的依赖关系"入手了解现代人在传统社会中的生存形态。一般来说，"前资本主义"一词包含从人类形成之初到工业革命之前的所有历史，尤其包括人类早期的生活形态，即部落共同体时期。我们都已熟知马克思在《1857—1858年经济学手稿》中把人的发展形态概括为三个阶段，作为第一个阶段的"人的依赖关系"是建立在原始的自然生产基础上的，而这种特征越在人类的童年时期表现得越明显。在此，我们需要考察"人的依赖关系"的具体展开形式，考察与现代人生活相连接的各个部分。只有这样，我们才能梳理出人的发展形态变更的具体领域。要想真正理解现代社会及人的发展状况，对"人的依赖关系"的分析是拆解问题和细化问题的必然，这种分类虽然不是以逻辑的形式展开的，但它尽可能地包含了人类生活的诸多方面。具体说来，我们对"人的依赖关系"的分析以对自然的生存依赖、对共同体生活的依赖、对宗教道德和生命意义的依赖、对政治共同体的依赖和对时间空间的依赖为主要内容，从而勾画出人类在早期阶段基本的存在和交往形式。从根本上说，要对现代社会作辩证性的理解，也就需要把现代社会作为辩证历史的环节来理解，而对现代人生存前提的考察是基础性的工作。

第一节 人对自然的依赖

人的社会关系和人的生产生活形态息息相关。在前资本主义社会中,"人的依赖关系(起初是自然发生的),是最初的社会形式",马克思把人的依赖性作为这一时期人的基本形态,这是和人的原始生活形态分不开的。在人类早期的生活中,人首先表现为一种动物,这是由人的本质属性决定的。因此,在人类的原始阶段,人和动物有着同样的生存方式,即和动物一样不得不纯粹依靠自然手段来维持自己的生存。但人又是一种群居动物,由此也决定了人是通过依赖于共同体而得以生存的,人类的这些自然属性成为讨论人的历史形态的天然起点。人以对共同体的依赖对抗自然生活中的诸多风险,并以此衍生出了前资本主义社会所有的社会关系,包括道德的、宗教的、政治的各种社会关系。随着人类文明的不断丰富,人的生存关系中又衍生出人与宗教伦理、人与政治、人在日常生活中的依赖关系等。总而言之,在前资本主义的生产条件下,人自发形成的诸种依赖关系带有较强的自然属性,而这正是人类发展早期的基本特征。在对人的发展形态、对历史本身进行讨论的过程中,马克思区别于传统哲学家的重要依据就在于对历史的考察是从"现实的个人"出发说明问题的,因为"全部人类历史的第一个前提无疑是有生命的个人的存在"[①]。有了这样一个出发点,我们就必须进入具体的历史材料中去展现人的发展脉络,使我们对人的勾画有着更加实证的或者说值得信服的说明。

一 人对自然的生存依赖

物质生产条件决定了人的发展条件,在生产力极度不发达的原始社会,人的发展问题就只能由自然因素主导。人在原始社会中,首先要解

---

① 《马克思恩格斯文集》第1卷,人民出版社2009年版,第519页。

决的就是生存问题,其中最重要的是人们对食物的获取。在这一阶段,不管是在种类上还是在获取的方式上,人对食物的获取都以对自然的依赖为主。从这一点出发,这种依赖关系继而影响了人的发展的各个方面。

在马克思看来,既然要对人的发展形态作出历史的说明,那我们"第一个需要确认的事实就是这些个人的肉体组织以及由此产生的个人对其他自然的关系。当然,我们在这里既不能深入研究人们自身的生理特性,也不能深入研究人们所处的各种自然条件——地质条件、山岳水文地理条件、气候条件以及其他条件。任何历史记载都应当从这些自然基础以及它们在历史进程中由于人们的活动而发生的变更出发"[1]。在这里,作为探讨人类发展形态的历史起点,马克思指出我们必须首先考虑个人最开始的生存状态,即人的自身条件与自然环境的联系。在马克思看来,考察个体发展形态与自然的关系是理解人的社会关系和人的发展的起点,由此才能生发出对历史的准确解读。更重要的是,马克思通过一种否定性的回答强调必须把自然环境及其差异作为研究人类历史的起点,尤其要注意到人和自然的相互作用以及发生的变化。因为不同的自然条件决定了人的活动的具体展开形式,比如人应当首先发展农业还是畜牧业,这不是一个认识问题,而是一个历史实践问题。反之,人的社会历史活动也在一定程度上影响了自然本身,而更为根本的是,这个自然已经是人化的自然,是人的历史活动的结果。在这里,通过我们对马克思这一论断的详细解读,我们既能看到历史唯物主义在具体问题上的展现,即以对人的现实分析代替思辨分析的历史解读;也能看到马克思在人类发展早期阶段中对自然因素的强调与地理决定论的某种契合。不得不承认,在人类早期,自然因素对人的发展确实起到过主导作用。这些自然因素为人的历史活动奠定了物质基础,人与自然之间的互动关系也成为人类历史的主要内容,而且,直到今天,人类和历史的发展依旧在某种程度上依赖于

---

[1] 《马克思恩格斯文集》第1卷,人民出版社2009年版,第519页。

自然。因为在今天看来,自然因素的差异所决定的种族特性以及衍生出的体力之间的差异依旧是一种普遍的存在。虽然《枪炮、病菌与钢铁》的作者戴蒙德否定了自然因素所导致的智力上的差别,但种族与智力有所关联的观点却依然在很多地方流行。以上判断是马克思在人类发展初期对人的发展形态的基本把握,可以确认的是,这一阶段人对自然的依赖关系仍然占据了主导地位。但在这些问题上,马克思并没有深入具体的事实分析中,也没有对各种自然条件及其影响问题展开讨论。这主要是因为马克思的任务重心在于对资本主义的分析,这种历史的迫切性致使他无法深入这些"史前"问题中去。直到晚年,由于马克思对资本主义革命运动的现实性认识,并且由于对东方问题的关注,马克思才开始转向对史前人类发展形态的研究,才从摩尔根那里获得了诸多具体材料,以此补充了马克思对前资本主义时期的历史唯物主义说明。

马克思和恩格斯在晚年都以不同形式转向了对人类早期生产关系和发展形态的研究,这主要体现在马克思的人类学笔记和恩格斯的《家庭、私有制和国家的起源》中。在马克思的人类学笔记中,马克思主要以摩尔根的《古代社会》为历史依据,梳理了人类在前资本主义时期的生产和生活形态。尤其是在摩尔根所划分的野蛮时代和蒙昧时代中,人类的生存形态直接表现出了和生产形态的紧密相关性。在文明时代以前,人虽然在某种程度上掌握了个别的生产技巧,但人总体上并没有形成规模化的和稳定持续的生产行为,有意识的生产并没有成为人的主要生存方式,人的生活仍旧依赖于自然的偶然馈赠。在历史唯物主义的表述中,要讨论人在前资本主义的生活和发展,马克思认为:"我们首先应当确定一切人类生存的第一个前提,也就是一切历史的第一个前提,这个前提是:人们为了能够'创造历史',必须能够生活。"[①] 因此,人类存在的第一种历史活动就表现在人为了生

---

① 《马克思恩格斯文集》第1卷,人民出版社2009年版,第531页。

存而对食物的获取中，而这种获取几乎完全是依赖于自然的。摩尔根从原始社会中归纳出了五种食物类型，分别是在有限的住地上以果实草根为食物的自然生活、鱼食生活、借栽培而来的淀粉性食物生活、肉食及乳食的生活、由农业而发生的无限制的食物之生活。关于这一点，我们需要从两个层面进行解读。一方面，人类的生存活动是和自然因素紧密相连的。人类的食物类型是由所在地的自然环境所决定的，这也就是中国传统文化中的"靠山吃山靠水吃水"。在人类发展早期，人类的活动区域大部分被限定在热带及亚热带的地域，因为在这些区域中有着丰富的动植物资源并且它们有着较快的更新速度，这些地域相比于其他地域有着更加稳定的食物保障。另一方面，由于不同区域中自然因素的差异，人类食物种类的差异也在一定程度上影响了人类体质的差异。按照戴蒙德的说法，我们能从每英亩土地上获得的能量的多少，决定了我们个体和群体数量上的优势，进入生产方式中就会使这种差异更加明显。从进食方式上说，早期的人类对食物的加工基本是不存在的，人对于食物的营养和能量转化只能依赖于自然方式，即火，但是这种方式在人类获得取火方式之前基本上只能是非常偶然地采取的。

  人由于对食物的依赖强化了对自然空间的依赖，人们不仅经常因为食物的短缺而被迫迁徙，而且会因为对食物的依赖而不能自由地迁移。在早期阶段，"当人类依赖果实及自生的食物为生活时，要从其原来住地移往他处是不可能的"①。摩尔根认为，人获取食物的方式是和人们的行动能力直接联系在一起的，缺乏充足的食物保障，人们就不能拥有大范围活动的勇气，人的活动只能局限在食物安全的狭小范围内。人没有足够的能力去开辟新的世界，并且这种开拓以其较大的风险性造成了人类只能依赖于相对狭小的空间生存，只有到了极端的生存危机下才会大范围地改变其生存环境。由此可见，人对于自然的

---

① [美] 摩尔根：《古代社会》第1册，杨东莼等译，商务印书馆1971年版，第31—32页。

依赖体现在了食物获取、生存空间等问题上，并使人类发展出了不同的生产和生活方式，以此影响了各文明发展的进程和方向。

二 人对自然的生产和生活依赖

在传统生活中，除了基本的生存依赖外，人对自然的依赖关系还体现在生产和生活的方方面面。人类的生产形式和具体的生活方式以各自不同的方式展示了对自然的依赖形式。

生活方式的转变是以生产方式的转变为前提的，而人的生产方式又随着自然条件的变化而变化，这主要体现在人类早期对狩猎采集生活和粮食种植的选择上。人们一般认为，地理环境直接决定了人的生产方式，但在戴蒙德看来，这种判断过于简化了。人类原始生活中狩猎采集和粮食种植的生活生产方式不是截然对立的，而是以一种混合形式同时出现在大部分族群的选择中。但是，在关于"种田还是不种田"的判断中，人类依据不同生产要素的相互作用作出了各自的选择。它们分别是：获得野生食物的可能性、获得可驯化野生植物的可能性、生产工具和技术、人口的数量及密度。这些因素在所有族群中出现并成为他们选择各自生活方式的依据，而这些条件是直接和自然因素联系在一起的。因此，在那些传统粮食生产中心之外，人对于是否选择粮食种植这一生活方式是随着变动的自然因素而摇摆不定的。比如，"狩猎采集族群的确看见过他们的邻居在进行粮食生产，不过他们还是拒绝接受想象中的粮食生产的好处，而仍然过着狩猎采集生活"①。这是既简单又复杂的选择，因为在他们看来，狩猎获得食物的可能性湮没了农业生产获得食物的可能性。因为狩猎依据的是自身能力的大小，而原始农业基本上依靠自然的偶然性。在这里，我们要强调的仍然是自然条件的差异对于生产方式的影响，尤其是对能否进行粮食种植的影响。因为这些影响是造成多种民族、文化更大差异的根

---

① [美]贾雷德·戴蒙德：《枪炮、病菌与钢铁》，谢延光译，上海译文出版社2000年版，第90页。

本，从而在某种程度上造就了今天的文明格局。

农业不得不依赖于水源充沛、土地肥沃、光照恰当等诸多自然条件，农业的出现使人对于土地的依赖更加牢固，并使人类开始尝试定居生活。所以，自然因素及其变化决定了不同的族群是否发展粮食种植，而能否发展粮食种植决定了人类能否以定居的方式进行生活。所以，在人类历史的变迁中，部分族群的主要生产方式实现了从狩猎采集到动植物驯化的变化，这种变化改变了生活的基本形态，并催生出了农耕文明。"因此，在不同大陆的族群是否或何时变成农民和牧人方面的地理差异，在很大程度上说明了他们以后截然不同的命运。"①根据考古学的判断，传统粮食中心和古代文明都集中于北半球的回归线附近，这些地区基本上有着丰富的降水和动植物种类，它们有着发展粮食种植的天然优势。但在较北的苦寒地带，这种条件是不具备的，由于这些自然环境的决定性作用，农业至今仍旧不是这些地区的主要产业。直到今天，"在欧亚大陆北极地区出现的唯一粮食生产要素是放牧驯鹿。在远离灌溉水源的沙漠地区也不可能自发地出现粮食生产"②。相对而言，热带地区由于丰沛的食物资源，人们不需要从特定的地区获取食物。虽然出现了刀耕火种的原始农业，但是由于这种生产方式本身有着较高的时间成本，人们不如依靠快速的迁徙来更新食物获取的速度，这使得发展稳定的粮食种植成为不必要的。进一步来说，自然条件对于生产方式的决定性影响在某种程度上也塑造了族群的性格，在戴蒙德看来，从事狩猎采集活动的族群因多从事"凶险、粗野、短命"的活动而变得强悍、勇敢，而反过来，从事粮食种植的族群虽然性格上呈现出相对和善的一面，但却因为充分的食物保证而获得了族群发展的更大优势。此外，有了定居生活和粮食生产的

---

① [美] 贾雷德·戴蒙德：《枪炮、病菌与钢铁》，谢延光译，上海译文出版社2000年版，第67页。

② [美] 贾雷德·戴蒙德：《枪炮、病菌与钢铁》，谢延光译，上海译文出版社2000年版，第75页。

保证，诸多农副产品的获得也成为可能，而"能够获得更多的可消耗的卡路里就意味着会有更多的人"①。在这个基础上，族群获得了壮大，继而为建立更复杂的社会分工和社会组织形式提供了前提条件。

自然因素的差异不仅在宏观上影响了生产方式的发展方向，而且在早期具体的生产活动中产生了决定性作用。比如在分工问题上，人对自然的依赖首先表现在因自然差异所导致的分工差异上，而这种分工差异又首先体现在人的繁殖问题上。由于性别差异所实现的自然分工是先定的，这一性别差异及其依赖关系是人类最简单和最基本的生命活动形态。在日常的生产和生活中，尤其是在食物的获取上，分工差异对性别差异的依赖就展示得更加明显。具体说来，出于繁殖的需要，女性在后代培育中担负着较大的作用。虽然在动物界我们仍旧可以看到这种分工之后的关系分裂，雄性动物不再承担相应的职责，但在稳定的专偶制婚配关系中，两性的分工是持久的和明确的。这种分工关系在人类具体的生产中得到巩固及发展，并延伸至人的生活的方方面面。中国传统社会的男耕女织生活就是自然分工的简单、直接表现。不管怎样，在生产力水平低下的原始时期，人的差异首先以自然属性表现出来，"分工是纯粹自然产生的；它只存在于两性之间。男子作战、打猎、捕鱼，获取食物的原料，并制作为此所必需的工具。妇女管家，制备衣食——做饭、纺织、缝纫。男女分别是自己活动领域的主人：男子是森林中的主人，妇女是家里的主人"②。除此我们也应该看到，和依赖于自然禀赋的原始分工相比，现代社会中的两性在诸多工种上的差异日渐缩小，自然属性尤其是性别在具体分工中的淡化使女性同样可以创造和男性相当的社会价值，男性和女性依靠自然禀赋而局限于各自擅长领域的原始分工正在被消灭中。此外，从人的发展角度来说，人的发展是和人的需求的发展及其满足联系在一起

---

① [美]贾雷德·戴蒙德：《枪炮、病菌与钢铁》，谢延光译，上海译文出版社2000年版，第67页。
② 《马克思恩格斯文集》第4卷，人民出版社2009年版，第178页。

的，而人的需求及其限度是历史的产物。在以自然为依赖对象的生产活动中，人的需求未能得到充分且自由的发展，人更多地停留在作为动物本能的需求满足中。在一定的生产水平限制下，作为社会历史中的人不可能发展出超出生产力水平的需要。在人类早期阶段，人的需求完全就是自然式的生命本能的展现，人主要致力于生命的自我保全、生命的延长、延续等自然诉求的满足中。

人类的发展史既是生产方式的发展史，也是生产工具的发展史。在前资本主义阶段，人对于自然资源的利用是直接且初级的。人对于自然的发掘和利用主要依靠人力和畜力，生产资料也大都直接来自自然。因此，生产工具和生存资料的生产影响了人的生产和生活的发展方向。古希腊文明能够依赖于丰富的海洋资源发展出发达的海上商业贸易，而西伯利亚的牧民只能从游牧生活中获得生活的全部资料。

三　人的文明形态对自然的依赖

自然环境的差异对于是否发展粮食种植产生了重要的影响，继而也成为能否发展出定居生活的关键性因素。更为重要的是，定居生活极大地促进了文明的发展进程。因此，不仅人类个体形态的发展受到自然的影响，而且文明的发展方向和发展程度在一定程度上也是依赖于自然的。

正如戴蒙德认为人们对于生活方式的选择是无意识的一样，这种选择也在无意中成为造成人类文明形态差异的原因。在文明社会之初，植物的驯化使粮食成为可以预期的食物来源，使人的生活生存有着更为稳定的保障。"所有这些都是由于动植物驯化比狩猎采集的生活方式能生产出更多的食物从而导致更稠密人口的一些直接因素。"[①] 相较于颠沛流离的狩猎采集，人类不仅有可能更加稳定地获得食物，而且固定的生活方式也为人的繁衍创造了条件。比如，稳定的居住环境能够使人过上

---

① [美]贾雷德·戴蒙德：《枪炮、病菌与钢铁》，谢延光译，上海译文出版社2000年版，第70页。

相对安定的生活，人们对于生活的规划能力和执行能力就变得切实可行，这尤其体现在人口规模的增加上，也就是对繁衍问题的考量上。在这个基础上，人类可以不断扩大自己的种群力量，进一步增强摆脱自然的能力，在动植物的驯化成为常态之前，这种情况是不太可能的。

农作物的种植所实现的粮食剩余还使进一步的分工成为可能，从而促进了手工业等技术的发展。在戴蒙德看来，食物的充足能够让一部分人从食物生产中解放出来，使人能够依据其他的自然禀赋和个人志趣致力于不同的分工。这在不具备粮食储备的狩猎采集生活中是不可能的，因为流动的生活不利于人们养成特定的生活和职业习惯，人们也缺乏富裕的时间来在单一技能上花费较多的时间。所以，直到农耕社会，人们才较为普遍地发展出各种特殊职业技能。合理分工又会进一步作用于生产力，促使其不断发展，从而进一步拉大了不同生产方式之间的差距。稳定充足的粮食生产除了使进一步的分工得以可能，还使国家以税收的形式实现了对部分贮藏粮食的掌握。稳定的公共财富催生出了更多的社会性分工，比如政治官员、各类艺术家等。在这里，我们特别强调军人这一特殊职业的诞生，因为这一职业直接造成了不同族群、国家相互冲突的不同结果。只有在这个基础上，我们才能理解戴蒙德所认为的，"在粮食生产上具有领先优势的那些地区里的族群，因而在通往枪炮、病菌和钢铁的道路上也取得了领先的优势"[①]。反之，那些在生产方式上较为原始的族群，"由于他们以狩猎采集为生，他们不能生产多余的农作物供重新分配和贮藏之用，所以他们无法养活不事狩猎的专门手艺人、军队、行政官员和首领"[②]。此外，我们还应看到动物驯化对文明发展的直接影响，虽然它不及植物驯化那样根本，但也为推动人类文明的发展贡献了极大的力量。从

---

① [美]贾雷德·戴蒙德：《枪炮、病菌与钢铁》，谢延光译，上海译文出版社2000年版，第88页。
② [美]贾雷德·戴蒙德：《枪炮、病菌与钢铁》，谢延光译，上海译文出版社2000年版，第29页。

最直接的作用上讲，动物的驯化同样为人类的食物提供了保障，尤其使人类能够较为稳定地获得高质量的蛋白质。这进一步增强了食物的稳定性，而且充足的肉类食物在某种程度上提高了人类的身体机能，增加了人抵抗外界环境的能力。伴随着植物的驯化，动物的驯化也对农业的发展起到了重要的作用，一方面，动物产生的粪便能够作为植物的养料，粮食作物自然地就能够获得产量上的增加；另一方面，动物的驯化实现了人的力量的扩展，"驯化的大型哺乳动物在19世纪铁路发展起来之前成为我们主要的陆路运输手段，从而进一步使人类社会发生了革命性的剧变"①。

在人类发展早期，人对于自然的依赖不仅决定了生存生活的诸方面，而且决定了各个文明发展的可能性，这也是戴蒙德的"地理决定论"所试图阐明的自然环境对人类文明进化的影响。在《枪炮、病菌与钢铁》中，戴蒙德用毛利人和莫里奥里人的存亡之战详细论证了生存环境差异对两个种族性格和命运的影响。在"历史的自然实验"一章中，戴蒙德认为，由于两个族群在岛屿气候、地质类型、海洋资源、面积、地形的破碎和隔离程度上的差异导致了毛利人对莫里奥里人的灭族，"这个结果清楚地表明了环境在很短的时间内能在多大程度上影响经济、技术、政治组织和战斗技巧"②。从长远来看，社会组织模式也与文明的进展息息相关，人口资源较为丰富的地域和民族一般能够出现更加复杂的社会组织和更加细致的社会分工，人口数量和社会文明程度在一定程度上呈正相关关系。从这里我们可以看出，社会组织的复杂化导致了农民和其他职业的分化，使得能够有人专门从事公共事业相关的工作，以社会的良序运转为目的的公共事业又进一步为生产力的发展提供了良好的外部环境，继而又增加了社会的复杂

---

① [美] 贾雷德·戴蒙德：《枪炮、病菌与钢铁》，谢延光译，上海译文出版社2000年版，第72页。

② [美] 贾雷德·戴蒙德：《枪炮、病菌与钢铁》，谢延光译，上海译文出版社2000年版，第30页。

程度，分工化程度的提高与人对社会的依赖相互发展着。这种连锁反应最终使得"波利尼西亚的岛屿社会在其经济专业化、社会复杂程度、政治组织以及物质产品方面存在着巨大差异"①。我们可以把这个实验的结论扩展到人类文明的发展史中，文明形态和自然的关系不言而喻。

综上所述，自然因素在文明的诞生和发展过程中确实起到了至关重要的作用，我们最终发展出来的上层建筑和历史文化有一种对自然的天然依赖。农业文明、游牧文明、商业文明的各种传统不是由不同种族文化之间的差异决定的，而是生存环境在某种程度上所起的作用。具体到不同的文明来说，"不同民族的历史遵循不同的道路前进，其原因是民族环境的差异，而不是民族自身在生物学上的差异"②。所以，人对自然的依赖是全方位的和根本性的，把地理因素归结为不同文明的根本原因虽然有独断论的嫌疑，但通过历史唯物主义的分析，我们对人类文明的判断基本上离不开戴蒙德的这一理论成果。借助于戴蒙德为我们提供的实例，马克思所表述的"人的依赖关系"具体形态得到了较为详细的说明。

第二节 人对传统共同体的依赖

在前资本主义时期，人对于自然的依赖使得人在自然面前无法掌握生命的主动权，人的成长和发展完全依赖于自然因素的变化。共同体的生活方式成为人得以更好地适应自然生活，保障自身的主要生活方式。滕尼斯在《共同体与社会》中考察了共同体的不同形式及其联系，他剔除了时间因素上的考量，把共同体的性质和纽带作为理解共

---

① [美]贾雷德·戴蒙德：《枪炮、病菌与钢铁》，谢延光译，上海译文出版社2000年版，第41页。
② [美]贾雷德·戴蒙德：《枪炮、病菌与钢铁》，谢延光译，上海译文出版社2000年版，前言第16页。

同体的发展线索，把血缘、地域和精神理解为联结共同体的方法从根本上把握了共同体的内核。因此，共同体不仅是个人生存生活的保障，而且是人的情感和价值依赖的对象，人必然需要依附于一定的共同体才能生活。在马克思看来，自然状态下的人只能在狭小、孤立的空间内建立交往关系，由此也就使共同体的生活成为人类生存的全部内容。

一　人对共同体的生产生活依赖

作为群居型的种族，人的一切关系、人的需求的满足都是以对共同体的依赖为基础的。原始的共同体为人的生产生活创造了条件和保障，使人能够积聚群体的力量对抗自然对自身生存的威胁。

马克思明确地谈到，不管在原始社会还是在文明时代，"自然形成的部落共同体，或者也可以说群体——血缘、语言、习惯等等的共同性，是人类占有他们生活的客观条件，占有那种再生产自身和使自身对象化的劳动（牧人、猎人、农人等的活动）的客观条件的第一个前提"[①]。从早期的社会关系中，我们能清楚地看到人的原始形态的复刻，群体生活是人能够占有自然条件、保障自身生活的基础性条件。通过群体生活，人类共同地占有自然资源、获取食物、划分群体的领地，不管人类选择哪一种具体的生活，人的生存和发展都要求以共同体的方式面对自然。在共同体的生存生活方式中，人类以群体生活的方式提高了人对自然的把握能力，能够在自然活动中取得更大的优势和主导权。共同体成员间的相互合作和依赖既保证了因自然因素的不稳定性所导致的生存危机，也保证了不同种类的劳动果实得到合理的划分。相较于个别动物单独活动的生存形式，共同体的组织方式增加了人的力量，也使人的生存能够得到更好的保障。在面对自然灾害或者其他种族的侵害时，共同体能够以更强大的群体力量摆脱个体所不

---

① 《马克思恩格斯文集》第 8 卷，人民出版社 2009 年版，第 123—124 页。

能面对的困境。因此，共同体实现了不同个体一加一大于二的效果，正如马克思所说："作为第一个伟大的生产力出现的是共同体本身。"① 因此，一方面，在生活和生产领域，共同体提高了个体面对自然的生存概率，提高了个体抵御自然风险的能力。另一方面，在劳动生产的效率上，共同体也实现了个体所不能达到的更高水平的活动。生产力的提升是建立在分工的基础上的，在共同体内部，个体不需要为生存的全部事务而操劳，只需要寻找好自身的位置并创造出属于自身的价值就能获得精神和物质上的满足。

共同体除了扩大了生产能力，满足个体对于食物最基本的生存需要外，还满足了人类对于食物丰富性的需要。在经营畜牧业农业的过程中，相对复杂的生产要求和较长的生产周期使人的相互依赖成为必需，而成员个体的能力和精力都是有限的，不依靠共同体成员个体不可能获得所有的物资种类。这时，共同体内部的分工实现了原始生活的食物丰富，这进一步满足了个体的生存和生活需求，使个体对共同体的依赖更为牢固。共同体内部的这种简单原始的分工使个体价值得到了更好的实现。在最基本的食物来源问题上，人们虽然存在着分工的原始差异，共同体成员在食物分配上仍然在某种程度上秉持着部分动物的分配原则，比如平均分配或者按等级分配等。但这些分配不能保证每个成员都各取所需，但也不会导致群体成员在有一定食物的情况下因饥饿致死，因为"较大的共同的力量也是较大的进行帮助的力量"②。一般说来，共同体的规模和范围越大，它和自然博弈的能力也就越强，人因自然因素而遭遇生存危机的可能性就越小，这是共同体最简单也是最现实的功用。共同体除了满足人的基本的生存需求之外，还为人类生活的诸多方面提供了保障。人作为一种杂食性动物，在面对大型肉食动物或食草动物时都处于一种劣势，也由于人在生存

---

① 《马克思恩格斯文集》第 8 卷，人民出版社 2009 年版，第 146 页。
② [德] 斐迪南·滕尼斯：《共同体与社会》，林荣远译，商务印书馆 1999 年版，第 64 页。

活动中需要相互形成警戒力量，因此注定了人以群居的方式而存在。这在现今所有的群居性动物身上依然可以看到，因此人们最终"以群的联合力量和集体行动来弥补个体自卫能力的不足"①。人只有依靠共同体较为强大的力量才能获得自身的安全。到了古代和现代，或者说一直都成立的是，"公社（作为国家），一方面是这些自由的和平等的私有者间的相互关系，是他们对抗外界的联合；同时也是他们的保障"②。这一部分将在人对政治共同体的依赖中得到更加细致的说明。

共同体的生活方式由于人们的定居生活而进一步展示了其对生活的影响，尤其在以农耕文明为主的生活方式中发挥了更大的作用。相较于传统的部落共同体，农耕时代的共同体更具有实际意义，并且构成了漫长的人类文明史。在滕尼斯看来，正是"由于持久地保持与农田和房屋的关系，就形成了共同体的生活"③。在分析农耕生活与共同体生活的关系时，费孝通依靠其对中国传统社会的深刻理解，通过对传统中国村落构成的概括说明了共同体对于人的生产和生活的具体功效：

> 中国农民聚村而居的原因大致说来有下列几点：一、每家所耕的面积小，所谓小农经营，所以聚在一起住，住宅和农场不会距离得过分远。二、需要水利的地方，他们有合作的需要，在一起住，合作起来比较方便。三、为了安全，人多了容易保卫。四、土地平等继承的原则下，兄弟分别继承祖上的遗业，使人口在一地方一生一代的积起来，成为相当大的村落。④

此外，在个人意识还未发展起来的共同体内部，共同体的财产是

---

① 《马克思恩格斯文集》第 4 卷，人民出版社 2009 年版，第 45 页。
② 《马克思恩格斯文集》第 8 卷，人民出版社 2009 年版，第 127 页。
③ ［德］斐迪南·滕尼斯：《共同体与社会》，林荣远译，商务印书馆 1999 年版，第 78 页。
④ 费孝通：《乡土中国》，北京出版社 2005 年版，第 5—6 页。

以共有的形式存在的。其中，土地作为最重要的生产生活资料，因为"部落共同体，即天然的共同体，并不是共同占有（暂时的）和利用土地的结果，而是其前提"①。也就是说，只有以共同体的形式才能实现对财产或者土地等各种自然条件的占有和使用，以此才能更好地保证共同体成员的生存。共同体的发展程度也和分工之间存在着紧密的联系。随着生产水平的发展，基本的粮食生产得到保证，社会就演化出更多的职业和分工类型，从而使得共同体的内部交往更加复杂。单个人就可以从原始的劳作中独立出来，致力于某一项专门劳动。这样一种相互作用使人的发展与共同体的发展相辅相成，共同体越发展，人的发展程度就越高，而人对共同体的依赖就更加强烈。因此，我们可以说，"只有在共同体中，个人才能获得全面发展其才能的手段，也就是说，只有在共同体中才可能有个人自由"②。直到共同体发展到人可以自愿地选择自己的劳动和分工，我们才可能真正实现个人的自由发展。

二 人对共同体的交往依赖

在原始阶段，人的主体意识仍旧处在蒙昧时期，人天然地寄居在共同体内部，人的全部交往关系也在共同体内部发生、展现。随着社会历史的发展和人类活动范围的不断扩大，共同体之间的交往关系必然会普遍化，但是原始交往关系却是以共同体为媒介的。从最开始，人面向世界和自然的方式就是通过这种天然的群体属性而实现的，正如马克思所说："最初的动物状态一终止，人对他周围的自然界的所有权，就总是事先通过他作为公社、家庭、氏族等等的成员的存在，通过他与其他人的关系（这种关系决定他和自然界的关系）间接地表现出来。"③ 这是个体展开与周围世界，尤其是与人的世界的联系的主

---

① 《马克思恩格斯文集》第8卷，人民出版社2009年版，第123页。
② 《马克思恩格斯文集》第1卷，人民出版社2009年版，第571页。
③ 《马克思恩格斯全集》第26卷第3册，人民出版社1974年版，第416—417页。

要方式，人以共同体为媒介实现着人与人的现实交往。这具体体现在人的经济活动、家庭生活和交往活动中。

原始共同体对个体交往的影响首先体现在对婚姻关系的绝对主导权上。在传统社会，人主要以共同体为媒介构建自己的婚姻关系。中国传统社会中门当户对的观念成为上到贵族下到平民都默认的婚姻法则，这是因为婚姻生活作为连接不同家庭的重大事件，家族共同体的经济地位、文化观念等诸因素都会在接下来的交往中占据重要角色。具有较大差异的不同家族在这样的婚姻关系中往往把握不好平衡关系，总有一方试图占据主导权，而又没有任何一方甘于被主导。因此，在普遍的情况下，出于家族力量的对比，婚姻关系的缔结在现代以前的生活中都是由共同体中的家长来决定的。有时候，由于对于不平等家族力量的顾虑，他们宁愿放弃较为优越的物质条件的吸引。在中国古代社会中，名门望族的婚姻更是如此。因为婚姻中不同家族所涉及的政治和经济因素使人们在婚姻的选择中不顾及婚姻男女双方的个人意愿而出现某种功利性的结果。具体说来，在政治上流社会中，难以厘清的婚姻伦常关系往往成为关系到国家政治存在发展的重要因素。比如，在中国古代作为被称为"膏粱盛德"的琅琊王氏后人，凭借其家族政治久远的历史惯性和强大的政治影响，得到历代朝廷的推崇和伦常婚姻方面的青睐。

在共同体生活占主导地位的时期，人的社会关系更多地体现在人的经济生活和现实交往中，在这些交往关系中，人对共同体的依赖成为人构建其社会关系的前提和基础。这是因为"在他们的意识中，个体与氏族是连结为一体的，个体不是作为氏族的独立成员，而是作为有机整体的一个'粒子'而存在的"[①]。不管是在婚姻关系的抉择上，还是在日常生活的具体展开中，这些都使得个体不能作为纯粹个体去和外界发生联系，因为所有关系的产生都与共同体的利益紧密相关。

---

① 彭柏林、赖换初：《道德起源的三个视角》，《哲学动态》2003年第11期。

在早期经济活动中,共同体是作为交换主体而存在的,在那里,"因为在文化的初期,以独立资格互相接触的不是个人,而是家庭、氏族等等"①。正是在自我意识欠缺的时代,由于个人的独立意识没有形成,独立人格的形成也缺乏一定的物质基础,因此就难以发展出人的自主观念,从而使个体只能寄居在共同体内部并以此扩展自己的社会联系。所以,共同体就成为人与外界发生联系的主要媒介,共同体决定了人与其他共同体和个人的关系。在这个前提下,个体对于自我本原的认知,对共同体的认知成为建立交往关系的主导因素。因此个体所隶属的共同体,个体的立场与关系的扩展不仅仅是个体意志的结果,而是依据自身本原进行的一种价值综合。这里的直接表现是"古代人的自由在于以集体的方式直接行使完整主权的若干部分"②。这种情况在古希腊体现得尤其明显,在斯巴达军事化的社会组织下,公共权威对私人领域的入侵是全面且彻底的,共餐制、儿童的公共抚养政策都使个人的生活成为敞开式的。他们不得不完全依靠共同体来展开自己的生活,构建自己的社会关系。我们通过历史记载可以看到,"在雅典,个人隶属于社会整体的程度远远超过今天欧洲任何自由国家"③。

因此,一方面,共同体不仅为人类提供了生存保障,而且为人的生活提供了交往基础,这种依赖关系成为人类早期展开交往活动的前提和保证。另一方面,人作为一种感性的存在,除了生存和交往的需求之外,还从这种实际交往中获得了心理和情感上的满足,而人从与共同体的交往关系中所获得的心理满足是人类精神依赖的主要内容。

---

① 《马克思恩格斯文集》第5卷,人民出版社2009年版,第407页。
② [法]贡斯当:《古代人的自由与现代人的自由》,阎克文等译,上海人民出版社2005年版,第34页。
③ [法]贡斯当:《古代人的自由与现代人的自由》,阎克文等译,上海人民出版社2005年版,第39页。

第三节　人对道德和神学世界的依赖

人对自然和对共同体的依赖除了现实的意义外，情感和心理方面的精神依赖也成为生活的全部意义之所在。人对自然和共同体的依赖一开始直接地表现为敬畏，但是这种敬畏不仅是作为一种临时性的价值，而且作为心理和情感经验成为历时性的存在，最终凝结为一种相对稳定的思想意识形态，这主要包含了道德和宗教两个方面。

一　道德和宗教——人的依赖的抽象形式

道德和宗教都是从人类的社会生活衍生出的抽象依赖形式。简单地说，道德可以被归结为是人对共同体依赖的结果，宗教是人对自然依赖的结果。只不过它们最后都反过来又重新作用于人的生活，它们都只不过是人的精神以某种神圣形象的异化。也就是说，道德和宗教本质上以一种抽象的形式表达了"人的依赖关系"，它们的产生都是从原始的依赖关系中演化而来的。

在原始共同体中，人虽然在对自然的依赖关系中渐渐获得了对抗自然的力量，但仍旧改变不了人的生活被自然左右的根本境况。由于认识水平的限制，人对自然的了解和认知依然具有偶然性和不可靠性，人因此从各种神秘现象中演化出各种形象，并试图与之建立某种沟通的机制。于是，自然被假想为各种奇异怪诞的非人形象，这就发展出了人类的原始图腾和神话故事。"根据人类学家的分析，建立图腾崇拜的目的是试图借此抵抗和控制自然，并力图使自然秩序化。"①我们可以清楚地看到这种图腾崇拜的建立并不是理性的结果，而是人们依靠内心的无意识创造出的一种对自然的另类想象。"图腾崇拜产生后，它往往以巫术、祭礼等神秘的方式引发初民的惧怕心理，增强

---

① 彭柏林、赖换初：《道德起源的三个视角》，《哲学动态》2003年第11期。

初民的敬畏感,并由此控制了人类,使人类自身秩序化。"① 总的来说,这是人类意志的一种主观表达,各个民族在演进过程中都会发展出各自的神话体系,这是由普遍的理智水平所决定的。由于这些图腾和神话在较大程度上又受地域文化的影响,因此它们所表现出来的差异化就会明显一些,在道德层面的问题就会小一些。

关于道德起源的讨论有生理学、心理学和社会学的不同视角。一般说来,道德是一个群体性概念,它是和人的群居生活密不可分的,因为人们"彼此之间依靠生存的自然本能联系在一起,其中合群性是群居动物比较突出的一种本能"②。人对群体的依赖使个人利益统一在相对固定的生活方式中,一开始人们在某种程度上依靠道德来协调彼此间的差异和矛盾。从现实角度来说,人类作为一种群居性动物,个体利益和群体利益一开始也是糅合在一起的,集体的收获就是个体的收获,集体的存亡直接影响着个体的存亡,个体几乎无法脱离群体而生存,更不用说在共同体之外实现个体利益本身了。所以说,"人类祖先的合群性本能为道德的起源提供了生理前提,而原始初民在与自然抗争过程中所产生的恐惧感,及在此基础上形成的对社会共同体的归属感和敬畏感乃是人类道德得以产生的心理动因"③。在原始时期,人们畏惧于自然而深感共同体生活的重要性,并以此形成维护这种共同体生活的基本共识。当然,生活的威胁除了来自外部环境,还有来自共同体内部的利益纷争而可能导致的对立关系。于是,人们在共同体生活中慢慢形成一种大家默认的一致规范并以此指引各自的行为活动。一方面,除了财产共享、互不侵害等原则之外,人们还进一步建立了个体与个体之间、个体与共同体之间的行为准则,以此实现共同体成员之间的和睦共处。另一方面,相较于律令文书,这些道德原则缺乏明显的强制性或奖惩性,规范的遵守基本依靠个体的自我体悟和

---

① 彭柏林、赖换初:《道德起源的三个视角》,《哲学动态》2003年第11期。
② 彭柏林、赖换初:《道德起源的三个视角》,《哲学动态》2003年第11期。
③ 彭柏林、赖换初:《道德起源的三个视角》,《哲学动态》2003年第11期。

本能，并以此形成所谓的道德约束或良心。在这样的共识下，人们不仅强化了人与人、人和共同体的相互依赖，而且强化了人们对于这种交往规范的认同，并长久地成为人类生活秩序的主要内容，这是道德形成的一般过程。

宗教信仰从普遍理性到特殊理性的转变中一直致力于人的自我表达。不管表达内容的普遍性和认可度如何，它终究是人的某种需求的结果，人能够从这种理性或非理性的关系中展示人的价值。但在另外一种理性完全丧失的相互关系中，人的地位全然被这个异化的对象所占据，它只成为一种想象的存在物而不能够拥有任何可以自主的权力。人对自然的依赖被拟人化为对宗教的依赖，它以前是对自然规律的特殊表达，现在却变成了人与自然之间的异化表达，成为我们称之为非理性的东西。当然，随着启蒙理性的不断普遍化，宗教并没有进一步朝向更糟糕的情况发展，知识对诸多现象和事实的澄明使宗教没有进一步走向神秘，使其演变成和理性没有丝毫关系的"神话"。宗教一直仅仅是作为一种特殊理性成为人理解世界的一种方式，它"先使上帝成为人，然后才使这个具有人的模样、像人一样地感知和思念的上帝成为自己崇拜和敬仰的对象"①。宗教本身是人对人自身依赖的结果，这种依赖相较于人对自然的依赖是一种进步。这种依赖从原始的无意识到获得理性的认可，这个过程虽然没有使宗教和人的理性成为全然对立的事情，但它会使部分人投入自身的特殊想象中，并且使自己的精神生活沉浸于这种精神存在中。由此，人把这个宗教世界中拟人化的"上帝"当作自己整个现实世界的精神主导者。在这个过程中，人并没有感觉到自己失去任何东西，反而获得了无比的充实感。在人和上帝的关系中，在人的尘世生活中，"人并不为自己需要什么，因为他从自身取去的一切，并不在上帝里面损失掉，而是被保存在上帝里面"②。人本应该从现实世界获得的对世界的解释权转移到人的精

---

① ［德］费尔巴哈：《基督教的本质》，荣震华译，商务印书馆1984年版，第16页。
② ［德］费尔巴哈：《基督教的本质》，荣震华译，商务印书馆1984年版，第58—59页。

神的外化的依赖中了,这种极端化表现为人把这种抽象形式作为理解生活世界的全部,把自己的一切都交由上帝负责。"为了使上帝富有,人就必须赤贫;为了使上帝成为一切,人就成了无。"① 伴随着宗教改革的不断推进,宗教的神秘主义性质不断消退,世俗化程度不断加深,但是从根本上说,"无论教会变得多么入世,他本质上都是以对彼岸世界的关切把信仰者结合成一个共同体"②。

随着启蒙的推进和理性的普及,现代人自主意识的培养使主体性成为现代社会的标志性内容。现代人逐渐摆脱从作为特殊理性的宗教中获得解释世界的处境,对人格健全和自由的无限追求使人类正在一步步从抽象的依赖形式中"收复失地",实现着自己在更大范围内的自由。到了现在,"基督教以前曾具有的超自然的和超人的内容,早就完全自然化和拟人化了"③。人对宗教的依赖被人的理性代替着,人从神圣形象的异化中抽身出来,为自由获得了前提。

二 伦理价值与生活规范

道德和宗教的出现不仅给个体生存提供了心理上和精神上的天然依赖,而且为人的现实生活提供了具体的行为规范和生存意义,是共同体得以良序运行的保障。在道德和宗教所实现的功能中,最主要和最现实的是对生活交往的规范作用,它们通过某种抽象的道德或宗教禁令使人们能够保证生活秩序的良序进行。

这种生活规范最先来自原始力量,因此这种规范本身一开始就是先天的且带有一定的强制性的。这一方面表现在早期共同体内部的等级秩序中,尤其是交配权和食物分配权等问题上,但这种规范的形成和实施是基于共同体成员对这种制度的认可的。因此我们可以看到,"一切威严作为特殊的和增多的自由和荣誉,因此也是作为特定的意

---

① [德] 费尔巴哈:《基督教的本质》,荣震华译,商务印书馆1984年版,第58页。
② [美] 阿伦特:《人的境况》,王寅丽译,上海人民出版社2017年版,第21页。
③ [德] 费尔巴哈:《基督教的本质》,荣震华译,商务印书馆1984年版,第5页。

志范围，必然是由共同体的普遍的和相同的意志范围所派生"①。依靠这种自然的原始力量，包括血缘上产生的亲疏、长幼之分和个体体能差异，这种力量在形成之后就自然而然地成为共同体成员默认的生存法则，彼此间的权力关系也就成为天然的正当性存在。从根本上说，对这种生活规范的默认缺乏理性的反思，更多的是来自情感上的认可，是一种未反思的或因畏惧权力本身而产生的非对等的权力关系。但是这种权力从根本上说是建立在绝对的自然优势上的，而这种自然优势就个体来说是有一定的时间限度的。这种强制性的权力会随着时间的推移受到其他共同体成员的挑战，而这种挑战又很容易引起个体伤亡，这是野蛮时期主要的权力更迭方式。另一方面，由于这种方式并不能从根本上实现成员对共同体的普遍认同，于是更加合理和有效的方式就是通过理性协商来建立新的共同体规范，这就是形成一种所有个体都默认的一致的生活规范。不管是强力型还是协商型的社会组织方式，它们的前提都是不同程度的默认一致。正如滕尼斯所说，人们"相互之间的——共同的、有约束力的思想信念作为一个共同体自己的意志，就是这里应该被理解为默认一致的概念。它就是把人作为一个整体的成员团结在一起的特殊的社会力量和同情"②。共同体成员之间达成的某种共同的伦理法则、行为规范或者任意一种口头或观念上的约定，都是共同体成员之间相互博弈的结果，都在某种程度上掺和了个体的意愿，并以此来修正自我或他人的行为使其符合这一规范。这种权力的强制性在于这一规范是共同体普遍意志的集合，成员在面对这一规范的同时也面对着整个共同体本身。由此，个体依赖于共同体获得了生活秩序和生存意义的保障。

抛开默认一致的达成机制，在其结果的展开中，居于同一地域的

---

① ［德］斐迪南·滕尼斯：《共同体与社会》，林荣远译，商务印书馆1999年版，第70页。
② ［德］斐迪南·滕尼斯：《共同体与社会》，林荣远译，商务印书馆1999年版，第71—72页。

人们因为有诸多约定俗成的话语结构和意义世界，相似的生活习惯也使人们更容易在情感上联系起来。伦理道德的产生也是在这种默认一致中达成的约定，而这种约定除了情感上的因素外，也成为人依赖于共同体生活的根本。所以说，道德的产生实际上和人的需求有着极大关系，人们在传统生活中很自然地意识到一种确定的规范生活的必要性，而且人们还需要共同创制某种一致相信的东西，以此来作为人们的情感共识。在这种秩序的保证下，个体就获得了较好的生存保障。而在宗教方面，"无论教会变得多么入世，它本质上都是以对彼岸世界的关切把信仰者结合成一个共同体"①。它以一种虚幻的方式把人们结合在一起，并认同彼岸世界的规则和设定。

在较早时期，人们在共同体内部设置了各种禁令来规范成员们的行为，"通过这些禁忌限制了初民的那些危及种族、部落生存的盲目欲念和冲动，强化了行动的一致性，从而也为基本的生活秩序提供了保证"②。所以，不管是古代还是现代，生活规范的产生不是个体而是在相互交往中产生和变化的，是在一定的群体内部通过强力贯彻或者通过某种协商确定的。因此我们基本上可以断定，在人类发展早期，共同体内部不仅体现着天然的秩序，而且产生着外在规范，而个体依据这些规范才得以展开自己的现实活动。

三 神圣形象与精神依赖

早期的人类由于对外部世界充满未知，一开始就把自然力量想象成拟人化的神圣形象，因此导致了自然的神化，并使其自然地成为解释人与外部世界的一种方法，并由此成为人的精神依赖。

早期的自然神话在某种程度上是人的知识来源，是真理性保障和知识确定性依赖的对象。在这一过程中，人所面临的普遍问题是："为了替我们平日的种种信念找到一种可以作为超级信念、作为补充

---

① [美]阿伦特：《人的境况》，王寅丽译，上海人民出版社2017年版，第21页。
② 彭柏林、赖换初：《道德起源的三个视角》，《哲学动态》2003年第11期。

和化身的东西，以便于用来解释我的经验，并且使我的灵魂得到安静，我究竟得到什么信仰中去找？"① 在这样一种对未知的化解中，人对于世界的陌生和畏惧感也得到一定程度的消除，因此自然神也就成为人类发展早期中精神依赖的主要表现形式。随着认知水平的进展，自然神在认知层面的作用越发微弱，而这也使得这种神化形象在精神和心理上的作用得到凸显，这是宗教发展的基本脉络。不管是自然神还是宗教神，它们更多地面向人与世界的关系，其中包括了对人与世界关系、人与人的关系、人与命运的关系等诸多问题。在对人与人关系的表述中，宗教作为一种普世价值，希望为人类共同体提供一种相对纯净的形式来达成人与人之间的普遍友爱关系。这种精神性的引导虽然不具有普遍的现实意义，但是作为具有号召力的价值代言人，神圣形象能够为最广泛的人类共同体提供某种精神支柱，即便这种精神依赖无法对现实世界起到实质性的作用。在古希腊的诸神体系中，人们对于神圣形象的认同已经摆脱了知识论层面上的实际作用，而更多的是文化和情感上的相互承认。具体而言，"统一的诸神体系使希腊人有强烈的民族认同感，将所有城邦都牵绊在一起；而独特的保护神又使每一个城邦享有独立的尊严和荣耀"②。这便是宗教神对于共同体的实际意义，个人正是因此围绕在共同体及其想象的周围从而获得精神依赖。

在谈到对神圣形象的精神依赖所具有的现实意义时，尤其是在谈到人与共同体关系的连接方式时，家神崇拜作为人与共同体关系的最直接表达必须得到重视。相较于人和宗教的关系，这种关系形式更直接地表现了人在现实生活中对共同体的精神依赖。在不同民族的文化中，家族神都承担了同样一个作用，他们是"让我们生活和供给我们身体营养的诸神"③。需要说明的是，在上一节的讨论中，我们更多的

---

① [英]席勒：《人本主义研究》，麻乔志等译，上海人民出版社1966年版，第179页。
② 陶涛：《宗教影响古希腊城邦生活》，《中国社会科学报》2017年2月14日第4版。
③ [美]阿伦特：《人的境况》，王寅丽译，上海人民出版社2017年版，第19页。

是讨论了共同体对于人的生活规范的作用,人依赖于这种非成文的共同意志来引导自己的生活,实际上表征的就是道德和伦理规范。其中,宗法作为一种紧密的血缘连接其实起到了很大的作用,但是,由于人对宗法规范的敬畏在很大程度上具有一种神圣的维度,因此对于宗法共同体的分析才能成为这一部分的内容。所以,家神崇拜既为共同体成员提供生活规范,也为共同体成员提供精神的连接和依赖。家神崇拜的前提是血缘关系的确定和家庭的产生,对逝者的尊重和对其经验和教诲的遵守是其基本动机,而逝者形象和经验本身都是家族共同体情感联系基础上的共同财富。这是因为传统社会缓慢的发展节奏使经验的有效性能够持续较长的时间。在传统的伦理社会中,社会较为缓慢的历史变更使年龄成为一种优势,人们在日常生活中积累起来的经验能够为他人提供一种认知保障,拥有较大年龄和较多社会阅历的人往往能在社会关系中获得一定的尊重,并且成为权威话语的代言人。德高望重之人因为所占据的时间上的优势,对事务处理有着天然的决定权,这种权力本身是因为在稳定的社会进展中,上一辈的经验对下一辈同样适用,经验的优势所带来的话语权成为长者为尊的世俗基础,这种信任感也成为情感连接的一部分,是代际联系的重要纽带,这是家族神形成的重要原因之一。综上所述,我们可以得出这样的结论:传统社会中的家庭不仅仅是一个自然共同体,它实际上还扮演着更加崇高的角色。家神就是这一"宗教团体"的神圣形象,家神是人对家族共同体普遍依赖的对象。除了家神这一形象外,过去的人还把自己的生命经验凝结成一种被称为家训的东西,指导后世之人的言行。所以可以这样说,人对自身和外部世界的认知也全然建立在这个虚拟的世界之中,"作为为了适应我们心灵上的种种需要与渴望而须得满足的一种要求。这种要求虽然是主观上的,转过来却也有其客观来源:它是为经验的本性所唤起的"[①]。人们以一种主观的形式表达

---

① [英]席勒:《人本主义研究》,麻乔志等译,上海人民出版社1966年版,第179页。

了客观的内容,并曾经持久地把自己的认知建立在这个基础上,依赖这些内容展开着自己的生活。

总而言之,所有的神圣形象都不同程度地满足了人的精神和心理需求,并以此成为不同共同体的黏合剂。需要注意的是,这是以自我精神的异化为前提的,"全能的上帝形象,与弱小无力的人类相对照,其基础是我们对自己力量的压抑以及将这些力量向神灵的归属"[1]。人沉浸在对外在世界或外在形象的全部依赖中,人对自然、对共同体的依赖以神圣形象作为普世原则完成着。作为与原始生活相适应的古老信仰,人的精神依赖经历了从朴素的自然神到理念化和虚拟化的宗教神的转变,这种转变一方面表现了人的精神依赖的发展和升华,另一方面表现了精神依赖对人的生存生活的必要性。除了人对道德和宗教的这种精神依赖外,人们还在这种依赖中形成了对这种抽象意义的情感依赖。

四 共同体生活与个体心理依赖

在人类历史的早期阶段,人的全部生活是以自然为对象和以原始共同体为中介而展开的,因此共同体和自然也构成了人的全部的对象化存在。在这种对象化的过程中,人必然会以自己的理解方式把握共同体和自然,也会把自身意志体现在这些对象中。不管哪一种情况,共同体作为连接人和外部世界的纽带都成为人的情感和心理的重要栖居地。

在原始的共同体生活中,严格意义上的自我概念还没有发展出来,人的独立的意识和愿望也没有发展出来,主体性概念缺失导致了人在一种无我的状态中展开与世界的联系。因此,在面对他人、面对自然的时候,人把自我意识倾注在对象及其活动上,并把这种神秘的对象作为观念的来源和精神的依赖。相较于自然给人造成的生存上的

---

[1] [美]乔拉德:《健康人格》,刘劲译,华夏出版社1990年版,第183页。

威胁，共同体生活形成了既是以血缘也是以地域作为情感纽带的精神依赖。因此，在共同体中，个人充满了在自然界中难得的怡然自得的安全感和归属感。在这里，"个人与自然、部落、宗教浑然一体，能获得安全感"①。这也是因为在原始的共同体中，人们在这种亲密的内部交往和生活中建立起了持续且稳定的人际联系和情感联系。从具体关系的展开来说，共同体成员在群体中依据原始的分工各司其职，在这个过程中能够始终意识到自己的价值，对自我存在有着较强的心理认同，这也是能够得到他者认同的现实基础。由于是群居生活，与共同体成员的朝夕相处成为个体生命的日常和持续性的生命活动，因此"他属于并根植于有组织的整体，他在那里有无可置疑的位置。他或许遭受饥饿和压迫，但不会有最大的痛苦——完全的孤独与疑虑"②。在传统社会中，由于交通的限制使得人的活动只能局限在特定的范围内，这就使得共同体内的个体长久地存在于同一种社会模式中生活，"历世不移的结果，人不但在熟人中长大，而且在熟悉的地方上生长大"③。在这种生活中，人对于其生活世界的方方面面都是熟悉的，人们从这种熟悉中获得心理上的安稳感。人对于自然环境的熟悉使得个体能够以近乎全知的视角掌握其生存世界，人也从这种熟悉中获知自然的界限和自我发展的界限。因为所处的世界生来如此，居于其中的人也不会生成因任何比较而产生的不满足，反而会因对有限的自然和自我的反思加强一种情感上的联系。在这种联系中，个体和共同体所处的自然共享荣辱，是"一致对外"的命运共同体。在人与人的关系中，个体之间的相互了解有时间的长度与交往的深度和密度为基础，相较于城市生活中转瞬即逝的他人，人们生活在一个熟悉的环境中。人们在时间和事件的积累中不断获得对彼此的感知，获得对共同生活规范和伦理道德的认知和磨合。不管是在血缘或宗法的基础上，还是

---

① ［美］费罗姆：《逃避自由》，刘林海译，国际文化出版公司2002年版，第24页。
② ［美］费罗姆：《逃避自由》，刘林海译，国际文化出版公司2002年版，第24页。
③ 费孝通：《乡土中国》，北京出版社2005年版，第25页。

在毫无直接联系的人际关系中,或许只是对地域共同体的认同,人们就能把自己全身心地投入这种关系中,因为"乡土社会里从熟悉得到信任"①的传统影响着人的基本行为模式。正是由于这种熟悉和把握,人们能够获得生活中所需的安稳和确定感,"这就必然使个体对他生活于其中的社会共同体产生某种依赖并导致对社会共同体的认同或曰自我意识。这种对社会共同体的认同与自我意识使人形成某种程度上的归属感"②。这种情况越往人类的早期追溯就越发明显,尤其是在原始的部落共同体中。

总而言之,在共同体生活中,人们所获得的归属感实际上来自对自我身份的理解,来自社会成员对于共同价值的默许。在传统社会中,正是由于人和共同体的这种紧密联系,共同体的价值和规范已然内化于个体的精神世界中,并且以此构建了个人此岸世界和彼岸世界的全部内容。因此,人与人之间、人和共同体之间的信任并不是问题,本体的心理和精神安全也同样不是问题。这种原始的状况并非人类发展的完美状态,而是根植于恶劣的自然环境和落后的生产效率上,所以"形象地说,在个人完全切断束缚他进入外面世界的'脐带'之前,他无自由可言;但这些纽带给了他安全,使他有归属感,他感到生命的根"③。当较大族群需要这种共同和普遍的要求时,一种完整的意义和价值世界就出现了,它的主要形态是道德和宗教。

第四节 人对政治共同体的依赖

随着历史的发展,人类的社会组织形式也不断发生着变化,其中比较显著的变化就是由部落共同体到政治共同体的转变,这也导致了人从对原始共同体的依赖向对政治共同体的依赖转变。社会交往的不

---

① 费孝通:《乡土中国》,北京出版社2005年版,第8页。
② 彭柏林、赖换初:《道德起源的三个视角》,《哲学动态》2003年第11期。
③ [美]费罗姆:《逃避自由》,刘林海译,国际文化出版公司2002年版,第16—17页。

断扩大使原始的部落共同体不能承担人们的更多需求,社会的发展使更大的利益和更多的群体需要保护和协调,需要有更普遍的和强制性的力量来维护群体的正常组织运行,这是现代政治国家产生的初衷。因此,越是在复杂的生存环境中,人就越发依赖政治共同体来获得生存和生活的保障,这首先包括了人对政治共同体的生存、安全和财产依赖。

一 生存权

在原始生活状态中,对人类生存的威胁主要是自然因素,在各种恶劣的自然环境下,人们不得不联合起来以实现自我保全。在这种生存环境中,力量上的天然劣势、落后的工具和组织形式都使个体无法获得充分的安全感和生存保障。洛克认为:"既然我们不能单独由自己充分供应我们天性所要求的生活、即适于人的尊严的生活所必需的物资,因而为了弥补我们在单独生活时必然产生的缺点和缺陷,我们自然地想要和他人群居并共同生活。这是人们最初联合起来成为政治社会的原因。"[①] 这种群居生活伴随着人类的诞生而来,人天然地达成了这种生存组织形态,是人的本质属性中自然维度的展现。因此,亚里士多德认为:"人类天生就注入了社会本能。"[②] 这种群居性的组织模式最终以政治共同体的形式确立下来,并成为一种普遍的形式起到了所有部落共同体的作用,同时能够比它们拥有更大和更广泛的效用。

到了文明阶段,人类虽然已经能够在很大程度上摆脱自然因素对人的生存的威胁,但是人类的生存环境并没有因此而得到净化,反而在另一种程度上变得更加荆棘满布,而这种威胁主要来自人本身。或来自财富的相互觊觎,或来自观念与价值的相左,面对人与人之间的对立矛盾关系,因为具有相似的智力和能力,人无法通过消灭彼此来

---

① [英]洛克:《政府论》(下篇),叶启芳等译,商务印书馆1964年版,第12页。
② [古希腊]亚里士多德:《政治学》,姚仁权译,北京出版社2012年版,第4页。

避免出现这种威胁,因而只能以契约的方式组成较大的利益共同体来达成这种联盟,并以此来实现自我保全。在共同体之间,直到彼此之间体量相当,谁也不能轻易置对方于死地之时,共同体之间就维持了一种相对平和的状态。比如,古希腊城邦形成的一个重要因素就是防卫的需要,"避免这种战争状态是人类组成社会和脱离自然状态的一个重要原因"①。这也就是现代国家的形成过程。对个体来说,要想真正地获得生存和生活的保全,必须有一定的力量来保障它的实现。从微观上说,"这种不受绝对的、任意的权力约束的自由,对于一个人的自我保卫是如此必要和有密切联系,以致他不能丧失它,除非连他的自卫手段和生命都一起丧失"②。对个人来说是这样的,对于国家这个共同体而言更是如此,个体把这种力量集合到国家中,依赖于国家的巨大力量来保证自己的生命安全。

洛克还以一种宗教先定的观念阐明了社会生活作为人类本真生活的由来。洛克认为:"上帝既把人造成这样一种动物,根据上帝的判断他不宜于单独生活,就使他处于必要、方便和爱好的强烈要求下,迫使他加入社会,并使他具有理智和语言以便继续社会生活并享受社会生活。"③由他看来,人类在上帝那里应该过一种共同体的生活,只有在宗教之爱的守护中才能实现和展开其尘世生活,才能保证过一种幸福生活。虽然这种说法充满了上帝创世的神圣意味,但亚里士多德把城邦生活理解为自然本性的结果是朴素而准确的。从上述对于共同体和人的生存的分析中,我们更容易认可这一论断。

二 防卫权和处罚权

在自然状态下面对个人利益冲突时,我们可以依照自然法则或者共同体内部的习惯法来处置,但是这种原始状态"缺少一个有权依照既

---

① [英]洛克:《政府论》(下篇),叶启芳等译,商务印书馆1964年版,第15页。
② [英]洛克:《政府论》(下篇),叶启芳等译,商务印书馆1964年版,第16—17页。
③ [英]洛克:《政府论》(下篇),叶启芳等译,商务印书馆1964年版,第48页。

定的法律来裁判一切争执的知名的和公正的裁判者"①。即便能够较为清晰地明确责任，但由于两者相互之间并无绝对的力量优势（如果有的话就会导致暴力和强制的发生），受害者一方也无力承担惩罚的权力。也就是说，"在自然状态中，往往缺少权力来支持正确的判决，使它得到应有的执行"②。这种情况容易使这种不公正的行为成为常态，而每个人都有可能成为这种情况的受害者。因此，不管从责任的裁决来看，还是从权力的执行来看，都需要一个凌驾于个体之上的机构来保障人在社会中面临的新的威胁——这就是国家诞生的现实意义。"由此可见，国家具有权力对社会成员之间所犯的不同的罪行规定其应得的惩罚，也有权处罚不属于这个社会的任何人对于这个社会的任何成员所造成的损害。"③ 这是人们创建国家、依赖国家的直接原因。

近代政治哲学家以不同的方式构想了现代国家的形成过程，但是从封建时期的政治建制来看，早期的国家更多的是一种家国合一或政教合一的形式。这也说明，人类早期的政治权力是建基于一些原始共同体之上的，人们在这种共同体的演化中实现着个体的自我保全，而权力本身有义务对此类事务作出裁决。所以在政治共同体中，作为个体的人把自己惩罚别人的权利让渡出去，按照社会约定的规则来实现自己的权利，并且由特定的机构和程序来完成这种权力的转换。这种权力的转让从名义上看似乎是人的权力的放弃，但这种权力机制能够适应更大规模的社会组织形式，人能够从这种"放弃"中享受到更多的权利保障，"这不仅是必要的，而且是公道的，因为社会的其他成员也同样是这样做的"④。由此出现了一种分离，也就是人及其权利的分离。人们拥有生存权，但在一般情况下人们不能按照自己的方式实行对侵犯的惩罚，这种分离强化了一种依赖，强化了政治共同体对人

---

① ［英］洛克：《政府论》（下篇），叶启芳等译，商务印书馆1964年版，第78页。
② ［英］洛克：《政府论》（下篇），叶启芳等译，商务印书馆1964年版，第78页。
③ ［英］洛克：《政府论》（下篇），叶启芳等译，商务印书馆1964年版，第54页。
④ ［英］洛克：《政府论》（下篇），叶启芳等译，商务印书馆1964年版，第79页。

的现实生活的意义。

所以，社会个体利益实现的前提在于政治共同体的良序运行，个人权利的保证在于政治共同体能够有力量来保证成员的一般权利不受侵害。这既是个人利益的普遍实现，也是政治共同体本身的利益实现，而"每一个社会都需要一个共同的权威来引导其成员去实现公益"①。这个共同权威的产生需要共同体成员共同作用、相互协定，因为对于保证每个个体的利益的实现来说，一个凌驾于个体之上的公共权力是必要的。这种权力本身对于个体是具有威慑力的，只有如此，权利的保障才得以可能。因为"社会权威的任务是：通过颁布和实施法律规则，来规范个人以及团体的共同生活"②。不仅如此，"权威的任务是：随时采取必须的措施来维护公益，并高瞻远瞩，预先筹备和确保社团（社会）的生命"③。因此，这种共同体不仅在于维护公共利益和个体利益，而且承担着对于共同体生活的筹划，并以此出发指导现实生活的构建。对个体来说，这种对未来生活的筹划和行动只能局限在个人身上，它的效能是极其有限的，它不能保证外部世界的良序变化。政治共同体的这种新陈代谢和自我迭代使共同体和个体都能在最大程度上获得现实的进展，也就是说，个体和共同体的未来都只能寄托于政治共同体本身的良序运行中。

三 财产权

财产是人们现实生活的物质基础，也是人格的保证。在原始共同体时期，人没有私有权的概念，也没有成熟的个体和自我意识。政治共同体的出现及其对所有权的肯定为人格独立奠定了基础，财产权利

---

① ［德］何夫内尔：《基督宗教社会学说》，宁玉译，华东师范大学出版社2010年版，第30页。
② ［德］何夫内尔：《基督宗教社会学说》，宁玉译，华东师范大学出版社2010年版，第31页。
③ ［德］何夫内尔：《基督宗教社会学说》，宁玉译，华东师范大学出版社2010年版，第30页。

和人格独立是以政治共同体为前提的。

在原始阶段,部落成员共同享有对实际财富的占有和使用。在原始部落中,个体财产在其去世之后必须收归部落所有,甚至不得归于其配偶和子女,这在母系氏族公社时期尤为明显。因此,在早期的原始生活中,继承权是不存在的。随着生产水平的提高,人们所创造的物质财富不断增多,人对于物的数量和品类的占有都得到了较大的发展。到了农耕时代,由于粮食种植和动物饲养的出现,食物的剩余成为一种常态。伴随着食物的保存和流转,物的所有权成为一个现实问题。起初,早期共同体中个体对财富的占有是以共同体内部成员的相互承认为基础的,这种承认中也同时掺杂了风俗、文化、情感等各种因素。在财产权和继承权问题上,成员之间以一种默认一致的原则行使各自的权利。如果说有一种权力在维持这种形态的话,那仍旧是道德伦理或宗法在起着作用,这是原始部落时期财产所有的应然状态。但在实际中,作为共同体一员的个体,"虽然他在自然状态中享有那种权利,但这种享有是很不稳定的,有不断受别人侵犯的威胁"①。随着共同体的不断扩大,共同体成员之间的相互联系越发微弱,人与人之间共同认同的规范和制度越来越难以发挥作用。这时候就需要一种新的约束力量作为普遍的和新的力量来维持人们的生活,这就是伴随着政治共同体所产生的公共权力。具体到财产问题上,由于社会组织的混杂,原来对于个人财产的认可和尊重受到了不同犯罪形式的威胁。而在共同体中,就需要强制性的力量来维持社会的正常运行。所以我们也可以这样说,"政治权力就是为了规定和保护财产而制定法律的权利……而这一切都只是为了公众福利"②。对于政治权力来说,其中的每一个成员都是需要它保护的对象,每个成员都依赖于这种力量来维持自己在政治共同体中的生存和财产安全。相较于传统部落对于个体生存的保障,公共权力的诞生尤其是裁定和处罚机构的设置开

---

① [英]洛克:《政府论》(下篇),叶启芳等译,商务印书馆1964年版,第77页。
② [英]洛克:《政府论》(下篇),叶启芳等译,商务印书馆1964年版,第4页。

始更多地作用于人的日常生活，人们对政治共同体及其权力的依赖变得越发强烈。相较于部落共同体，这种权力能够给人带来更多现实福祉，"因为政治社会的首要目的是保护财产"①。退一步讲，如果政治共同体不能保障人的财产权，那么事情就会退回到比原始社会更糟糕的境地中去。政治共同体如果没有或没有能力执行对于个人所有物的保护，那社会秩序的混乱就是必然的了。这种混乱一方面来自财产权的侵犯者对于公共权力的蔑视，另一方面来自被侵害者对于公共权力信任的丧失。当政治权力衰弱到一定程度的时候，必然会激起人们重新行使自然界中保护财产权的欲望和本能，社会就会重新回到"一切人对一切人的战争"中去。所以说"政治社会本身如果不具有保护所有物的权力，从而可以处罚这个社会中一切人的犯罪行为，就不成其为政治社会，也不能继续存在"②。因此我们可以这样理解，部落共同体保障了个人的生命安全，政治共同体又进一步保障了个人的财产安全，但对于财产安全的保护实际上也是使共同体成员免于生命侵害。由此，人们对政治共同体的依赖以一种更加全面和更加现实的方式实现着，"凡此都是为了尽可能地保护这个社会的所有成员的财产"③。因为财产是人在社会中得以立足的根本前提。

因此我们可以得知，因对于生存权和财产权的保障而形成的公共权力最终发展成为正式的政治权力。人对于公共权力的依赖程度与人的自然权利的让渡直接相关，而这种权利的全面转移最终导致人愈发依赖于政治权力本身。社会成员想要在更大的交往中实现自己的权利，保证自己的生存和生活安全，并且能够获得自身发展的条件，他们的唯一途径就是把自己的自然权利让渡给一种普遍的公民社会权力机制，彼此通过政治共同体这样一个平台来为每一个人的自由发展提供条件，从而使共同体成员能够在保证自身安全、保

---

① [英] 洛克：《政府论》（下篇），叶启芳等译，商务印书馆1964年版，第52页。
② [英] 洛克：《政府论》（下篇），叶启芳等译，商务印书馆1964年版，第53页。
③ [英] 洛克：《政府论》（下篇），叶启芳等译，商务印书馆1964年版，第54页。

证自身充足发展的前提下实现更好的自我个性的发展。这种保障比原始共同体能够提供更加稳定的保护，能够持久稳定地保证这样一种社会机制的运行。随着社会组织的复杂化和社会交往的普遍化，人们在日常生活中面临的情况愈发复杂，其中的安全隐患也愈发增多，这也是人们越发依赖政治共同体和政治权力的重要原因。我们从这种变化中看到了公共领域和私人领域越发分离的趋势，因而不得不承认人的生活已然全部涵盖进政治权力的范围之内。此外，人对政治共同体的依赖不仅体现在上述权利的保障中，而且作为秩序保证的法律与道德本身也都必须在政治权力的参与和引导下才能发挥其效用。也就是说，不仅法律的制定和实施需要政治权力，而且"道德秩序的准则非常需要得到社会的保存和捍卫"①。总的来说，政治共同体为人的生活提供了基本的法律和道德保障，它以自己的方式确立了人的基本生活准则。

在现代社会中，人对政治权力的依赖还体现在共同体对于成员资格的认定上。各种因素的差异使不同国家对于公民资格的确认有着不同的喜好，除了对本土居民的资格认可之外，这种刻意以政治权力变更共同体身份的行为成为人获取自由的另一种新方式，但是这种情况所造成的基本权利的可易性将使人完全在与共同体的关系中失去主导性。政治生活不仅给人的生活提供强制性的保障，而且以某种方式引导规范人们的生活。不管这种引导是有意识的还是无意识的，这就使得"处在政府之下的人们的自由，应有长期有效的规则作为生活的准绳，这种规则为社会一切成员所共同遵守，并为社会所建立的立法机关所制定"②。这种生活规范是由某种强制性力量来保证的，人们在与共同体的关系中不断挤压着个体表达自我的空间。人的权利和自由是不是先天存在这不是一个认识论问题，而是一个生存和实践问题。从

---

① ［德］何夫内尔：《基督宗教社会学说》，宁玉译，华东师范大学出版社2010年版，第8页。

② ［英］洛克：《政府论》（下篇），叶启芳等译，商务印书馆1964年版，第16页。

实际的历史现实来看，人们获得权利的方式基本上来自两个方面，即自然赋予的和共同体给予的。在原始共同体中，权利一词虽然并没有正式出现，但人能够做什么和应该做什么的问题在大多数成员之间是默认一致的；在现代社会生活中，人的权利大多来自公共权力，即政治或法律上的确证。后者以前者为基础，以更加丰富和具体的形式贯彻到现代生活的方方面面。在现代社会，人的全部生活都建立在对这种公共权力的依赖中，因为法律规定了"处在社会中的人的自由，就是除经人们同意在国家内所建立的立法权以外，不受其他任何立法权的支配"①。因此，不管是在个体自由还是在公共空间中，人的全部生活已然沉浸在对政治共同体的全面依赖中。

第五节　人对时间空间的依赖

人对自然的依赖形式不仅体现在人与人、人与共同体的现实交往中，而且体现在生活世界的日常维度上。人与人、人与共同体之间的这种紧密联系不仅构建了人类生存和生活的基本框架，而且为人类提供了生存和生命的价值和意义。具体说来，人的所有交往生活是从人对于时间和空间的依赖开始的。

不管是作为亚里士多德运动的始基，还是作为康德感性直观的先验形式，时间和空间都被这些哲学家以抽象或具象的形式确认为生存世界的基本维度。在亚里士多德所阐述的世界里，"万物皆在时间里产生和灭亡"②。时间是万事万物得以展开的逻辑前提，它们的任何发生都伴随着时间的流动，因而"一切变化和一切运动事物皆在时间里"③。这种变化使世界的丰富性得以可能，世界在时间的展开中找到了实现自我的基础。在康德试图用感性形式把握的经验世界中，时间

---

① ［英］洛克：《政府论》（下篇），叶启芳等译，商务印书馆1964年版，第16页。
② ［古希腊］亚里士多德：《物理学》，张竹明译，商务印书馆1982年版，第134页。
③ ［古希腊］亚里士多德：《物理学》，张竹明译，商务印书馆1982年版，第135页。

是意义发生的基本单位，正如狄尔泰所说："我进行思考所使用的语言和我的各种概念，都是在时间过程中产生出来的。"① 当然，时间和空间是二位一体的，时间和空间共同作为生存的基本维度也是人类历史的基本前提。在对人的理解中，除了对人的本质的形而上学进行追问外，我们还应该在具体的历史情境中把握人。尤其是到了文明社会，人的本质更多的是由他所栖居的时代决定的，时代的特色明显地体现在人的诸多可能性之中。正如狄尔泰所言：

> 就个人自己的独立实存而言，这种人是一种历史性的存在。他是由他在时间和空间之中所具有的位置、由他在各个文化系统和共同体的互动过程之中所具有的地位决定的。因此，历史学家必须把一个个体的全部生活，当作它本身在某个时间和空间点上所表现的那样来理解。②

正是时间和空间所构成的意义整体使个体存在从着眼于自身的生存和发展延伸到了一种更宏大的历史叙事中。也就是说，人们不再仅仅满足于自己的温饱，而是从自身所发展出的新的共同体形态和时代处境中获得了新的生存和生命意义。在这种个体和社会历史的新型互动关系中，人的意义和历史的意义得到了重新阐释。我们在历史中定义人、评价人，在环境中塑造人、改变人，都是基于不同的时间和空间背景的，这也正促成了人和时空的辩证关系。因此，时间和空间不仅是世界存在的基本形式，而且是人的生存及其价值的展开形式，自然万物在时空中生长，时间和空间构成了人的生活世界的全部。

一　人的时间依赖

时间概念天然地具有生存论意义，因为人的生命本身就是一种时

---

① ［德］狄尔泰：《历史中的意义》，艾彦译，译林出版社2014年版，第1页。
② ［德］狄尔泰：《历史中的意义》，艾彦译，译林出版社2014年版，第19页。

间性的存在。从出生到死亡，人首先是一种在时间意义上的存在。也就是说，人的存在对时间有着一种无法摆脱的依赖，这种情况奠定了人类生存的基本形态。但具体来说，时间作为一种社会意义上的存在又经历了不同形式的发展，在时间的不同样态中，人们把自己的生存形态自然地嵌入对时间的理解中。

（一）时间观念的不同形式

人们对于时间的理解随着生活方式的改变而改变，而生活方式的改变又和人们的生产劳动方式息息相关。纵观历史，我们对时间的理解经历了不同阶段的发展，基本上可以概括为循环的时间观、线性的时间观、碎片的时间观等形式，这种变化也成为影响人的世界观和人生观的重要因素。需要澄清的是，区别于物理学意义上的时间概念，我们在此讨论的时间更多的是"社会时间"，我们所谓的社会时间观"是一种兼容自然技术时间和个人生活体验时间的时间体系，这种体系对社会生活具有整合功能和引导功能"[1]。时间的社会化功能包含了技术时间的变化对日常生活的影响，这也是时间概念的存在论意义。

人们在对自然的依赖过程中培养了循环的时间观。对比所有的古代文明我们可以发现："每一个古老的文明都制定立法来记录自然的循环。"[2] 在大部分古代文明中，都形成了一种类似的时间观念——循环性的时间观。这是因为在人类历史的早期阶段，他们都生活在对自然的依赖中。自然世界所呈现出的周而复始的诸多现象成为人们把握时间概念的首要形式。日出日落、四季更替都成为理解时间循环性的感觉材料，因为人们能够在自己的生命中直观到这种重复现象的发生。人们在这种循环性中不断总结规律，成为人把握外部世界、获得确定性的重要途径。但在面对死亡时，时间的问题却又比以往的经验事实复杂了。在这个话题上，时间的循环性无法得到证实，人们无法

---

[1] 汪天文：《社会时间研究》，中国社会科学出版社2004年版，第35页。
[2] ［加拿大］福尔克：《探索时间之谜：时间的科学和历史》，严丽娟译，海南出版社2016年版，引言第9页。

经验到死亡后的生命复归。但由于循环时间观的主导性，人们只能在想象层面构建出另外一个世界，或者把不同生命形式之间的相互转换理解成为一种对生命循环的解答。所以"有些人觉得死亡本身只是转成另一种人类和非人类的存在状态"①。而且考古证明，"旧石器时代晚期的居民对下辈子有所期待"②。循环的时间观念已经成为古代人生命意义的重要前提。在对世界的理解中，人们除了对自然力量的敬畏外，还相信自然之外的神秘存在。人们由此构想了不同于此岸世界的彼岸世界，并将对时间的循环理解贯彻到这种虚拟的世界中，这尤其体现在诸多的宗教思想中。面对生命在现实世界的消亡，他们愿意相信生命在现实世界的结束将会在彼岸世界中延续。在具体的宗教律令中，人们甚至会根据现实生活的表现把彼岸世界当作一种奖惩手段。人们普遍地认为，善恶有偿的循环往复定然会在这种时间形式中有所体现，现世不能结算的是非功过都将在这种循环中得到修正。所以，不管是在原始蒙昧阶段还是进入宗教文明阶段，人们普遍相信死亡并非生命的终点，人们也不愿意相信生命本身就如烟尘般从有到无地彻底结束，这种循环性的时间观是人类普遍需要的心理补偿。依靠对时间的这种理解，"旧石器时代的祖先心里描绘的时间观念已经复杂到让他们想象死后可能还要继续生活，能够想象时间从这个世界延伸到另一个看不见的世界"③。这也就不足为奇了。在这样一种普遍的异化关系中，生命意义得到了一种解释和保证。

随着现代社会的发展，人们对进步的依赖培养了对时间的线性认识。生产力越发展，人们的生产和社会组织效率就越高，单位时间内发生事件的数量就越多，其中所蕴含的可能性就越丰富。在现代社会

---

① ［加拿大］福尔克：《探索时间之谜：时间的科学和历史》，严丽娟译，海南出版社2016年版，引言第10页。
② ［加拿大］福尔克：《探索时间之谜：时间的科学和历史》，严丽娟译，海南出版社2016年版，第11页。
③ ［加拿大］福尔克：《探索时间之谜：时间的科学和历史》，严丽娟译，海南出版社2016年版，第11页。

中，人们对时间和事件确定性的需要越来越强烈，人们必须在一定的时间内确定事件发生的频率、范围等问题，这就是现代人最基本的时间观念。在人类的历史中，时间的重要性一方面通过经验的有效性发挥出来，另一方面也通过预知未来的必要性发挥出来，人们对确定性的追求使得对时间的线性理解得到了强化。自然界中的生活经验使人们把握到了时间的往复性，这种混合着宗教、迷信元素的朴素认知曾长时间地占据着人类的历史和生活。但是随着近代科学技术的不断发展，人与外部世界的交往方式发生了极大的变化，这种变化也影响了人对时间的理解，并增进了对时间的把握。到了资本主义生产阶段，生产力已经由传统的人力、畜力转换成煤炭、石油等新能源，物理学、数学等学科展示出在扩大生产力上的关键作用，"当时的大趋势是把很多之前没有计数的实体加上数目或单位，时间的量化应该就属于这个大趋势"①。时间的量化使得时间需要被精确地测量和分割，时间开始被标识，单位时间开始被分割，年、月、日概念强调的不再是时间中的重复，而更多地指向时间的前后关系。时间不再局限于自我的反复而是更多地指向日常生活中的过去、现在和未来。这种前后相继的时间观念加强了对复杂和丰富生活的实际把握，使个体生命和各种共同体都成为一种有着某种东西一以贯之的整体。人们在这种时间观念中开始更多地关注实际生活，关注决策的有效性和时效性，人们生活的重心开始出现从来世到现世的转变。在这一过程中，生命的意义成为人类现实生活的重要话题，而不仅仅是在冥想和彼岸世界中得到满足。因此，生命成为时间绵延的衍生物，"历史"一词成为人类把握自身命运的重要概念。因为"在我们的想象中，时间就是绵延不断的河流，把未来带到我们眼前，把过去的时间带到我们身后"②。

---

① ［加拿大］福尔克：《探索时间之谜：时间的科学和历史》，严丽娟译，海南出版社2016年版，第58页。
② ［加拿大］福尔克：《探索时间之谜：时间的科学和历史》，严丽娟译，海南出版社2016年版，引言第6页。

时间的这种功效不仅使我们增加了对历史经验的重视,而且强化了我们对未来的追求,并在这种追求中获得确定性和新的生存意义。由此,历史的不断推进使知识的积累成为可能,人们越发地察觉到过去和现在的差别以及在这种差别中发生的"进步"。这种进步使得人对于外部世界的把握更具确定性,人能够依靠经验来使活动本身获得更高的效率和更多的成果。所以说,"采用线性时间,这对西方思想留下了深厚而长远的影响,也为'进步'的想法奠定了基础"①。尤其在知识的确定性方面,虽然我们的生活对经验的依赖正在降低,但我们确实也越来越需要确定的知识来指导我们的生活。具体到经济生活中,资本主义社会使普通市民养成了这样一种能力,即"对一种建立在金钱和信用基础上的全新的、更加形式化的计算的需要赋予了许多城镇居民更长远的未来时间视界"②。对时间的把握能力和人的现实利益直接地联系在了一起,知识就是力量的前提基于知识作为规律的持久有效性。因此,规律的有效性实际上是有时间尺度的,但这个时间的界限无法清晰地获得,它的消亡也许是瞬间的也许是长久的,总之它是在时间内被标记的有限的有效性。不管是在日常生活的经验范围内,还是在历史的宏大视野中,规律和时间的关系更加密切,因时间的变动所发生的规律的颠覆在我们的历史中屡见不鲜。随着现代生活的来临,"真理"和预言家的存在空间越来越小,人们在现代时间的急速流转中越发不敢保证真理存活的时间,因为真理的言说者自身的存在性已然受到威胁。

现代社会中生产效率的提高、社会分工的细化、事件的密集程度、交往的普遍化都导致了"单位"时间内的内容相较于传统社会呈指数级增加,人们对时间的理解朝向碎片化发展。资本主义生产方式

---

① [加拿大]福尔克:《探索时间之谜:时间的科学和历史》,严丽娟译,海南出版社2016年版,第89页。
② [英]约翰·哈萨德:《时间社会学》,朱红文等译,北京师范大学出版社2009年版,第100页。

和分工的不断发展使原本混沌一体的时间概念被割裂成不同的部分，人们也不得不对事件的时间长度进行预判以对接下来的事件进行排列。人们需要在短时间内对过去的时间进行分割，对过去的不同事件类型进行总结，于是，时间的支离破碎感随之而来。这种变化使得生存的可能性发生相应的改变，原本前后相继的持续性生活转变成事件的不断发生和消逝，人的计划在时间和事件的变动中越发无效，断裂的事件和生活使人的身份频繁转换，人们在惶恐不安中继续和发展着这种生活，这是现代人的生存常态。随着生产力的提高，劳动和收获之间的时间间隔越来越小了。这种状况不仅体现在农业技术的提高上，更体现在工业、服务业等产业的薪酬制度中，这也是和时间的变化相互作用在一起的。从社会生产来说，时间的碎片化是和时间的量化是直接联系在一起的。社会生产组织方式的变化使社会分工普遍化，由此所导致的劳动生产效率变得容易计算和考核，社会平均劳动时间成为社会大工业生产的重要指标。对于劳动者来说，人的劳动力的价值也变得越发明确，单位时间内所创造出来的价值可以直接换算成商业价格。对于雇主来说，单位时间内的成本和利润成为容易计算的内容，于是单位时间里的劳动力成本也成为可以计算的。因此我们看到的是，在大部分行业中，劳动价值越来越和时间联系起来，时间的买卖已经成为常态。人们不再以粗糙的年月为时间刻度来进行工资结算，时间被分割得越来越细。所以在这种形势下，"时间变成可以测量的量化物质后，也变成众人眼中可以赋予价值的商品"①。所以说，现代工资制度既是现代时间变革的结果，也是现代人生活节奏的一种体现。因此，时间在现代社会中被分割成了相互独立的片段，成为一个个可以被量化的单个存在。对时间的线性理解被打破了，现在的时间概念成为一种独立的存在。在这种情况下，它的方向也就一并消失了，未来也就不存在了，对明天的向往与追求迅速被对当下的痴

---

① ［加拿大］福尔克：《探索时间之谜：时间的科学和历史》，严丽娟译，海南出版社2016年版，第59页。

迷所替代。生活没有了延续性，而只是一系列拼贴而成的片段故事。

对时间概念的不同理解是和人的生产生活方式、认知水平联系在一起的，这种变化的根本意义在于时间之于人的意义。时间是生命展开的基本前提，人在时间中面对着无限的可能性，人也通过自己的行为寻找确定性，谋划着自己的命运轨迹。人就是在对确定性的追求和世界本身的不确定性这种相互关系中获得生命意义的。人在对确定性的探寻中获得生命圆满的体验，获得怡然自得的心灵慰藉，但同时也有未知的恐慌伴随始终。这种没有终点的可能性正是生命的奥秘所在，探求未知的欲望成为人类安身立命的根本动力。

(二) 时间形态与生存意义

通过对人类时间形态的梳理我们可以看到，不同的时间形式刻画了不同形态的文明。当然，反过来说也可以，时间和生活方式的相互作用以及复杂交织塑造了现代人的生存空间。在与不同层次的时间概念的交往中，人类总体和个体的自我认知在不同的时间概念中展开、完成，长久以来，时间成为人安放希望和生命意义的重要场所。

在人类对时间的把握中，对时间的线性理解是最主要的形式。线性时间观不仅是现实生活展开的具体维度，而且增加了对时间前后把握的需求。从人类早期生活开始，人作为有记忆的动物就已然对发生过的事情存有温暖或痛苦的记忆。人类的历史越长久，这种积累就越多。相比较而言，人们却不愿意对痛苦的记忆有更长久的存留，所以美好的记忆总比积累的痛苦要多。于是，人们才有了不断地想回到过去、认为古风时代是人间天堂的假象。这些都和人类的记忆机制密切相关，即线性时间观中对过去和未来的感知。正是因为"人类拥有非常精密的能力，形成、存储和唤回这些心里的意象"[①]。人们才能获得对于过去的记忆、事件加以重新描绘的能力。在原始阶段，这种再现只能在人的头脑和语言中以抽象的形式反映出来，但正是这种抽象的

---

① [加拿大] 福尔克：《探索时间之谜：时间的科学和历史》，严丽娟译，海南出版社2016年版，引言第11页。

和过去的概念实现了知识的增加,满足了心理层面的需求,因为"人类的记忆很有可能就是要让我们在缅怀过去时有种温暖的感觉"①。除了对过去时间的不断重现外,人类还生发出一种对未发生时间的期待和预估,这种预估既建立在原始经验的基础上,又有对未知和可能性的探索,这便是"未来"一词的实际内涵。线性时间概念的强化使人不断地思考和预估未来世界的可能性,比如人们通过对时间的线性理解认识到了自己生命是有尽头的。人类越发知道生命的时间界限,越发想要在有限的时间内探索更多未知的事物,越发想要对接下来发生的事件有更准确的把握,想过一种有意义或者确定生活的愿望成为一种普世价值。人类正是通过这样一种能力,获得了相较于动物来说,对于未来和未知的主动权,人们能够以这样的方式创造更适合自己生存的环境。

当然,这种对未来的掌控是需要一定的物质基础的。这一方面来自人类大脑的时间概念,另一方面来自人类历史的记忆概念。对人类历史来说,"记忆可以说是一种工具,具备预测能力的大脑就用这个工具模拟出未来可能发生的事件"②。福尔克在《探索时间之谜:时间的科学和历史》中把大脑的这种工作机制称为"心智的时光旅行",这种能力"就是结合情节记忆和预料未来事件的能力。没有这种能力,人类就不能规划和发展也不会有文化。失去了想象出来的未来蓝图后,文明也会跟着消失"③。这里指出了两种面向。一方面是关于过去的记忆,即过去的事件为我们提供了一种经验的积累和合理的想象,人们在对过去的把握中能够对未来有合理的预估。另一方面是关于未来的筹划,即心智的时光旅行"提供更高的行为灵活度,使当

---

① [加拿大]福尔克:《探索时间之谜:时间的科学和历史》,严丽娟译,海南出版社2016年版,第103页。
② [加拿大]福尔克:《探索时间之谜:时间的科学和历史》,严丽娟译,海南出版社2016年版,第103页。
③ [加拿大]福尔克:《探索时间之谜:时间的科学和历史》,严丽娟译,海南出版社2016年版,第101页。

下的行动能够提高未来生存的机会"①。只有如此，人类才在整体上把人类存在的时间概念理解为一种直观的线性结构，才在关于过去和未来的不断生成中实现自己的可能性，这在总体上是一种对时间的积极把握。这种线性时间观成为人的经验领域主导性的生存规则，对人类发展发挥了积极作用，但同时"这些优势的代价就是深刻的不安感受，知道死亡终将来临。"② 我们对时间和事件掌握得越精准，死亡的可预期性就越强，对大多数人来说，这绝对不是一种愉快的生命体验。正如在现代社会中，伴随着医疗科技的进步和生存危机的多样化，人的寿命的可计算性越发清晰，这种对死亡的不断确证越来越成为现代人的生命负担。

对时间的线性理解除了在日常生活领域成为主导意识外，基督教从创世到末日的线性时间观也成为世俗时间的一种例证。简单说来，在基督教世界，"时间在上帝的监督下按照独特的顺序一件一件发生，从创世的那一刻一直到最后的审判日——非常明确的线性时间观"③。虽然这种时间观念构成了西方世界对于时间理解的重要组成部分，但由于缺乏实际的指导意义，和日常生活、历史的连接不够紧密，因此，我们对于基督教中的线性时间观不作过多讨论。

根据占主流的时间观念，人们通常把线性时间作为指导自身生活的主要尺度。在这种前后相继的时间形态中，人们自然地把时间切割成过去、现在和将来，并在这种通俗的理解中展开自己的全部活动。其中关于过去的时间，也就是我们称之为"历史"的这一维占据了主要的地位。

人们的生存和生活离不开时间概念，尤其离不开和过去生活的联

---

① ［加拿大］福尔克：《探索时间之谜：时间的科学和历史》，严丽娟译，海南出版社2016年版，第103页。
② ［加拿大］福尔克：《探索时间之谜：时间的科学和历史》，严丽娟译，海南出版社2016年版，第11页。
③ ［加拿大］福尔克：《探索时间之谜：时间的科学和历史》，严丽娟译，海南出版社2016年版，引言第10页。

系。一般说来，"他们回首过去，只是为了了解现在，并刺激他们对将来的渴求"①。一方面，历史给人提供了理解现在的维度，使人能够对现存事物的存在及其理由有所认知。而且不管人们对于现存事物作何种评价，趋利避害的生存本能却是始终如一的，也就是说，人们在日常生活中希望通过了解历史来避免再犯过去的错误。另一方面，通过对过去事物的关注，人们还可以填补对未来的向往。不管是对已有成绩的自信还是对现实的不满，都会造成一种对未来事件的谋划和好奇，所以人们普遍认为未来是值得期待的。历史的必要性不仅体现在对民族文化的影响上，还体现在对个人生活的影响中。历史是过去现实状况的既定事实，是造成现实差异的根本原因。现实是直接从历史中衍生出来的，历史作为个人的前生存境遇实际上塑造了个体行动的动机、方式、目的和效果。不管个体是在何种意义上展开自己的生命形式，我们都能从历史中找到蛛丝马迹来弄清历史事件的因果关系。一方面，过去的时间塑造了一个个历史原像，也影响了每一个事件的形态和效果。在此，历史为现存的人们塑造出了存在的空间并成为时间中的必然。另一方面，在个人的世俗生活中，历史给予人更为具体的生命感知，历史是人们幸福和痛苦的根源。历史给人提供了一种基于历史史料的确定感，这种已然发生的事实随着人们对逝者的尊敬和记忆的模糊而变得神秘或不可置疑，继而成为人们习惯接受的和愿意相信的。不管历史的真实性如何，人们都怀着敬畏之心在过去的时间中树立起自己的偶像，人们认为这是沉稳之人的内心修养和智慧表征，也自然地对这样的生活充满敬意。不过，人们在时间之维中也展示出了一种永恒的矛盾，这种矛盾遍布在人生的诸多阶段，那就是欲望和痛苦之间的紧张关系。历史一方面发展了欲望，也生产出了满足欲望的条件，但是这两者之间总是难以保持稳定一致的状态。通常来说，欲望总是超出历史条件的范围，人们不能在现有的历史中发展自

---

① ［德］尼采：《历史的用途与滥用》，陈涛等译，上海人民出版社2000年版，第8页。

己全部的欲望。另一方面，人们几乎无法消解这一矛盾，随之而来的就是无尽的痛苦，当然也正是因为这种欲望的不满足和现实的空缺才推动了历史的进一步发展。正如对于一种精神的鸦片，人们所能做的是寄希望于时间的延展，希望它能在最短的时间内满足自己的欲望，减免人的痛苦。

由此可见，历史为人提供了存在的空间，也是人生命意义的源泉。抛开这种被动性的历史观和时间观，我们同样发现，"对于拥有行动和力量的人，历史尤为必要。他进行着一场伟大的战斗，因而需要榜样、教师和安慰者"①。对于有积极生活意志的人来说，他其实可以在历史中创造满足自我需求的条件，不管这种满足是直接的还是间接的。他用自己的实际行动在历史提供的空间中实现自由的可能性。之所以说这是伟大的战斗，不仅仅是因为要满足他自己的需要，更重要的是因为他这种艰辛的探索极有可能会满足和他相似之人的愿望。因此，我们可以这样说，他以一己之力开拓着历史，实现着别人只能望洋兴叹的事迹。当然，他并不是凭空发展出了这样的力量，在大多数情况下也不是仅仅依靠个体力量来实现这种愿望，这种筹划愿景和开创未来的能力也是从历史中获得的。此外，除了继承历史给他留下的"具体工具"，给行动提供的充分的物质保证外，他还需要从历史中获得一种鼓励和安慰。面对相同的历史条件，之所以有一小部分人能肩负起对历史开疆扩土的重任，是因为他从历史中找到了伟大形象，成为指引他行动的领航员，这是大部分领袖成长的必然环节。从这种形象中，他感受到崇高历史的力量和吸引，再从具体的实践中获得知识，结合过去的人传下来的经验和教训，他就成了新的榜样。即便是有失败的经历，他也可以从过去的伟人身上获得鼓励和成功的经验。以这样的形式，他的痛苦就被转换成下一次成功的可能，他在过去中感受到了力量，获得了安慰，也因此唤起对未来成功的渴望。所

---

① [德]尼采：《历史的用途与滥用》，陈涛等译，上海人民出版社2000年版，第11页。

以我们能够看到，"历史对于那些有着保守和虔敬天性的人是必需的。这种人满怀热爱和信任，回望它存在的源头，他通过历史向生活致谢，他小心地保留着从远古时期遗留下来的东西，并为他的后来人复制出他的成长条件，他就是这样为生活服务的"①。正是因为对历史的这种态度，人们能够摆脱自己在生命长河中无序漫游的状态，奋力在时间之流中寻找确定性和幸福感。不管是基于自身还是人类整体，他都在过去的时间经验中开创着新的可能，而这对即将成为过去的现在和将来也是一种丰富，世界就在这一点点的扩展中变得愈发对人的生活有利。因此，"如果一个想做出伟大作品的人需要过去，他就会通过纪念的历史使自己成为过去的主人；能够对传统的和可敬的事物感到满足的人就会做一个怀古的历史家来利用过去"②。在对历史的重新提及和理解中，人重新获得了对历史的主宰权，尤其是能够结合自身给历史一种新的生命意义。只要对历史怀着这样一种谦卑和重视，历史中的个体就能在与历史的对话中展现出历史可爱和有价值的一面，并使自己有限的生命丰富和强大起来。人们"只有为了服务于将来和现在，而不是削弱现在或是损坏一个有生气的将来，才有了解过去的欲望"③。我们了解历史的初衷都是希望把事物引导向积极的一面，普遍地怀有一种对美好生活的向往。

实际上，不管人们对于历史采取何种态度，他都需要在不同的时间维度上建立起各种联系。在时间中有所存留的就是对人有所意义的，这从黑格尔关于存在和合理的语境中同样能够得到证明。"每个人和每个国家都需要对过去有一定了解，不管这种了解根据他的目标、力量和需求，是通过纪念的、怀古的、还是批判的历史而取得的。……它总是生活目标的一个参考，并处于其绝对的统治和指导之下。"④ 因此，对于

---

① [德] 尼采：《历史的用途与滥用》，陈涛等译，上海人民出版社 2000 年版，第 19 页。
② [德] 尼采：《历史的用途与滥用》，陈涛等译，上海人民出版社 2000 年版，第 17 页。
③ [德] 尼采：《历史的用途与滥用》，陈涛等译，上海人民出版社 2000 年版，第 25 页。
④ [德] 尼采：《历史的用途与滥用》，陈涛等译，上海人民出版社 2000 年版，第 25 页。

历史的这种"利用"既是必然的，也是必要的。人们无法离开历史而存在，人们对于现在和将来的把握也只有建基在过去的时间中才是可能的。不管出于什么目的、采取何种方式，人和历史的这种关联本身是客观存在的，历史总是以若隐若现的方式存留在人们或大或小的生活事件中。给予过去事件以重现，对现存事物作出合理的评估或谋划，个人与个人、国家、民族的联系就是这样建立起来的。

(三) 时间和个体意义

具体到个体来说，人只有在时间中才能完成自我身心的统一和协调一致，实现对现实自我和抽象自我的统一。

由于人对自己的认知建立在既成事实上，因此必须有现实的维度和历史材料才有可能，而这个事实只能通过时间才能成为具体的可能。因此，"即使作为生理—心理统一体，人也是通过同一种表达和理解的相互关系来认识自己的。他通过现在来觉察自己，他通过记忆把自己当作某种曾经存在过的东西来认识"①。人要想实现自我的统一，除了身心上的先天一致外，还需要在具体时间中完成知和行的和解，使人对外界材料的把握能够使人获得由外及内的认同，也就是完成现实的同一性。所谓的同一种表达和理解实际上暗含了人的知觉和行为两个层面上的意义，行为本身包含了过去和现在的所有经验事实，并以此作为知觉的对象，完成对自我的认知。具体到个体的存在价值及其评判上，我们对时间的依赖更加明显。我们如果要对一个人作出较为客观真实的评价，必须在时间的展开中才有可能，必须以时间的发生和时间的堆积为前提，这是时间于个体的生存论意义所决定的。如果是社会想对一个人作出完整而客观的评价，一般来说必须在个体生命结束时才有可能，因为"从外部来看，人们是通过一个人在其生命的全部范围内所具有的、持续不断的生存状态来设想它的。这种连续性是没有任何中断的"②。在这种持续性没有被强制打断之前，

---

① [德] 狄尔泰：《历史中的意义》，艾彦译，译林出版社2014年版，第7页。
② [德] 狄尔泰：《历史中的意义》，艾彦译，译林出版社2014年版，第39页。

我们所作出的评判仍旧掺杂了无限可能性，这种持续性不结束，评价就不能成为一个事实，而仅仅是一种存有诸多变化的阶段性总结。因此，"为了确定这种存在于整体和它的各个组成部分之间的关系，人们也许不得不等待一个生命的结束，并且在死亡到来之际才能对这样的整体加以概括性的浏览。为了获得确定历史的意义所必需的所有各种材料，人们也许不得不等待历史的终结"①。人的一生是由时间构成的，过去的时间不可倒退，发生过的事件不可更改，时间的这种不可逆性造就了个体生命的底色。也就是说，个体花费时间的方式基本能够影响生命的事件从而使生命呈现出不同的意义。因此，对个体的评判必须以经验事实为基础，必须有时间的限定，意义是相对于一定的时间才得以可能的。生命过程本身是具有某种时间连续性的东西，我们也必须在时间的限度内对个体作出评价，而这种评价只有在他成为过去时才能发生。

进入现代社会，随着时间由传统线性结构向碎片式结构的过渡，我们对一个人的定义已然不能仅仅依靠"盖棺定论"来判定。快节奏的生活变换越发需要对人作出阶段性的评价，人们急迫地想要看清个体是何种品性，有何事迹。这种阶段性评价的重要性直接体现为现代信用体系的建立，个人信息能够方便地共享，降低了和陌生人接触的时间和精力成本，这同样也使得藏匿自己的污点越来越不可行。虽然现代社会强化了个人历史的可记录性和共享性，但同时也增加了个人标签的易变性，而且现代社会相较于传统社会在评价体系的类型上也不再是单一的。在现代日常生活中，"时间并不仅仅是一条由具有同样价值的部分组成的线索"②，时间不仅是个人事件的排列和串联，还是关系交织和发生的前提。正是时间在这种局部和整体上的相互作用才组成了人类共同体的整体形式。所以，实际上"一个人对自己的生命加以把握和解释的过程，是在一个由各个阶段组成的漫长的系列之

---

① [德] 狄尔泰：《历史中的意义》，艾彦译，译林出版社2014年版，第52页。
② [德] 狄尔泰：《历史中的意义》，艾彦译，译林出版社2014年版，第40页。

中发生的"①。也就是说，人类个体能够对自我有所认知并能得出想要的评价，需要在记忆的基础上综合自我的价值标准和其他人的经验材料、价值标准才成为可能。这里尤其包含了个体价值和社会价值的关系问题，我们的生存活动一方面是为了自身价值的实现，另一方面又需要与共同体价值相契合。共同体价值的养成是在时间的积累中完成的，共同体价值本身的迁移和变化也是时间本性的体现，因为万物皆流，无物常在。

我们对于某一特定事件的判断必须联系到时间整体及其连续性中的可理解性，必须在事实的基础上才能作出尝试理解的可能，只有如此，我们所作出的理解才是符合事件本身的。因为"只有通过生命的各种事件所具有的意义，与理解过程和这种整体所具有的意味的关系，我们在生命方面所发现的各种联系才能得到适当的表征"②。意义的产生离不开具体的历史情境，而理解这种意义也必须建立在对这种语境的把握之上。因此可以这样说，时间构成了个人事件中意义的全部内容，从它的发生到对它的评价。

（四）时间中的幸福和永恒

一般说来，幸福和快乐是人的基本追求。人类普遍希求把这种幸福和快乐无限地传递下去，尤其是实现能够打破时间界限的幸福，即永恒的幸福。除了这种生命体验本身外，人类本身还对永恒充满着向往，这种向往包括了对生命永恒性、意义永恒性的追求。因为除了现世的存在之外，人们也想在未来莫测的世界中继续保持自己的存在，这种超脱时间的理想是人类个体所普遍具有的。

不管是人类整体还是个体都对永恒充满了近乎痴迷的向往。从根本上说，人类的担忧也正是每个人普遍化的心理负担。我们害怕个体生命的消亡，害怕存在的消失，所以被纪念就成为人们的普遍愿望，纪念一个人也成为对一个人表示肯定的最崇高方式。虽然大部分人难

---

① ［德］狄尔泰：《历史中的意义》，艾彦译，译林出版社2014年版，第59页。
② ［德］狄尔泰：《历史中的意义》，艾彦译，译林出版社2014年版，第56页。

以逃脱被遗忘的命运，但人们退而求其次，把人类文明的永恒性作为自己的理想，或者致力于此。既然个体的消亡迫在眉睫，人人心里有着岌岌可危的紧迫感，作为个体的人已然能够意识到这种无法逃脱的命运，那他关注的重心就开始转向怎么扩大自己的影响，或对人类文明的持续性作出一些贡献方面。于是在人的行为方式中存在着这样一种无意识的行为，人们把摆脱死亡，超越时间的希望挂靠在自己的群体身上，借用群体的永恒来代替个体的永恒，这种群体的范围可以从自己的民族、国家逐步扩大到整个人类整体。仔细分析就会发现，人们希望被纪念仅仅证明了他对永恒的渴望，这种渴望更多地在于安慰现实的人们，并不能对逝者有什么实际的作用。现如今，开始有人采用冷冻技术封存自己或生命体的某一部分，这实际上就表达了自己对长久生存的愿望。但是对大多数人来说，死亡是必然发生的，在当下，人们所追求的仅仅是或长或短的被纪念，因为真正的永生已经通过以往的历史被证明是不可能的，而精神上的永生也不是大多数人所能享有的。

人们除了希望可以从永恒的纪念中获得一种满足外，现代人更多地开始追求非永恒的幸福，或者说瞬间的幸福。这种转变使传统的时间意义被消解掉，"现在"成了人们关注的重心，并成为人们获得幸福的主要源泉。在这两种不同的路径中，我们其实看到了对永恒的两种选择，也就是说，对永恒的追求和对当下的关注都代表了人通过时间获得幸福的渴望。只不过前者选择的是超越时间，后者选择的是消解时间。后现代在某种程度上使人沉浸在短暂的幸福和瞬间的满足中，人们对时间绵延与生命意义的感知在很大程度上被当下的愉悦所代替。人们除了在前后相继的时间里完成对幸福感的追求外，人们还在和时间的"对话"中获得了安全感和归属感。尤其是对于个人来说，个人所形成的价值体系和自我认知都是在和自己民族、文化的交往中实现的，民族和文化的历史塑造了形形色色的个人，成就了每一个人的当下的具体样态。所以，"这样说来，每个人的'当前'，不仅包括他个人'过去'的投影，而且是整个民族的'过去'的投影"①。在与时间的交流中，个人不仅完成了自我根源的找寻，而且使自己的存在形式以及尺度都在历史的影响中确立起来，个人身上实际凝结了历史的所有成果。对于个人来说，他也应该明晰历史对他的作用，并对历史抱以感怀之心。能够和历史建立起这种联系的人是值得赞赏的，因为他没有辜负时间给我们留下的东西，因为他能最大限度地从大家漠视的资源中获得丰富的精神给养。具体到人的现实生活中，具体到民族文化的历史中，一个崇高的人应该做到，"他像欢迎自己的灵魂一样欢迎他的民族的灵魂"②。

我们能看到，当个体在进行自我表达的时候，尤其是当他对面的是带有其他身份的个体时，他会不自然地表达出自己的群体特征，在话语中展示自己的身份以获得自我存在的证明。正如"通过他说的'我们'，他纵览了过去了不起的个人生活"③。在这种日常表达中，人们不自觉地建立起和历史的连接。在这种连接中，人们在对历史进行提炼之后，自动地把其中的精华部分注入自我的培养中，并强化了自身与这种历史之间的联系。个体生命和过去的时间实现了一种统一，个人在对民族历史的评判中完成了这种双方面的认同。

二 人的空间依赖

除了从对时间的依赖中获得生命意义外，人们还需要在具体的空间生活中实现自己并建立各种联系，并在这种连接中实现自我的发展。具体说来，根据历史阶段的不同，人们对空间的理解以及空间对人的影响方式也都呈现出了不同的样态。伴随着对现代都市空间的批判和对人生存环境的关注，人们对生命意义的追求从历时性的、永恒的概念转移到对瞬间的、在场意义的关注，传统价值的消解和生存环

---

① 费孝通：《乡土中国》，北京出版社2005年版，第22页。
② [德]尼采：《历史的用途与滥用》，陈涛等译，上海人民出版社2000年版，第19页。
③ [德]尼采：《历史的用途与滥用》，陈涛等译，上海人民出版社2000年版，第19页。

境的瞬息变化使人失去了对某一特定价值的从一而终，不得不在各种不断产生和消逝的生存维度中进行选择，人们对空间概念的理解及其变化就是在这一生存环境中得到凸显的。

（一）空间与生存生活依赖

人对空间的依赖伴随着人类发展的始终，从人类早期的原始生活开始，人类的生存就建立在对自然环境的强依赖性中。具体说来，人对自然的依赖在很大程度上就是对自然环境及其内容的依赖。在表现形式上，自然空间的确定性和不确定性塑造了人与空间关系的基本形态。在我们的日常生活中，熟悉的就会导致确定，陌生就会造成隔离，在人们赖以生存的空间中，人们同样如此来构建自己的社会关系。

不管是动物还是人，对于空间的依赖是天然的。作为群居的动物，人类需要对领地进行划分，为保证自己的生存而实现对特定空间的占有或掌握。这种情形发展到现代社会就转变成人们对居所的依赖，人们能告别自然生活但不能告别空间对人的生存的必要性。正如阿伦特所说，在今天"如果不拥有一幢房子，一个人就无法参与世界上的事务，因为他在这个世界上没有一个真正属于他自己的处所"[①]。正是这个处所为他提供了个人独立的基本标志。在农耕时代，人们聚居在相对固定的空间内，有确定的生活和活动范围，有相对确定的社会交往关系，这种社会组织模式天然地反映了空间生活的特性。这主要是由人的生产生活方式所决定的，人员流动的技术不够成熟使得社会生活在某种程度上是稳定的，而这种"不流动是从人和空间的关系上说的，从任何人在空间的排列关系上说就是孤立和隔膜。孤立和隔膜并不是以个人为单位的，而是以住在一处的集团为单位的"[②]。这不仅仅是针对某一个社会个体而言的，而是包含了全部社会共同体之间的社会关系。在传统社会中，人们的生活只是地方性的——"地方性

---

① ［美］阿伦特：《人的境况》，王寅丽译，上海人民出版社2017年版，第19页。
② 费孝通：《乡土中国》，北京出版社2005年版，第4页。

是指他们活动范围有地域上的限制，在区域间接触少，生活隔离，各自保持着孤立的社会圈子。"① 他们在有限的空间内寻求有限的可能，使自己与更广阔的可能性隔离开来。人们在扩展交往关系的动机和能力都不够充分的情况下，只能向社会关系内部寻求各种需求的满足以实现自己的发展。于是，在具有农耕传统的中国，就产生了以乡土为基本特性的社会组织形式，并以此影响了中国社会的方方面面。与现代社会复杂的社会组织模式不同，"乡土社会是靠亲密和长期的共同生活来配合各个人的相互行为，社会的联系是长成的，是熟习的，到某种程度使人感觉到是自动的"②。由于农耕生产有一定的集群效应，需要共同的水利设施作为基本的设备保障，而且由于人口的延续和社会组织的扩大都是建立在一定的亲缘关系上，人与人之间存在着天然的社会关系和熟悉感。又由于人们在共同空间中相互熟知和相互合作的可能性极大，社会组织也要求人们在这种狭小的交往空间中建立一定的关系。于是，人与人之间的关系就从无到有、从少到多地建立起来。

除了空间作为栖居之所给予我们的生存保障外，人们对空间的依赖更多的是心理和情感上的。相较于快速流动的现代社会，乡土生活中对环境的熟悉带来了放松感。极易产生情感关联的个体在社会交往中确立了新的关系，使这种亲近感得到进一步提升。由于人们之间的相互熟悉，人们从这种熟悉中获得了对个体及个体背后的社会关系的信任。不管是何种交往，在这样的生活中，人的任何行为不仅仅是个体自身的行为，它其实表征了一个族群的特性或主张。在这样的社会形式中，伦理道德是在乡土社会安身立命之本。此外，在人与人的交往中，他们共享了同一种成长空间，也就是说，他们共同的记忆和情感依赖已然成为生命的一种情感符号。在这样的成长空间中，成员之间彼此敞开，没有秘密。人们在这样的社会交往中，实际上都在以某

---

① 费孝通：《乡土中国》，北京出版社2005年版，第6页。
② 费孝通：《乡土中国》，北京出版社2005年版，第62页。

种共同的身份生活，彼此之间很少发生利益交往，即便有，也有情感和法理上都讲得通的处置办法。在这样的社会关系中，人与人之间也没有较大的身份和地位差异，在同样一个共同体中，人们之间实现着一种朴素的平等。

（二）空间与个性养成

空间除了为人的生存和生活提供了物质条件，还在某种程度上影响着不同地域之间的民族和文化品格。孟德斯鸠认为，空间在塑造个体和国家意识形态上发挥了重要的作用，并详细列举了气候对人的性格和生活方式的影响，这主要体现在气候对身体、民族性格、性别等诸方面的影响上。

在孟德斯鸠看来，人因气候产生的精神和情感差异导致了不同法律的产生，而气候对人的影响主要体现在对人的身体特性及个性中，其中非常重要的因素就是因纬度差异所导致的气候差异。由于地理纬度差异导致的日照时长和温度的不同，人们的身体状况也呈现出了不同的状态。孟德斯鸠主要对比了北半球寒带和热带的区别，详细列举了人们差异的诸种形态。在他看来，寒冷的空气和炎热的空气会让人的身体呈现出不同的状态，这直观地体现在人们的肤色上。在热带，人们由于接受的日照时间比寒带时间长，人们的肤色中有大量的黑色素，能够大量吸收日光中的紫外线，从而能够降低罹患皮肤癌的可能，这是生物进化的结果。此外，人的肌体和生理构造也极大地受到了气候环境的影响。他认为，相较于寒带，热带人的肌肉紧致程度要差，因此寒带人较热带人更有力量，而且更有弹力。在寒带，心脏需要保持更加强劲的力量才能保持血液的交流，从而使人的心肺有更好的动能，"所以人们在寒冷气候下，便有较充沛的精力"[①]。除了生理上的直接影响外，这种差异还直接体现在人们的性格当中。北方寒冷的气候增加了血液供应的要求，使人的心脏能够更加强健，而"心脏

---

① ［法］孟德斯鸠：《论法的精神》（上册），张雁深译，商务印书馆1961年版，第227页。

力量的加强自然会产生许多效果,例如,有较强的自信,也就是说,有较大的勇气;对自己的优越性有较多的认识,也就是说,有较少复仇的愿望;对自己的安全较有信任。也就是说,较为直爽,较少猜疑、策略与诡计"①。反之,生活在热带的人们由于较弱的心脏能力和血液流动,他们在精神上缺乏一种刚毅和对自我的确定,人们多沉浸于一种相对萎靡的生活里。所以说"炎热的气候使人的力量和勇气萎顿;而在寒冷的气候下,人的身体和精神有一定的力量使人能够从事长久的、艰苦的、宏伟的、勇敢的活动"②。这样看来,北方人在战斗的欲望和能力上都有着先天的优势,北方人在对外征服这件事上有着更加强烈的欲望、野心和能力。生活在南方的人们,尤其是生活在南方平原地区的人们因为舒适的生存条件,他们面对北方人的侵犯就缺乏抵抗的力量,因为"肥沃的地方常常是平原,无法同强者对抗,只好向强者屈服"③。孟德斯鸠甚至带有歧视性地认为:"炎热国家的人民,就像老头子一样怯懦;寒冷国家的人民,则像青年人一样勇敢。"④ 这种理解虽然在一定程度上能解答南方民族和北方民族的战斗力问题,但是除此之外还有诸如战斗装备和思维上的差异,而不仅仅是体力和性格的差异。通过这种直观事例的说明,孟德斯鸠向我们展示出了他所理解和强调的环境和个性差异之间的某种关联。

在面对生活的态度上,孟德斯鸠认为,不同的气候导致了人们感知快乐能力的不同。具体说来,他认为寒冷地方人们的感知能力较差,那里的人们神经闭合、身体组织紧缩,人们无法保证所有的感觉都能传输到大脑中。因此"在寒冷的国家,人们对快乐的感受性是很

---

① [法]孟德斯鸠:《论法的精神》(上册),张雁深译,商务印书馆1961年版,第227页。
② [法]孟德斯鸠:《论法的精神》(上册),张雁深译,商务印书馆1961年版,第273页。
③ [法]孟德斯鸠:《论法的精神》(上册),张雁深译,商务印书馆1961年版,第280页。
④ [法]孟德斯鸠:《论法的精神》(上册),张雁深译,商务印书馆1961年版,第228页。

低的。在温暖的国家,人们对于快乐的感受性就多些;在炎热的国家,人们对快乐的感受性是极端敏锐的"①。这种感知外部世界的能力及其差异不仅体现在人们对快乐的态度上,也同样体现在其他感觉上。因此,我们就更容易理解寒冷国家的人对于疼痛的感知能力更差,因此他们就更加勇敢、更加无所畏惧。与此相对的是,南方人在对任何一种情绪的感知上都更加容易,这也就能解释为何南方更容易出现婉约派的文人和艺术作品,他们在对世界的表达和再现上有着更加复杂和细腻的程序。由于对痛苦的敏感,他们在展现出情感丰富一面的同时也使他们缺乏冒险精神,虽然这些都是相对意义上而言的。在具体的生活习惯上,南北方展示出了更大的差异。除了食材和烹饪方法的差异外,孟德斯鸠还关注到一个更加能说明气候之决定性的生活习惯,这就是对酒的依赖程度的不同。"当你从赤道走向北极,你便会发现,饮酒的嗜好是随着纬线的度数而增加的。"② 越寒冷的地方,人们抵御低温的需求就越大,酒作为一种活跃身体机能的催化剂,是人们增强身体温度的主要方法。在南方,虽然酒也是作为同样的作用出现的,但是他们在使用范围和程度上较之北方都有极大的差异,他们在酒的度数和饮酒的能力上普遍要低一些。

(三) 空间与社会意识形态

关于地理环境的决定性作用,孟德斯鸠最想表达的其实是气候对社会意识形态的影响。虽然他没有详细地展开这些影响的后果,但为我们大体勾画了气候在道德、法律、宗教等方面的影响,展示了人对空间依赖的高级抽象形式。

孟德斯鸠认为,在对道德的感知上,由于南方人普遍具有细腻的感觉,他们在欲望方面更加丰富和强烈,在控制自己的欲求方面就不

---

① [法] 孟德斯鸠:《论法的精神》(上册),张雁深译,商务印书馆1961年版,第229页。
② [法] 孟德斯鸠:《论法的精神》(上册),张雁深译,商务印书馆1961年版,第235页。

能像北方人那样坚忍，这是由于身体内部的感觉器官决定的。所以"当你走近南方国家的时候，你便将感到自己已完全离开了道德的边界；在那里，最强烈的情欲产生各种犯罪，每个人都企图占别人的一切便宜来放纵这些情欲"①。面对不同纬度的人，身体的差异造成了他们对待外部刺激的不同反应。面对同样的外部刺激，北方人容易感到快乐，因为这对于他来说是麻木生活的一种解放。但对于南方人来说，这种刺激并不能轻易地增加他们的快乐，反而是增加了这种因过分放纵而导致的越界。相较于北方人，南方人敏感而脆弱，不断地穿梭在各种刺激和欲望之间，使自己变得缺乏主见、容易动摇，这在某种程度上影响了他形成坚定的品格。因此，我们能够看到，中国的道德哲学大多是在北方发展起来的，并且随着时间和地域的扩展，在向南的发展中被不断地弱化。这当中包含了诸多因素，孟德斯鸠所标记的只是其中的一种。

相较于道德来说，由于空间差异所导致的法律上的差异更加明显，因为法律和人的生产生活方式联系得更加直接且紧密。从历史唯物主义的角度来看，"不同气候的不同需要产生了不同的生活方式；不同的生活方式产生了不同种类的法律"②。在北方，动植物的生长周期较长，资源相对缺乏，以游牧和旱地农耕为主的生产方式极其依靠自然资源。人们在有限的自然环境中展开自己的生产生活，使得人们对自我权益的保护和对资源的划界有更加强烈的需求。这不仅体现在道德的约束上，更直接地体现在更加严苛的法律层面。当然，这种情况也并非绝对，法律的严格程度和细化程度其实从最根本上归于生产组织方式。一般来说，复杂密集型的生产，或者说更加需要紧密合作的生产方式就需要更加细致的法律。在以农耕为主的生产组织中，人

---

① ［法］孟德斯鸠：《论法的精神》（上册），张雁深译，商务印书馆1961年版，第230页。
② ［法］孟德斯鸠：《论法的精神》（上册），张雁深译，商务印书馆1961年版，第235页。

们的交往密度和程度都要比其他的组织方式复杂得多，人们需要对其中发生的矛盾进行规定和处置，因此"从事农业的民族比那些以畜牧为生的民族所需要的法典，内容要多得多"①。这个结论适用于各种生产方式的对比中。相较于北方，南方较为丰盈的物产和较短的生产周期使人们的生存相对容易，人们对自然资源的依赖程度相对较低，人们对于资源的渴求和保护也不如北方人那样强烈。再加之南方人更加丰富的欲望和需求，人们在法律上没有那么严苛的要求。所以，孟德斯鸠看到"快乐的气候产生了坦率的风俗，带来了柔和的法律"②。在地域、气候和宗教的对比中，孟德斯鸠具体讨论了中国和印度的问题。由于温度和地域的差异，中国和印度在生产意愿上有着一定的差异。相较于中国，印度的人民更加不愿意从事劳动，人们处于被自然影响和主宰的状态，他们有着更加强烈的逃避劳动的愿望，佛教的教义和处世风格都较强地体现在对这种现实的接受上，人们普遍放弃了自主决定生活和命运的可能。所以"印度的立法者佛顺从自己的感觉，使人类处于极端被动的状态中。但是佛的教义是由气候上的懒惰产生的，却反而助长了懒惰；这就产生了无数的弊害"③。面对现实的外部环境，印度宗教的选择实际上就是印度人民的选择，它教导人们接受现实或者抛弃现实，不去为改变现实而积极作为。它塑造了人们在世间生活的消极状态，而这又使人们的生活更加萎靡。所以我们可以看到，"在亚洲，似乎是气候越热，僧侣数目便越多。印度气候酷热，所以充满了僧侣。在欧洲也可以看到这种差异"④。相较而言，"中国的立法者是比较明智的；他们不是从人类将来可能享受的和平

---

① ［法］孟德斯鸠：《论法的精神》（上册），张雁深译，商务印书馆1961年版，第284页。
② ［法］孟德斯鸠：《论法的精神》（上册），张雁深译，商务印书馆1961年版，第241页。
③ ［法］孟德斯鸠：《论法的精神》（上册），张雁深译，商务印书馆1961年版，第232页。
④ ［法］孟德斯鸠：《论法的精神》（上册），张雁深译，商务印书馆1961年版，第233页。

状态去考虑人类,而是从适宜于履行生活义务的行动去考虑人类,所以他们使他们的宗教、哲学和法律全都合乎实际"①。中国人生活在温带,他们生活在依靠天时生存的环境中,他们必须考虑如何更好地把握时节来组织生产。因此,从法律或政策层面,政府都鼓励人们积极地从事劳动生产,在有限的时间内利用好资源,尽可能地创造更多的社会财富,因为这对于国家和个人而言都是有利的。所以中国社会发展出了一整套积极改造外部世界的价值观,勤劳成为他们的民族性格。对于印度人或其他南方的民族来说,既然环境使人们不愿意从事劳动,或者说自然环境不需要人们从事更多的劳动,人们改造外部世界的意愿就变得并非那么强烈,人和自然环境的关系就变得相对直接。但相较于其他民族,这种性格在全球化的运动中显示出了劣势,因此,积极地和世界产生连接,强化改造世界的能力和愿望是紧跟全球化步伐的重要举措。具体到国家层面,"气候越要使人类逃避这种劳动的时候,这个国家的宗教和法律便要鼓励人们去从事这种劳动"②。当然,要改变这种历史和民族传统是艰难的,但又是必要的。

不同的地域环境还影响了不同区域的政权组织形式。当然,具体的政权形式是与人民和民族的性格紧密相连的。政权的专制程度和民族地域的关系较为明显地体现了这一点。纵观人类战争史,我们很容易发现,"受侵略的多半是那些得天独厚的国家"③。我们之前已经分析了富饶的自然环境所导致的人们的相对懒惰,人们丰富的感知不利于养成坚毅和勇敢的品性。这些都导致了他们更容易受到侵略而更难抵抗来自其他民族的入侵,所以很少有在南方崛起的政权,在南北方对峙的情况下一般也是以南方政权的灭亡为主。归根结底还是在于,

---

① [法]孟德斯鸠:《论法的精神》(上册),张雁深译,商务印书馆1961年版,第232页。
② [法]孟德斯鸠:《论法的精神》(上册),张雁深译,商务印书馆1961年版,第232页。
③ [法]孟德斯鸠:《论法的精神》(上册),张雁深译,商务印书馆1961年版,第281页。

"土地贫瘠，使人勤奋、简朴、耐劳、勇敢和适宜于战争；土地所不给予的东西，他们不得不以人力去获得。土地膏腴使人因生活宽裕而柔弱、怠惰、贪生怕死"①。孟德斯鸠在此强调的还是地域和民族性格的关系，但是对于地域和政权的组织形式也有一定的间接影响。前面已经讨论了道德和法律在社会组织复杂的地方的严苛性，但是相对于政体来说，或者说得更准确一点，在政府和人民的关系上，却并非如此。道德和法律的存在都是为了保证社会的良序运行，人们已然在一种相对艰难的自然环境中生活，人们在分配自己的劳动财富，尤其是在税收上，不愿意把自己的辛苦所得交与政府，政府也在一定程度上保持一种温和的态度，会更加小心地处理国家政治和民众的关系。而且，对于地形地势比较险峻的国家，人们就较少依靠国家来维护自己的安全，因为侵略的事情具有较小的发生概率，人们不需要紧密的政权组织，人们也不需要用来之不易的财富维持一个庞大有序的政治群体，他们与政治的关系就较为疏离。比如说"多山国家的人民，保存着比较宽和的政体，因为他们不那么容易被征服。他们容易防御，而很难受到袭击"②。

通过上述讨论，我们较为直接地表明了人对空间的依赖及其形式，空间对人的生活、历史的影响等。空间作为人安身立命的基本存在维度，是塑造人和影响人的重要方面。在现代社会生活中，人们在交往关系、身份认同等问题上同样显示出人对空间的依赖。空间对文化的影响不仅影响了一代人，而且影响了民族的过去和未来。从人类的历史来看，人们对于美好生活的任何勾画都是在一定的空间上实现的，人们的空间想象成为乌托邦理想的最重要的属性。当时间不再成为问题的时候，空间的生存论意义将被重新凸显出来。尤其是在现代

---

① [法]孟德斯鸠：《论法的精神》（上册），张雁深译，商务印书馆1961年版，第282页。
② [法]孟德斯鸠：《论法的精神》（上册），张雁深译，商务印书馆1961年版，第280页。

都市生活中，人们越来越多地集聚到城市中，人类的未来在这种复杂的空间中展开，通信和交通的发展使时间不再成为问题，空间的独特性成为我们生活依赖的主要组成，我们对于空间的了解和重视应该成为关心未来生活的主要表现。

（四）作为现代生存意义的空间观

传统观念把空间作为实体的属性之一来理解，人们普遍地认为空间是人和所有自在之物存在于其中的"栖居之所"，是一种固定的、封闭的事物存在维度。在这样的理解中，空间一度被排除在人的生存和历史思考之外，而这一状况直到列斐伏尔《空间的生产》问世才有所改变。

列斐伏尔真正实现了空间的生存论和存在论革命，即实现了从实体性空间到社会性空间的研究范式转化，这种转变继而影响了诸多后现代地理学家，例如苏贾、大卫哈维等。列斐伏尔的理论贡献在于，他凸显了空间在社会关系中的作用并提供了一个理论与范畴基础。其他社会理论家发现以此为基础和路径可以分析、研究空间对社会关系的重要性，并通过空间维度来发展出理解社会关系的新形态。列斐伏尔区分的自然空间和社会空间突出了社会空间相较于自然空间作为现代人生存环境的重要性，尤其突出了城市空间的生产与现代人生存状态的关系。因此，列斐伏尔主张我们对社会研究的范式应该从资本主义工业化范式转换到城市空间地理学范式。

因此，从对空间的生存论理解出发，联系到空间与人们日常生活的关系，我们就会发现"空间本身既非'自在之物'，也非一种主观精神，而是一种产物，是由不同范围的社会进程与人类活动干预形成的，又是一种力量，它要反过来影响、指引与限定人类在世界上的行为与方式的各种可能性"①。只有把空间概念纳入社会历史中，才能理解和解答我们现代人的生存问题，实现资本主义生产方式的思维变

---

① 刘怀玉：《社会主义如何让人栖居于现代都市？》，《马克思主义与现实》2017 年第 1 期。

革。在列斐伏尔之前，我们对空间问题几乎是忽视和漠视的，这不仅在于我们以实体观和实证观对空间概念进行理解，还因为"我们的眼睛和使用的概念已经被实践和工业化理论定型了，我们用在工业化时期就事先设计好的碎片化的分析工具，因此正在发生的现实被消解了"①。不管这种思维方式是被有意识地还是无意识地培养起来的，所造成的事实是我们不仅难以认识到空间问题和生存问题的关联，我们更难以发掘其中的理论逻辑。在这一点上，我们亟须认识到都市空间问题是理解新时代社会的关键之所在，因为"空间的拓展已经成为现代资本主义转嫁资本过度积累危机、维系资本主义生产关系再生产的重要方式"②。空间一词已经区别于原来的实体性概念而成为现代资本主义运转中的重要一环，"空间在这个进程中成为一种商品，它可以被生产、转让和消费，空间从原来消费和使用的空间变为生产和交换的空间，资本通过对空间的统治来维护和巩固资本主义生产关系体系"③。在这种形势下，资本对人的宰制已经更新了传统的拜物教形式，开始把空间崇拜塑造成新的神圣形象，"欲摆脱都市幻象就必须明白空间的生产已经成为今天世界占统治地位的现实力量。在其人道主义与技术决定论的善良愿望外观之下，都市生活方式掩盖了资本主义的策略，即控制空间，为遏制利润率下降而斗争"④。但空间也掌握着解放的承诺与希望，我们所要做的是"在认识论上放弃理论帝国主义，在总问题式上用都市社会取代工业社会"。这主要体现在对城市空间的生产和消费的理解中，而其中所蕴含的理性矛盾展示了公众和资本的相互博弈和自我取舍。

继列斐伏尔开创了对空间的关注，对空间的理解成为解读当代资

---

① 刘怀玉：《社会主义如何让人栖居于现代都市？》，《马克思主义与现实》2017年第1期。
② 李春敏：《马克思的社会空间理论研究》，上海人民出版社2012年版，第211页。
③ 李春敏：《马克思的社会空间理论研究》，上海人民出版社2012年版，第211页。
④ 刘怀玉：《社会主义如何让人栖居于现代都市？》，《马克思主义与现实》2017年第1期。

本主义的重要方面，例如索亚的第三空间理论，大卫哈维的时空压缩问题等。总之，对于空间的理解经历了从实体化和科学化理解到社会化和历史性理解的转变，而出现空间观转变的原因需要到资本主义的发展中去寻找。随着资本主义生产方式对人的生存状况的改变，尤其是城市化的快速发展，人们越发意识到空间变化对生活和生存的影响。城市空间的生产和变化不是以某个人的意志为转移，其根本力量在于资本对城市空间的影响。在现代，居住问题已然成为现代人生活中最重要的问题，空间问题成为一种切身切己的生存体验。通过这种体验，人们逐渐认识到空间不再是一种自在自为的存在，而是资本的对象化产物。在资本主义生产的大背景下，"都市不仅是工业与资本主义的上层建筑，而且也变成了生产力与生产关系的一部分"①。它已经融入我们生活的方方面面，甚至代替传统异化劳动成为资本主义意识形态的新形式。也正因为"个人怎样表现自己的生命，他们自己就是怎样。因此，他们是什么样的，这同他们的生产是一致的——既和他们生产什么一致，又和他们怎样生产一致。因而，个人是什么样的，这取决于他们进行生产的物质条件"②。因此，不管相对于个人还是社会总体，都市空间的生产已然成为当代社会重要的生产方式。不管在任何国家，城市空间都表现为生产方式的某种结果，或者可以说，都市化是一种现代资本与社会主义的上层建筑。

"人的依赖关系"和传统的生产方式相适应，并依照自然环境的差异而演化出"人的依赖关系"的基本样态。这些自然而然发生的社会关系是与当时的生产力水平相当的，最直观的一点就是和交通工具的发展直接相关的。由于生产力的因素，人的交往关系只能在狭小的区位内展开，人正是从这种有限的社会关系中发展出前资本主义的全部生活的。"人的依赖关系"编织出人类传统社会的关系之网，也为

---

① 刘怀玉：《社会主义如何让人栖居于现代都市？》，《马克思主义与现实》2017年第1期。
② 《马克思恩格斯文集》第1卷，人民出版社2009年版，第520页。

现代人提供了安身立命、自我认同的依据,通过对"人的依赖关系"的全景展示,为了解前资本主义的社会形态,明晰资本主义生产对社会形态的影响提供了重要的理论前提。

第二章　现代人的生存处境："以物的依赖性为基础的人的独立性"

"人的依赖关系"的瓦解必然导致新的社会组织形式的建立，马克思所谓的"以物的依赖性为基础的人的独立性"是扬弃传统社会关系的现代社会关系的写照。工业革命实现了人类生产方式从农业到工业的转变，也实现了社会分工与社会组织形式的变化。与此同时，资本主义改变了人的生活环境，也改变了人的生存发展形态。马克思用"人的依赖关系""人的独立性"和"自由个性"来表征人类发展的三个阶段，其实是对前资本主义时期、资本主义时期和共产主义人类发展形态的概括。相较于传统社会中的人类的普遍依赖性，马克思把资本主义社会中人的发展概括为"以物的依赖性为基础的人的独立性"，这一方面强调了资本主义社会物化的普遍性，批判和否定了现代社会中人类普遍异化的弊病，但也通过历史唯物主义和辩证唯物主义肯定了作为历史环节的资本主义的合理意义。资本主义创造了人类发展的物质基础，为人摆脱原始的依赖关系继而实现人的独立性创造了条件，也为人们构建自由的社会关系创造了前提。也就是说，资本主义生产通过对前资本主义人的发展形态的否定，显示了其积极肯定的一面，而这个过程是依靠对物的依赖而实现的。

第一节　以生产力发展为基础的生存独立

人对自然的依赖是人类早期生活及其意义的主要根源。人和自然关系的发展变化实际上也是人们不断获得对自然的认识，并利用这些认知的过程。人类通过对这些规律的掌握，提升了独立生存的能力，极大地获得了在自然界生活生存的主导性，创造出的巨大物质财富也为人类自由个性的发展提供了愈发宽广的空间。

生产力水平作为一个相对独立的社会单元有着其自己的发展逻辑，并以此影响人类生活的方方面面，成为人独立于自然的根本力量。在前资本主义时期，生产力的发展变化更多地依靠技术体系内部的修补和改进，人们主要依靠人力和自然力量进行生产，因而对人的生活形态变化的影响有限，这成为人长期依赖于自然力量的根本原因。资本主义工业革命和能源革命的发生，实现了生产力水平的大踏步发展，使人获得了弱化这种依赖关系的根本性力量。纵观人类历史的发展，这种为生存的独立性所做的奋斗伴随着人类历史。人类与自然告别了原始的依附关系，对于个人来说，"人与自然的初始和谐状态被打破，开始与自然分离，他变成一个'个人'，向成为'人'迈出了第一步"①。由此，自然的主导性开始被打破，人类也从这种相对被动的态势中获得了一定的独立。得益于能源和社会分工的发展，人的力量在某种程度上被放大了，人和自然的这种态势转换使其能够较为自由地按照自己的个性发展。历史的进程就是人发现规律并利用规律的过程，人对规律的掌握和利用创造了丰硕的物质财富，并为自由个性的舒展提供了愈发宽广的空间。

一 生存依赖的独立性

人相对于自然的独立性首先表现在生存物质条件的独立上，相比于其他生存物种，"人类乃是对于食物之生产取得绝对的控制权的唯一生物"②。在纯粹的自然环境中，大部分动物依靠自然条件及其偶然性来获得食物，食物的种类、多寡会随着地域、气候的变化产生巨大

---

① [美] 费罗姆：《逃避自由》，刘林海译，国际文化出版公司2002年版，第23页。
② [美] 摩尔根：《古代社会》第1册，杨东莼等译，商务印书馆1971年版，第28页。

的差异。因此，动物的生存和生活基本上是依赖于自然馈赠及其个体能力的。原始农业的出现使人们依靠养殖动物或种植粮食获得了相对稳定的食物来源，"靠这一类的食物，人类渐渐摆脱气候及地域的支配而得到了独立"①，人们因此可以进行有计划的迁徙而不至于困守某一特定的区域。人对于食物的掌握在一定程度上改变了人对于自然环境的依赖而实现了一定的独立性。在对抗恶劣的自然环境方面，由于较为充足的食物保障，人们逐渐摆脱对自然的绝对劣势。由于食物的获得成为可以预期的事情，人们可以适当地扩大自己的生存范围，也就在某种程度上实现着人相对于其食物来源地的独立性。在现代社会，我们已经完全摆脱了人在生存维度上对自然的依赖。依靠科学技术的发展，人既可以克服自然因素的束缚，随处可栖；也可以在某种程度上改变自然，比如在沙漠里发展农业，修建滑雪场。在这样一种意义上，人完全改变了对于自然的依赖。

依靠生产方式的改变，人们不仅摆脱了对自然的绝对依赖，而且偶然的种植过程也使人从单一的食物供给中解放出来，比如"从谷物及培植的植物中人类获得了丰富食物可能性的第一个印象"②。在贸易还不是很发达的时期，人的食物类型完全依赖于自然环境，人只能在各自的地域范围内选择自己的食物、种类，以及食物制作的方法。进一步来说，在人类发展早期，食物的差异在一定程度上影响了人的体能和智力发展。在畜牧业上，因为"动物之饲养对于人类的生活提供了固定的肉食及乳食，这就倾向于把具有这种食物的部落从其他的开化部落集团中分离出来"③。食物的差异使部落间的个体力量的发育水平出现了差异，并在部落冲突中获得一定的优势。因此，不管是依靠农业还是畜牧业，人对自然依赖程度的降低都得益于食物成为可以预判的生存保障，并为人的进一步发展提供了条件。从摩尔根在《古代

---

① ［美］摩尔根：《古代社会》第1册，杨东莼等译，商务印书馆1971年版，第31页。
② ［美］摩尔根：《古代社会》第1册，杨东莼等译，商务印书馆1971年版，第36页。
③ ［美］摩尔根：《古代社会》第1册，杨东莼等译，商务印书馆1971年版，第38页。

社会》中所阐述的原始社会的食物来源、类型的演变过程，我们能够清晰地看到食物来源的扩展和稳定性的增强，而这是伴随着生产方式的发展而来的。从最原始的食物采集到早期农业文明对粮食种植和动物养殖的掌握，人类展示出了一条摆脱自然、独立生存的道路。相较于偶然性的肉类食物的获得和后来稳定的农业、畜牧业的发展，人对于食物的获取由于生产技能的发展而得到保证，因为从根本上看，"这些食物的资源，是由许多所谓连续发明的各种技术造成的"①。这表明在任何历史时期，人不依靠工具而以纯自然或手工的方式获得食物是低效的。因此，在食物类型的演变之中，在严重依赖于自然环境及其差异的同时，人类从自身生存方式中发展了部分生产技能。

人类通过这种生存独立性获得了相对自由的发展空间，也使人类总体的发展获得了充分的空间。"倘若人类对于食物之种类及其分量没有取得绝对的控制权，那么，他们便不会繁殖而成为人口稠密的许多民族。"② 正是因为人从对自然的依赖中独立出来并获得生存的自主权，才有可能保全并获得群体力量的增长。人口的不断增加和自主权的获得是相辅相成、相互促进的关系。反观其他动物族群，群体规模的大小在很大程度上受自然生存状况的限制，各种族之间因为食物的争夺而相互挤压生存空间，族群只能在有限的规模中发展。因此，"当人开始生产自己的生活资料，即迈出由他们的肉体组织所决定的这一步的时候，人本身就开始把自己和动物区别开来。人们生产自己的生活资料，同时间接地生产着自己的物质生活本身"③。通过生产自己的生存资料，人不仅实现了自我保全，而且实现了人和动物的质的区分，人在一定程度上实现了相对于自然的独立性，成为自为的存在，也由此揭开了人类不断自我解放、实现自由的历史。正如马克思所说："一切生物之中，只有人类达到了几乎绝对控制食物生产的地

---

① [美] 摩尔根：《古代社会》第1册，杨东莼等译，商务印书馆1971年版，第29页。
② [美] 摩尔根：《古代社会》第1册，杨东莼等译，商务印书馆1971年版，第28页。
③ 《马克思恩格斯文集》第1卷，人民出版社2009年版，第519页。

步。人类进步的一切大的时代,是跟生活来源扩充的各时代多少直接相符的。"①

从某种程度上说,人类的历史就是强化对自然主导权的历史。这虽然不能从根本上实现人和自然关系的转换,但人类所扩展出的新的势力范围改善了自然对人的主宰关系。从这个意义上讲,我们正在创造着自己的历史。

二 原始劳动与自由时间

生产力的发展不仅实现了人类在一定程度上的生存解放,而且实现了劳动的逐步解放。劳动效率的提高缩短了因劳动而占用的生存时间,使得人能够摆脱自然劳动的沉重负担,实现劳动的真正独立,实现时间的真正自由。

一般说来,劳动是人类生存和存在的基本形式,前者指的是人通过劳动来保证自己的生活和生命,后者指的是劳动作为人的本质的现实化。在原始的农业劳动中,劳动首先是作为人的现实劳作而体现出来的,人们参与劳动的动机是自然需求,是一种不得已而为之的"负担"。这种劳动占据了人类日常生活的绝大部分时间,人被束缚在这种强制性的劳动中,以致挤占了人自由生活的可能。在这种劳动中,人类不断地消耗和付出自己的生命时间,还可能会遭遇各种偶然事件和危险,但人在这种劳动中得到的仅仅是温饱,这些都是在较为落后的生产力条件下不得不面对的现实。到了资本主义生产力量极速壮大的阶段,生产力的发展提高了平均劳动效率,生存中的食物问题得到了有效解决。如今,现代人只要处在生产的环节中,只要从事着与现实生产相联系的最基本的劳动,他就不必担心温饱问题。但就人的需求来说,生存只是最基本的要求。除此之外,不同的生存个体还有各自的特殊需求。这就需要有两个因素的保证:一个是需要保证有实现

---

① 《马克思恩格斯全集》第45卷,人民出版社1985年版,第332页。

自由的时间，另一个是一定的物质保障。要实现社会大众的普遍自由，两者的结合点在于如何以较少的时间创造出更多的物质保障，并以此满足社会大众的普遍需求。这首先是一个技术问题，人只有依靠生产力的发展才能真正地实现相对于自然生活的解放。从逻辑上讲，"节约劳动时间等于增加自由时间，即增加使个人得到充分发展的时间，而个人的充分发展又作为最大的生产力反作用于劳动生产力"①。从刀耕火种到机器生产，生产效率的不断提高使人从对自然的依赖关系中独立出来，给自己创造着更多的自由时间。就现实情况来讲，生产力的发展与人的发展在农业和工业领域是有较大区别的。在农业中，人能从小范围的生产活动中直接地感受到这种解放；在工业生产中，生产力的这种革命性变化是以改变生产和劳动形态的曲折形式实现着对于个人发展的积极意义。随着资本主义生产方式的发展，大机器时代、人工智能真正使人从繁重、单调的反复劳动中解脱出来，而只有找到这种低级原始劳动的替代者，我们才能摆脱自然劳动的束缚，去利用自由时间使"个性得到自由发展，因此，并不是为了获得剩余劳动而缩减必要劳动时间，而是直接把社会必要劳动缩减到最低限度，那时，与此相适应，由于给所有的人腾出了时间和创造了手段，个人会在艺术、科学等等方面得到发展"②。每个人的自由发展就成为社会历史的正常形态。

因此，机器生产作为生产力的直接体现是人从自然劳动中实现独立的物质基础。但是，由于机器成本并非一般个体劳动者能负担得起的，长久以来，这种依靠大机器使人从劳动中解放出来的历史趋向虽然早已出现，但其进程和覆盖范围却十分有限。于是，资本和生产力的结合成为推动劳动技术革命的先驱，"资本在这里——完全是无意地——使人的劳动，使力量的支出缩减到最低限度。这将有利于解放

---

① 《马克思恩格斯文集》第8卷，人民出版社2009年版，第203页。
② 《马克思恩格斯文集》第8卷，人民出版社2009年版，第197页。

了的劳动，也是使劳动获得解放的条件"①。也就是说，资本和技术革命的联合并不是致力于人的自由劳动时间的增加，而是在于资本的增殖。财富欲望的不断增加是资本社会的永久任务。当然我们可以说，劳动者仍旧是从这种生产进步中获益了的。相较于之前，他在一定的工作时间内所产出的劳动价值要比他在传统劳动模式中产生的价值多得多。在资本主义生产关系中，生产力水平的提高以这样一种"委婉"的方式造福着每一个普通人，但它的前提是资本增殖欲望的满足，这是建立在剩余价值基础上"不正当"的生产关系。这时候，机器生产并没有成为个体劳动者的"救世主"，反而成为资本榨取剩余价值的帮凶。所以，生产力的大规模改进不是由个人而是由资本家来掌握的，资本家也不会出于造福大众的目的来使用较新的生产技术，它的前提和根本是资本利润。因此"机器体系的出现，不是为了弥补劳动力的不足，而是为了把现有的大量劳动力压缩到必要的限度。只有在劳动能力大量存在的地方，机器体系才会出现"②。社会进步通过机器技术的普及实现了生产效率的极大提高，但这也实际上加剧了资本家和无产者的鸿沟。

总之，生产力的极大发展为人的自由创造了丰富的物质条件，但是由于这种生产力的总和并不能作为所有人的共同财富而普遍地造福人类，人们仅仅享受到技术革命为人带来的部分成果而非全部。

三 分工与人的独立意识

随着生产力的发展，人不仅逐步从原始劳动中解放出来，而且从原始的分工中解放出来。现代分工制度使劳动效率得到大幅度提高，使人能够在较大程度上摆脱不得已的劳动和分工。相较于人的原始状态，现代分工制度虽然使个人更加依赖于社会有机体，但也在一定程度上实现了人的独立性。

---

① 《马克思恩格斯文集》第 8 卷，人民出版社 2009 年版，第 192 页。
② 《马克思恩格斯文集》第 8 卷，人民出版社 2009 年版，第 193 页。

劳动是满足人生存的基本方式，人的物质生活材料必须从劳动中获取。不管是原始的狩猎采集还是农业生产，劳动都是人与自然界产生交往关系的必然形式。传统社会落后的生产方式使得生产效率低下，人更多地依靠身体天赋和自然运气来保障自己的生活，以致人一直未能摆脱严峻生存危机的威胁。人不得不为了生存本身而不断劳作，人始终处于需要劳动来保存自我的处境中。人不能从劳动中解放出来，而只能处在自然的掌控之中，劳动对人有着无可逃遁的生存论意义。在这样的历史时期，劳动还未能有意识地成为人及其价值的表现方式，劳动作为人的自由个性的实现更是无从谈起。即便是到了奴隶制、封建制社会中，个性的自由发展作为一种偶然的和碎片式的生存方式才成为一定的上层社会才有可能追求的目标。当然，劳动本身作为人的基本生存方式始终暗含着人的对象化，是人与世界、他人交往的基本形式，劳动自始至终都保留着人的价值属性。在前资本主义时期，劳动作为人生存的必要手段，劳动所产生的使用价值作为劳动的基本动力承载着人与外部世界发生关联的意义。在这样的交往关系中，人虽然由于生产条件的限制而不得不依附于劳动本身，但这种劳动仍是以满足自身需求为基本的价值需求，劳动的环节和目的是一直服从于人和人的需要的。

从更深层上说，分工的发展还与人类主体性的确证紧密相连，这也在某种程度上实现着人的独立。在前资本主义社会有限的生产中，人的分工是模糊的，人更多地以共同体的形式为单位进行生活物资的再生产。其中，人们的劳动是一种被迫的未加选择的表现，是集体无意识的生存本能。个体意识的缺乏使劳动作为人的本质的对象性存在只能在偶然性事件中得到展现，人们甚至会因此惊异于自身能力及其创造力。这时，劳动还没有成为自我意识的主动展现。原始生活中的全面分工体系并未形成，人只依赖于简单的两性分工而生活，这种分工是和人类最初的社会组织形式紧密相关的。这种状况直到农业和手工业发展起来才得以改变，即有了真正意义上的劳动分工。区别于共同体中对劳动对象的普遍占有，个体对劳动对象的占有则更直接、更明确地体现着劳动者本人的能力和志趣，劳动者也可以更容易地在劳动中有意识地展示自己的本质和个性。当生产关系从这种混沌的一体化转化为主客二分的时候，人就已经具有了独立性的地位，并因此获得了和自然相对平等的生存地位。一方面，"因为分工使精神活动和物质活动、享受和劳动、生产和消费由不同的个人来分担这种情况不仅成为可能，而且成为现实"①。另一方面，区别于群体劳动，分工的具体化和专业化使得人的责任更加明确，目的更加直接，自我价值则以更直观、更容易量化的方式体现出来，这种荣誉感和责任感我们能从动物身上发现，当然也更体现在人的生活中。通过明确的或不明确的分工，个体的有所区别的重要性在群体内更加突出，这对于共同体成员的独立意识是一种良好的培养。在劳动过程中，人不仅能从劳动中获得自己基本的物质保障，而且能在劳动的过程中有意识或无意识地反观到自身意志的力量，看到自身意志的投射，并偶然为这种力量的发现而欣喜不已，这种劳动带给自身的满足感和认同感是劳动所保有的朴素价值。

分工对主体性的确证起到了极大的推动作用，实现了人的意识独立和区别于集体劳动的分工独立。正如马克思所说："分工使他们成为独立的私人生产者，同时又使社会生产过程以及他们在这个过程中的关系不受他们自己支配；人与人的互相独立为物与物的全面依赖的体系所补充。"② 分工导致了劳动过程的确认，使人们能够直接意识到自身劳动和产出物之间的所属关系，进而导致了所有权的强化。分工也通过产业劳动的分离增加了人们普遍交往的必然性和必要性，"随着分工的发展也产生了单个人的利益或单个家庭的利益与所有互相交往的个人的共同利益之间的矛盾；而且这种共同利益不是仅仅作为一种'普遍的东西'存在于观念之中，而首先是作为彼此有了分工的个

---

① 《马克思恩格斯文集》第1卷，人民出版社2009年版，第535页。
② 《马克思恩格斯文集》第5卷，人民出版社2009年版，第129页。

人之间的相互依存关系存在于现实之中"①。所以在人与人之间就存在着这样一种现实的关系，每个人都是物质和精神的实体，他们与他人或共同体之间都或多或少地存在着利益上的相互区分，人与人正是在这种不可阻挡的潮流中融合、产生交集，这也是世界历史的实际内容。

四 分工与交往中的独立性

生产力的发展是和分工紧密联系在一起的，更确切地说，生产力的发展需要和现代交往联系在一起。生产力的这种发展不仅改变了传统的生产模式和生产关系，而且改变了人的普遍交往形式。

现代工业流水线把重复的生产劳动肢解成若干不同的生产环节，环节之间任务不同，每个人只负责生产中的某一部分。每个人的工作既是整个环节不可或缺的部分，也是相互独立的部分。这种分工模式使生产细化，也使生产进一步脱离人的生活本身。即便在资本主义生产之前，人也从事着某种粗糙的分工，但起码这种分工仍旧是和人的生活紧密相连的。到了资本主义分工当中，人的分工全然不再有个人意志的成分，分工与劳动者自己生活的距离越发遥远。劳动者已然无法直接生产自己的生活资料，只能依赖于别的生产者的劳动而生存。因此，人不得不进行交换。到了现代社会，交换的体系已经基本成熟，作为交换中介的货币已然成为人的生活中不可替代的存在。人在交换中获得了平等、自由的独立价值，也获得了自身的独立性和对他人独立性的认可。

主体价值的实现主要体现在凝结了人的劳动的交往中。传统社会的交往关系仍旧建立在人的相互依赖之上，并以劳动中所体现的价值为基本的中介手段。随着生产力的提高和需求的扩大，专业化的生产极大地满足了自我单方面的需求并且产生了剩余，单一的物质生产并

---

① 《马克思恩格斯文集》第 1 卷，人民出版社 2009 年版，第 536 页。

不能满足自我多样化的需求，而单个自我也没有满足这种多样化需求的能力，于是剩余劳动产品开始进入交换领域。这一历史转变使劳动产品开始由原来的使用价值扩展到交换价值，从而实现了人的交往关系的转变。人们在这种交换关系中不仅满足了自我需求，而且使相互间的交往关系成为一种更加稳固且充满真情实意的联结。因为"人类主体，就其结构而言，在生产过程中，不仅渐渐将自己的能力对象化而自我实现，同时还在情感上承认全体互动伙伴，因为他把他们当作是有所需要的共在主体"①。但是这种交换关系的相互发生在前资本主义时期仍旧只占据交往关系中的一小部分，劳动的使用价值仍旧是劳动产品的主要价值。而且由于交换关系开始于原始低级的物物交换，交换双方对彼此劳动产品价值的判断是直观的，人们因为对于劳动的真实体验而保有情感上的极大认可。因此，在这种交换关系中，交换的发生仍旧是建立在人对人劳动价值的肯定上。在这样的交往关系中，交换的目的是使别人的劳动活动能够满足自身的使用需求，而不是牟利。因此，前资本主义时期的劳动及其交换是作为人与外部世界、人与人的中介而存在的，劳动作为人与人交往的现实途径揭示了一种彼此认同的路径。劳动作为人的本质的对象化，使人把人的本质及个性凝结在劳动中，满足自身的生存又满足他人的需求。而满足他人的需求又是满足自身需求、实现自身价值的一种手段，因为"通过生产的对象，一个人不仅可以把自我经验为具有特殊能力的个体，而且可以把自我理解为有能力满足互动伙伴要求的个体"②。劳动在这种交往关系中体现了人的价值和相互认可，传统社会中人与人之间的关系正因为这种直接的相互依赖变得密切而使人相互充满感激。以劳动作为交往中介，不仅实现了主体性的确认和表达，而且实现了对于其

---

① [德]阿克塞尔·霍耐特：《为承认而斗争》，胡继华译，上海人民出版社2005年版，第153页。
② [德]阿克塞尔·霍耐特：《为承认而斗争》，胡继华译，上海人民出版社2005年版，第152页。

他主体的认可,也就是对人的主体性的普遍认可,这是人获得独立地位的必要环节。

因此,现代分工使个人成为独立于自然的社会存在,交换作为劳动产品流通环节中的必要环节为主体性的强化起到了至关重要的作用。发展到资本主义生产阶段,尤其是现代货币的出现,人与人之间的关系以物的形式重新连接起来,独立于传统社会的现代个体重新陷入对非神圣形象的依赖中。人们在以货币为主导的交往关系中建立起新的社会关系,"实际上,这是对于16世纪以来就作了准备,而在18世纪大踏步走向成熟的'市民社会'的预感。在这个自由竞争的社会里,单个的人表现为摆脱了自然联系等等,而在过去的历史时代,自然联系等等使他成为一定的狭隘人群的附属物"①。因此,纵观人的发展,人在这种普遍的联系中虽然"自由的一无所有",个人自觉或不自觉地割断了自己身上的原始的连接和纽带,但这种连接和纽带束缚了人进一步在历史的能力之内所拥有的可能性,人进入了更广阔和自由的发展空间中。现代分工是在原始分工的基础上发展起来的,虽然这种片面的分工未能促进人的全面发展,使人进入一种畸形的发展循环中,但这仍旧是历史发展的基础性环节。这种分工的消失并不是不可能,而是建立在更高的生产力水平之上。在那时,人们不管从事哪一种劳动,选择哪一种分工,都能在保证自由分工的基础上继续扩大人的物质世界,科学技术的进步能基本满足人的不同需求。到那时,非自由劳动已然不是人们自由分工的主要选项。因此我们可以看到,"劳动向自主活动的转化,同过去受制约的交往向个人本身的交往的转化,也是相互适应的"②。这里还暗含了人和劳动产品之间的关系,从根本上说也就是人和生产资料之间的关系。从远古社会到现代社会,人们经历了从共有制到私有制的变化。在现有的生产方式和社会关系之中,私有制所发挥的作用已经从正反两种现实中得到了详尽

---

① 《马克思恩格斯文集》第8卷,人民出版社2009年版,第5页。
② 《马克思恩格斯文集》第1卷,人民出版社2009年版,第582页。

的展示。通过我们对普遍交往和自由分工的讨论可以看到，人的交往必须建立在真正自由、平等、独立的个体之间，而这又建立在私有制的消除之上，因为只有如此，每个人的自由发展才能得到保证。回顾我们的历史就会发现：

> 我们越往前追溯历史，个人，从而也是进行生产的个人，就越表现为不独立，从属于一个较大的整体：最初还是十分自然地在家庭和扩大成为氏族的家庭中；后来是在由氏族间的冲突和融合而产生的各种形式的公社中。只有到18世纪，在"市民社会"中，社会联系的各种形式，对个人说来，才只是表现为达到他私人目的的手段，才表现为外在的必然性。但是，产生这种孤立个人的观点的时代，正是具有迄今为止最发达的社会关系（从这种观点看来是一般关系）的时代。人是最名副其实的政治动物，不仅是一种合群的动物，而且是只有在社会中才能独立的动物。[①]

生产力的发展强化了人对于自然的独立性，人相对于原始劳动的自由度也得到了发展，主体性的不断确证也使劳动作为人的本质回归到其本真状态中。在这一过程中，财产的所有权和分配成为人的主体性的现实表达形式，在具体的历史现实中，只有私有制发展起来的时候，历史才真正地实现着人的独立。

第二节　以所有权为基础的个体独立

人通过生产力的革新产生出独立于自然的力量，在一定程度上摆脱了对自然的依赖关系。但人的实际独立更多的是通过现实生活展开的，尤其是人的经济生活。具体来讲，这种独立性是通过财产概念的

[①]《马克思恩格斯文集》第8卷，人民出版社2009年版，第6页。

出现和所有权的建立来实现的。财产权的建立培养了个体的生存空间，也实现了私人生活和共同体生活的分离。

一　财产共有与私有化

在人类历史进程中，财产观念并未明确地出现在早期的社会组织结构中，而是伴随着历史经历了一个从无到有的过程。在原始社会中，人们无意识地以群居的方式生活在一起，以共同占有的形式实现对领地和领地内资源的掌控。这种占有显然不是现代意义上的所有，而表达的仅仅是对所属其上的食物或其他资源通过劳动实现的获得权。因此，我们可以这样说，原始社会中人们对事物只有占有权并没有所有权。原始共同体中并没有明确的个人所有概念，"共同体的生活是相互的占有和享受，是占有和享受共同的财产"[1]。到了生产力较为发展的时期，即由于剩余物资出现而使对食物的存留成为需要时，才在共同体内部形成了所有权的问题，因为共同体开始处置这些剩余财富并需要明确这些物品的归属。与个体所有不同的是，这些财产在一般意义上是共有的，只有在面对另一个整体时才显示出存在的意义。

随着劳动产品的不断丰富，财产概念越发成为文明时代的基本概念。在早期共同体之中，即便共同体成员有了财产概念，但"个人只不过是公社财产的占有者"[2]，而不是所有者。如在原始状态中一样，一般情况下共同体并不承认成员对某种财物的占有是"合法的"。所以在原始阶段，"关于所有权，如果我们必须假定存在于个人或家族之中的话，则是不能转让的，除非在氏族以内并且在所有者死亡时，这种所有权将由继承权传与他或她的氏族继承者"[3]。也就是说，在一

---

[1]　[德] 斐迪南·滕尼斯：《共同体与社会》，林荣远译，商务印书馆1999年版，第76页。
[2]　《马克思恩格斯文集》第8卷，人民出版社2009年版，第127页。
[3]　[美] 摩尔根：《古代社会》第3册，杨东莼等译，商务印书馆1971年版，第943页。

个人活着的时候，共同体默许但并不承认其对部分财物的所有。只有在成员死亡的特殊情况下，财产才得到了作为所有者权利的证明和强化。正是通过这种支配权的默认，个人对部分财产的掌控权得到部分确证。之所以是部分确证，是因为这种行为并不是共同体内部主动生发出的意识，而是理论和现实倒推的结果。与此同时，摩尔根为我们列举的实例也极好地证明了财产权不得不被强化的趋势和事实："当梭伦许可某一个人在他没有子女的情况下，将其财产让渡与他所愿意的其他一个人的时候，他之尊重友谊实高过于尊重亲属关系，从而使财产成为所有者的真正所有物了。"① 具体说来，当某个人长期使用或占据某一具体物品而其他成员不能使用时，共同体及其他成员已然承认了此人对此物的所有权，而这种所有行为本身并不和其所属的共同体利益相冲突，或者说是得到共同体成员默认的。这种财产支配原则所肯定的一个事实是在不违背共同体整体利益的前提下，个人有权根据自身意愿作出自己的决定。因此，在无子女的极端情况下，个人财产的处理意见成为确证所有权的直接材料。"这种法律承认了当个人在生存期间对其财产具有绝对的个人所有权，现在又于这种权利之上加上了能用遗嘱将财产给予任何他所喜欢的人。"② 所以，对财产所有权的肯定为个体的独立增加了分量，到这里，共同体内部成员已经获得了主体确证的原始材料。如果说上述行为只是作为个例出现在部落共同体中的话，那么个人所有的普遍化在土地问题上得到了最完整的展示。土地是部落财产的重要组成部分，但土地的实际占有是建立在个体劳作上的。到了封建时代，个体成员已经能够具体地占有某一块土地。"在这里，公社组织的基础，既在于它的成员是由劳动的土地所有者即拥有小块土地的农民所组成的，也在于拥有小块土地的农民的独立性是由他们作为公社成员的相互关系来维持的，是由确保公

---

① ［美］摩尔根：《古代社会》第3册，杨东莼等译，商务印书馆1971年版，第965页。
② ［美］摩尔根：《古代社会》第3册，杨东莼等译，商务印书馆1971年版，第965页。

有地以满足共同的需要和共同的荣誉等等来维持的。"① 公社内部出现了公有部分和私有部分的区分,以私有原则为特征的个体构成了公社的基本单位,公有的部分构成了个体之间相互连接的基础。占据私有财产的个体实现了一定的独立但又和公社相互依存,公社成员和公社之间相互成就、相互依赖的关系因为土地联结在一起。

公有和私有之间的关系实际上维持了一种可能的最好的平衡,即生产积极性和社会团结之间的平衡。从原始时代到奴隶时代、封建时代,"各个人对于原来由氏族或部落给予他们的小块土地的占有权,现在变得如此牢固,以致这些小块土地作为世袭财产而属于他们了"②。所以在以农业为主要生产方式的农耕时代,土地的公有化和私有化成为个体和不同共同体之间协调利益的主要方式。与此同时,"耕地起初是暂时地,后来便永久地分配给各个家庭使用,它向完全的私有财产的过渡,是逐渐进行的,是与对偶婚制向专偶制的过渡平行地发生的"③。私有财产的普遍化实际上是个人生活解放的表现,是个人生活和共同体生活进一步分离的标志。这个前提并不是共同体的解体,而是相对于私有化的程度来说的。共同体的利益已经不再成为问题,共同体的权益已经拥有相对稳定的保障,这既可以是经济形式的,也可以是政治形式的,比如税收,履行劳役或兵役等。财产权成为现实社会中人与共同体所发生的最微弱的连接,而且这种连接还会继续弱化下去。在这里,政治民意越发成为一种较为形式化的表现。

二 私有化与共同体生活

个人财产得到正式的政治确认之后,人便有了现实的物质基础。人能够真正实现属于自己的生活,并且能够依照自己的意愿去选择生活方式。正是这种个人生活的全面展开,进一步扩大了个人和共同体

---

① 《马克思恩格斯文集》第8卷,人民出版社2009年版,第127页。
② 《马克思恩格斯文集》第4卷,人民出版社2009年版,第186页。
③ 《马克思恩格斯文集》第4卷,人民出版社2009年版,第183页。

的分裂。

　　财产的私有化为个人的发展提供了物质保障和心理保障，阿伦特在肯定个人权益的基础上，强调了个人财产与个体自由的关系。她认为："一个人拥有财产意味着他成了他自己生活必需品的主人，从而潜在地成为一个自由人，能自由地超越他自己的生命和进入一个为所有人所共有的世界。"① 财产是个人自由的现实基础，一个人只有占据了实际的生活资料才能主宰自己的生活，才能在生存的基础上展开其他活动，能够自由地发展自己生命中的特质，发展出为一切人所享有和认同的新世界。由此，个体的生命就和自己的生命本质达成了一致，个人和他人也达成了一致，个人所设想的世界也就成为别人所设想的世界。现实地看，"财富合理地确保了它的主人不必把精力花在为自身提供使用和消费的手段上面，从而能自由地追求公共活动"②。私人财富是实现自我发展的前提条件，只有如此，个人才能具备在未获得公共报酬之前有充足的物质基础，才能把继续参与公共生活作为自我发展的一种可能。因为公共生活从总体上规划了人们实现自我的途径，并在大多数情况下以理性的方式实现人的自由个性的发展。我们能从古希腊城邦中找到现实的例证，在那里，作为奴隶主的公民们有充足的闲暇和生活基础，他们的爱好是参与公共事务。因为"显然只有在绝大部分的生存迫切需要得到照料之后，公共生活才是可能的"③。所以说，不管是从理论上还是在历史实践中，个人所拥有的最基本的物质财富是个人进一步发展的前提条件。在个人和共同体的关系上，人们只有在肯定了个人生活及其现实基础的前提下才能发展出更为广阔的自由空间，"因为按照传统，没有对私生活的适当确立和保护就没有自由的公共领域"④。也就是说，私人领域是公共领域的前

---

① ［美］阿伦特：《人的境况》，王寅丽译，上海人民出版社2017年版，第43页。
② ［美］阿伦特：《人的境况》，王寅丽译，上海人民出版社2017年版，第43页。
③ ［美］阿伦特：《人的境况》，王寅丽译，上海人民出版社2017年版，第43页。
④ ［美］阿伦特：《人的境况》，王寅丽译，上海人民出版社2017年版，第43页。

提和基础，没有以财产占有为前提的私人领域也就没有公共利益和公共生活的出现。

个体概念现实化的直接结果就是人的主观意愿的多样化和差异化。这种变化不仅以观念的形式出现，还在具体的历史情境中成为现实。在以往的共同体中，人们的需求基本统一在群体生活中，人们意识不到也不能够表达属于自己的个体需要。正是通过对所有权的肯定，这种个人利益的合理化才促成了人们不断发展和满足自我的历史趋势，人们可以依靠自己的物质基础实现各自的利益诉求。但面对个体纷繁复杂的需求，又加之个体能力的限度，人们不得不依靠他人来满足这些需求，这就直接促进了交往和交换的普遍发生。与原始交换不同，现代社会中的交换动机发生了本质变化，人们从共同体利益转向了满足个体的需要，交换的单位从共同体转为个体也就成为必然。这种交换不仅以自身需求为前提，而且能使交换主体更加关注自我，关注自身的利益得失。通过不断强化主体概念，交换行为使个体意识到了自身与他人的区别，并在这种差异中不断确证自身存在的合理性，这是个体观念不断得到强化的现实理由。从外在的因素来看，个人普遍交换的发生使个体需要不再依赖于共同体而更多地依赖于其他个体。在原来的共同体中，人们完全寄居在共同体内部，人们把共同体作为满足成员需求的媒介。但由于共同体需要顾及大多数人的需求，能力上或精力上的限制使其无暇顾及部分人的个性需求，更不用说与共同体习惯和利益相悖的特殊需求了。

需求和交换的不断发展也促进了社会分工的发展，因为这些新的需求是共同体的原始分工所不能满足的。在有限的共同体生活中，人们很难发展出更加复杂和细致的分工，因为人们只能在共同体内部按照共同体的需求体系来确定自己的职责。只有到了个体得到较为自由发展的阶段，人的各种需求才能自由地散发出来，分工的发展才得到极大的推动。在现代，人们可以结合自身兴趣和特长发展各种分工，而且个人所选择的不同分工越来越能在这样一种复杂的交换体系中立足。更重要的是，这种分工机制使社会成员可以基于自身特长而自由地选择职业，而不是共同体被动分配的结果。原始的共同体生活已经在这种新型的交往关系中瓦解了，需求的满足不再依赖于自己所属的共同体，人们也就不必生活在一起，共同局限在特定的区域和范围内生活。只要具有可供交换的价值，人就可以拥有流动的资本，就可以随心所欲地选择自己喜欢的生存方式。正是由于交往和交换的不断发展，商业交换也变得更加自由。人们越发脱离共同体而独立生活，建立和依赖于个人的社会关系网络。在现代生活中，人们所经历的就是这样一个阶段：一方面，人们的需求更丰富，也创造了满足需求的新条件；另一方面，人们的职业更加自由，更加符合其自身的价值和预期。简而言之，人越来越成为一个独立自主的人，成为一个自由的人。由此，生活的重心开始由公共生活转入个人生活。在现实生活中，人们更加关注个人财产的多寡和自我价值、自由个性的实现，公共生活开始成为边缘性的存在。或者说，公共生活只是作为部分人的利益、价值和个性的凸显而成为诸多生活方式中的一种。这种产生新需求和利益满足的生活方式从根本上讲与传统共同体生活的原则相矛盾，个人生活和共同生活的分离就是不可避免的了。在原始的共有制中，人们拥有的仅仅是不能转让的所有权："他们由氏族或由个人的共同团体对于土地的共有方式，他们的共同住宅以及他们由互有亲属关系的家族共同居住的方式，都是与土地或住宅的个人所有权不相容的。"[1] 个人所有权一旦产生，就注定了与共同体生活的不相容，也造成了这一不可调和的矛盾，共同体生活与个人生活的分离是必然发生的。在摩尔根看来，个人"有权将这样的土地或这样的住宅的一份加以转卖以及将这样的土地或房屋转移与不相干的人，势必会破坏他们的生活方式"[2]。因为从根本上说，"共同住宅及土地的共有，指明一

---

[1] ［美］摩尔根：《古代社会》第 3 册，杨东莼等译，商务印书馆 1971 年版，第 943 页。
[2] ［美］摩尔根：《古代社会》第 3 册，杨东莼等译，商务印书馆 1971 年版，第 943 页。

种与个人所有权相矛盾的生活方式"①。

　　从根本上看，私有化和共同体生活的分离其实表征了同一与非同一、个性的差异之间的矛盾。传统观点认为，家庭生活是群体生活的细胞，是社会的基本组成单位，两者之间应该是相互包容的关系。但在马克思看来，"高等动物的群和家庭并不是互相补充，而是互相对立的"②。因为从根本上说，家庭是以私有制为基础的，是个体利益的凝结，在直接的表现形式上是和共同体利益对立的存在。家庭其实是一个独立的精神实体，是自由意志的集合，原始的共同体是最基础的连接无意识个体的组织形式。人类之所以会发展出这样一种强调个人意志的社会形式，在费罗姆看来是因为"这些始发纽带屏蔽了人的全面发展，是人的理性及批判能力发展的绊脚石。它们让他或他们以作为一个部落、一个社会或宗教共同体的一分子，而非作为一个个人，来认识自己，也就是说，它们妨碍他发展为一个自由、自决、有创造力的个人"③。在现代社会，这种情形进一步发展了，即便是作为最基本的原始连接的家庭也处在被消解的过程中。黑格尔通过对市民社会的分析总结道："我们看到原来的伦理以及实体性的统一消失了，家庭崩溃了，它的成员都作为独立自主的人来相互对待，因为相需相求成为联系他们的唯一纽带了。"④ 社会分解导致了完全个体化的存在，人们越发如原子般漂浮在这张社会交往的大网中，只能在自己需要的连接点上沉静下来，而且这种沉静只是暂时的。

　　现实地看，我们可以看到共同体和个人是两个难以融合的领域，一方的扩大必然以侵占对方的势力范围为前提，这在贡斯当《古代人的自由和现代人的自由》中得到了详尽的展现。因此，个人从共同体独立出来的过程也是两者相互博弈的过程，而正是因为转变，也促进

---

① ［美］摩尔根：《古代社会》第3册，杨东莼等译，商务印书馆1971年版，第943页。
② 《马克思恩格斯文集》第4卷，人民出版社2009年版，第44页。
③ ［美］费罗姆：《逃避自由》，刘林海译，国际文化出版公司2002年版，第24页。
④ ［德］黑格尔：《法哲学原理》，范扬等译，商务印书馆1961年版，第43页。

了个人和政治共同体之间关系的改变,从而发展出更加"恰当"的社会组织形式,从而实现个人和社会整体的全面发展。我们要知道,"这种共同体继续存在的前提,是组成共同体的那些自由而自给自足的农民之间保持平等,以及作为他们财产继续存在的条件的本人劳动"①。共同体要想维持其自身的存在,就必须维持好个人利益和共同体利益之间的平衡。也就是说,共同体应该明晰其权利和义务范围,必须在外部条件还不够成熟的情况下以强力或法律的形式保证人与人之间的平等关系,肯定个人劳动及其价值存在的意义,使个人能够维持自身的独立存在。

第三节 以理性交往为基础的精神独立

在前资本主义时期,人们在世代相熟的范围内发展自己的社会关系,这在某种程度上强化了道德和宗教在人的生活中的规范作用,传统生活也使人的交往在这样一种相对淳朴的格调中进行。到了资本主义时期,随着交通和贸易的不断发展,尤其是商业作为重要的产业发展起来,人们的交往不断扩展到新的空间范围。在此过程中,由于人们隶属的群体不同,每个人都带有各自传统群落的价值秩序,人们在新的交往中缺乏一种默认一致的秩序保障。在商品的普遍交往中,货币交往作为一种新的交往中介使这种大范围的普遍交往成为可能,在这一过程中,一种新的交往秩序也就被培养起来。从根本上说,货币是人理性精神的外化和客观形式。不管是启蒙运动还是近代哲学,理性都是人类社会的基本精神。这种根本的历史动力和原则除了体现在科学技术和生产领域外,也体现在人们的价值体系中。理性一方面促进了生产力的提高,生产出丰裕的物质财富;另一方面也使人能够摆脱束缚人的诸多枷锁,实现最大程度的自由。理性能够消解人在神圣

---

① 《马克思恩格斯文集》第8卷,人民出版社2009年版,第128页。

形象中的异化，实现人的本质的复归；理性也能够使人认识到人的本质在现代社会中的异化，并筹划出新的道路，等等。回到具体的社会历史情境中，现代社会的良序运行需要理性精神的培养作为前提，而理性精神却主要是在经济生活，尤其是在货币交往中发展起来的。

一　货币交往与理性精神

启蒙运动虽然把培养理性精神作为现代社会的基本目标，但理性精神的培养并非仅仅是启蒙运动影响下意识形态自我演进的结果，而是通过具体的对物的依赖和生活实践培养起来的。随着资本主义市场的普及，交换行为成为现代人重要的生活方式，在这一过程中，货币的使用和精确计算使人们开始习惯运用理性，并把这种思维原则拓展到生活的方方面面。具体说来，主要以在经济生活中通过货币交往培养起来的客观主义精神为主要表现形式。

在传统社会中，伦理道德和宗教因素以其感性的力量发挥着主要作用。到了现代社会，由于交往范围的扩大和交往关系的复杂化，人们很难再依靠各自的情感力量建立秩序规范，理性意识开始渗透到社会的各方面。回到交往的初衷，人们考虑得更多的是想要从更普遍的交往中获得更大的满足，而不是制造更多的争端和冲突。尤其是发展到商业社会，大部分交往关系其实只是一种短暂的连接，在这种连接中，不需要两者之间更多的情感交流和相互认同，人们只要完成带有明显目的性的交流过程即可。在这一过程中，我们需要对交往双方以及交往的内容加以简化，并对商品作出彼此都满意的价值判断。人们慢慢发展出一种统一的和较为恒定的评价手段，这就是货币交往体系。在更广泛的交往关系中，货币以其中立性被作为中介环节能够给出量化的评价而解决一定的争端，这也是现代人理性原则的具体体现。人类通过货币对诸多事物进行量化，给一切事物都划定了界限和尺度，这是现代人生活的基本生存境遇，也是现实交往的基本需要。面对这一极具时代特色的社会变化，西美尔通过对货币的研究把握到了时代精神的基本内涵。概括地说,"西美尔研究的金钱是现代人变化意识的象征,随金钱产生的是日益严重的功能性思考和客观化过程,与之平行的则是祛除精神和感情的历程,金钱似乎象征着现代文化的命运"①。这种脱离感性个体,重建现代秩序的基本精神就是理性。在以消费文化为主要表征的现代社会,理性直接地体现在生活的数学化或数字化之中。在现代社会的日常交往中,作为手段而存在的交往占据了生活的大部分,货币作为人类交往的主要结算形式成了连接人与人的重要媒介,而"货币经济使日常交往中持续的数学运算成为必要"②。即便是文盲,他也识得货币的面值和一件事物相对应的市场估值,即便是一个诗人,他也会理性地对自己的生活开支进行计划和盘算。

这种情形并不是突然发展起来的,而是和相应的生产生活方式紧密联系在一起,这主要体现在劳动的量化上。在前资本主义时期,雇佣劳动虽然已经出现,但是由于大多从事的是农业或手工业,人们的劳动更多地依靠粗略的年月日来进行结算,或者部分依靠劳动效率来进行薪酬的奖惩,这从总体上描绘了一种半理性半感性的社会组织方式。在局部的雇佣关系中,理性的一面主要体现在劳动者必须对劳动报酬进行考量和比较上,这种比较的对象不是行业间的同类工作,而是他之前的劳动及其回报。只要能够在劳动结果的数量上占据优势,劳动者就认为是合理的。其实这里边掺杂了产业差异带给劳动者的不平等待遇,但是这种差异不管对劳动者还是生产组织者来讲都是有利的。相较于现代社会,非理性的一面显示了劳动者和雇主之间朴素的情感连接。在传统社会,一方面,由于交通和信息的阻塞,人的流动范围极其有限,人们要么在狭小的范围内做简单的流动,要么流动到某一地方长期居住,由此产生了雇主和劳动者长期或频繁的雇佣交往。在此过程中,两者产生诸多交集并相互了解,而这种长期雇佣关系的产生,必然是彼此都有对方在乎

---

① 陈戎女:《西美尔与现代性》,上海书店出版社2006年版,第60页。
② [德]西美尔:《金钱、性别、现代生活风格》,顾仁明译,学林出版社2000年版,第13页。

的优点。两者在进行薪酬计算时,这种非理性的因素会或多或少地体现出来。之所以说这是非理性的,是因为这种情感是难以量化的,界限模糊。另一方面,由于生产方式上的差异,劳动者和劳动产品向商品的转化存在着巨大的隔阂,这种隔阂既有时间上的,也有环节上的。劳动者在这一过程中难以对自己的劳动给出清晰的量化,这尤其体现在农业劳动的雇佣关系中。由于农业生产具有较长的流通时间,其密集性也难以体现个体的劳动价值,这也导致了劳动者不能对自己的劳动价值有准确的评估,这些都造成了前资本主义劳动价值的模糊性和非理性。

  资本家通过对现有资源和环境的理性判断展开自己的商业行为。资本主义生产强调效率,需要最大程度地保证利润率,但又由于市场的不确定性要比传统农业生产大得多,因此生产组织者在投入生产之前就已经过了严密的论证和考核,以期产生盈利。在这里,劳动组织者已经全然没有了对劳动者的情感牵绊,保证自身的利润率成为首要目的,劳动者和雇主原始的紧密联系成为一种表层的纯粹商业来往。交通的便利还提升了商品流通的速度,人们可以清晰地看到自己的劳动产品的市场价值,并与自身价值作出比较。这种比较虽然缺乏实际意义,但是对劳动者明确和提升自身价值有一定的暗示作用。劳动者自身劳动的市场价值、商品的社会必要劳动时间、原料的成本都在信息畅通的今天成为较容易获得的信息,人们正是在这种生产形式中不断强化和量化对自身的认知。在流水线上,普通工人每一小时的价值得到了清晰的展示,每多生产一件产品自己可获得多少报酬成了劳动者心知肚明的事情,这种计算已经成了现代生活的基本能力。所以在今天,"许多人的生活中充斥了这样的事情:对价值进行确定、衡量、计算,将质的价值化约为量的价值"[①]。这并不是偶然的,而是资本主义生产的必然结果。不仅在生产领域,在消费领域中理性思维也成为一种常态。因为在现代生活中,人不仅是一个生产者,而且更多的时

---

① [德] 西美尔:《金钱、性别、现代生活风格》,顾仁明译,学林出版社 2000 年版,第 13 页。

候人是作为消费者而存在的。同样,因为信息的畅通,因为人们必须在各种需要和选择之间相互比较,人们必然要把每一种行为的成本、收益和风险考虑周全,所以"运用货币来估价,教会人们分毫不差地确定和指出每一种物品的价格,从而使一种大得多的精确性和明确的界限确定无疑地进入了生活内容"①。

现代人在生活和交往中的原则性变化,不仅是在生产和劳动领域,这种量化的习惯全方位、深层次地深入人们的日常生活中。"西美尔观察到,现代货币经济的特点是货币交换在社会生活中的普泛和深入。随之而来的是创造价值的货币作为衡量社会经济价值乃至个体价值的标准,以客观化、量化和平均化的导向渗透经济、文化和精神生活。"② 货币成了一切事物的尺度,也成为个人价值的表现形式,成为万物相连相通的桥梁。抛开社会交往对货币的全面依赖以及对这种"货币拜物教"的批判,我们更应该看到"货币带来的价值观的量化和物化已为生活的理性化基调做好了准备"③,货币是教会人进行理性思考的最直接和最有效的媒介。西美尔把现代生活的这一精神特质称为"客观主义",在他看来,这是"经过精心制作、提高和完善的事物,可以引导人类灵魂走向自身的完善,或指明个体或集体通往更高存在的途径"④。生活的理性化是人类的历史选择,是社会发展自觉产生的理论原则。它虽然产生着诸多弊端,但在历史的总体范围内,它是人们反反复复思考和衡量的结果。对于个体来说,它不仅能使自我的个性获得肯定,还能够使人们找到自我表达的最佳方式,从而实现更有价值的生命意义。对于人类整体来说,实现了个体自由之后,理性还保证了自由人的联合能够真正实现,因为真正的自由并不是单个人的自由,而是建立在普遍的社会关系中的。

---

① [德]西美尔:《金钱、性别、现代生活风格》,顾仁明译,学林出版社2000年版,第13页。
② 陈戎女:《西美尔与现代性》,上海书店出版社2006年版,第67页。
③ 陈戎女:《西美尔与现代性》,上海书店出版社2006年版,第73页。
④ 转引自赵文力《论西美尔货币哲学的四个制度》,《天津社会科学》2009年第3期。

我们可以在现代都市生活中获得关于生活理性化的最丰富例证。现代化的直接结果是促进了现代城市的扩张，这是现代人理性选择的结果。相较于传统生活，人们在现代城市体系中能够获得更好的物质生活，能够有更大的满足需求的机会，而其中遍布着理性的选择以及选项之间的量化权衡。因此，"大都市实则就是货币经济和理性主义交互作用的温床，所以要检视货币怎样在人们的生活中发挥作用，莫过于从大都市着手。在西美尔的城市研究中，他的注意力主要放在货币经济影响下现代人的内在生活、精神品质和个体体验结构的转型"①。大城市的里里外外布满着消费主义，货币就是大都市里的基本通行语言。所以，"西美尔看到，由货币激发而壮大的现代精神力量只有一种——理智或理性"②。理性作为一种思维习惯和思维能力，不仅是在形而上学的思辨中完成的，在生活实践的一方面，它依靠物的力量使这种能力成为社会的基本精神。"因此，理性主义的世界观和金钱一样没有先入之见，既促成了近代利己主义的和无所顾忌地实现个性的流派，也养育了社会主义的生活图景。"③ 通过货币交往培养起来的理性虽然助长了自私和贪婪，但是，从根本上说，这是一种自我观念和主体观念的强化。

二　货币交往与精神独立

宗教和道德是传统社会中重要的生活规范和价值尺度。在传统的交往方式中，人们在相对狭隘的范围内发生关联，依靠双方默认的"法则"相互约束行为，这是传统生活秩序的主要表现形式。在西方社会，宗教在人的生活中也发挥了重要的作用，宗教作为生活规范和价值体系参与了人们日常生活的方方面面。在现代社会，"人的依赖

---

① 陈戎女：《西美尔与现代性》，上海书店出版社2006年版，第84页。
② 陈戎女：《西美尔与现代性》，上海书店出版社2006年版，第72页。
③ ［德］西美尔：《金钱、性别、现代生活风格》，顾仁明译，学林出版社2000年版，第31页。

关系"的断裂在人与传统价值秩序的关系中表现得尤为明显,在这个问题上,货币交往起到了至关重要的作用。

在不同的意识形态中,宗教是人的意识外化的一个环节。相较于朴素唯物主义阶段人们把世界始基理解为纯粹的某种物,宗教作为一种虚拟化的意识形态强化了人对世界的理解能力。宗教的本质其实就是人的本质,宗教世界其实就是人对世界的想象,人们通过宗教把现实世界理解成一种主观化的构造,强化了人的能动性,是人理智化的开端。所以,我们可以说,宗教是人的意识的一个环节,这个环节虽然充满了愚昧和荒诞,但它仍旧是一定历史阶段上人类理解世界和自己的一种重要方式。在现代社会,新的宗教已经难以产生,最根本的原因在于现代人的理智程度已经放弃了宗教作为理解外部世界的思维方式,越来越多的宗教除了情感因素外,已经无法从根本上俘获人的心智了。因此,货币交往依靠对理性的培养和强化,不是对宗教的直接否定,而是以间接的方式"动摇"着人们的行为和生活准则,继而使某种宗教法则失效,这不仅仅是宗教的命运,同样也是道德的命运。

相较于传统社会,现代社会由于原始共同体的解体而使人成为孤立的存在,人成为形式上分散的个体。在非宗教主导的民族国家中,这主要体现为现代社会中道德生活的瓦解。现代社会改变了传统社会中人与人交往的基本原则,这种改变是根本且全面的。在现代生活中,货币作为主要的交往媒介,造成了人与人关系的疏离,使一切情感的要素变得脆弱而单薄。在吉登斯看来,"'有关人类存在的孤立状态'并非每个个体与其他人的分离,而是他们道德资源的分离,而这些道德资源是人们过一种圆满惬意的生活所不可或缺的"[①]。这种分离不是个体之间的相互隔绝,而是缺少了道德这种共同规范的连接作用。人们的连接需要一种中介,现在货币代替道德成为衡量人交往的

[①] [英]吉登斯:《现代性与自我认同》,夏璐译,中国人民大学出版社2016年版,第8页。

主要尺度，货币作为一种中立的和无情感色彩的交往媒介不偏袒和同情任何一个个体。通过货币交往所培育的理性精神造成了这样一种事实："资本主义精神几乎在所有的方面都革新了传统主义保守理念，确立起一种最大化地创造财富的自尊心态和自觉性，并将经济生活完全理性化，使之建基于道德的归约之中，在心理和物质两个层面达成高度的和解。"① 马克斯·韦伯在《新教伦理与资本主义精神》当中论述了新教教义对资本主义创造和追求财富的肯定。在现代社会，精神上的崇高和伟大都被贬低了，人们迫切追求的是如何最大限度地获得货币，并以此为荣。有人因此把追求货币作为一种成就，作为一种心理的满足，他们没有意识到，货币仅仅是一种手段，而非目的。

在商品化的现代社会里，传统的物物交换基本已经被货币交换所代替，人们的交换必须依靠货币作为中介环节才能顺利进行，以致人们默认把原本属于人的价值转移到物身上去了。因此，在现代交往关系中，传统的人与"人的依赖关系"不仅在生活和生存层面，而且在最后的理论形式中销声匿迹了。和这些传统的依赖关系一并消失的是人得以确证自身的意义和价值系统，人成为对自我归属缺乏认同的、无根的、漂浮着的原子式存在。在马克思看来，在资本主义生产方式的影响下，在资本逻辑、货币制度的作用下，"这只是人们自己的一定的社会关系，但它在人们面前采取了物与物的关系的虚幻形式"②。这种非本真的交往形式建立起现代人新型生存网络并不断使之合理化，以致人与人的这种交往关系最终凝结为以货币为中介的量化关系。这种货币联结使传统的依赖关系消失殆尽，一切所谓的质的联系都需要在量的天平上得到重新衡定，道德、宗教的一切神圣形象都被简化为简单的理性计算。正如马克思所说："金钱贬低了人所崇奉的一切神，并把一切神都变成商品。"③ 这是现代人正在体验着的生存危

---

① 谈际尊：《伦理理性化与现代生活方式》，中国社会科学出版社2013年版，第95页。
② 《马克思恩格斯文集》第5卷，人民出版社2009年版，第89—90页。
③ 《马克思恩格斯文集》第1卷，人民出版社2009年版，第52页。

机，人与人之间关系的这种单一化强化了个人的利己主义性质，使"现金支付成为人们之间唯一的纽带"①。人与人成了相互独立的利益个体，人的一切生活都在利益的衡量中展开，世界成为异己的存在。这种异己性更多地指向人与原来生存世界的分离和新的生存标准的找寻，人和世界从原始的关系发展成为分离和对立的形态后却无法在新世界中重新回答人的意义和价值问题，这种茫然若失的生存状态其实就是马克思所阐释的"人的独立性"的历史形态。因此，现代人的生存境遇正是作为马克思论域中人的发展的第二阶段而存在的。这种人的独立性是从"人的依赖关系"中摆脱出来的，这个过程充满了对过去的怀念和对未来的仓皇焦虑：因为"一切固定的僵化的关系以及与之相适应的素被尊崇的观念和见解都被消除了，一切新形成的关系等不到固定下来就陈旧了。一切等级的和固定的东西都烟消云散了，一切神圣的东西都被亵渎了。人们终于不得不用冷静的眼光来看他们的生活地位、他们的相互关系"②。现代人的生存进入了一种无依无靠的精神状态，在这种状态中，过去的事物消失殆尽，未来的期待遥不可及，现代人就处于这样一种孤立状态中。

宗教和道德作为一种生活规范和秩序保障已经在现代社会中越发式微了，这种带有鲜明文化和民族特色的意识形态在全球化的背景中也成了需要被打破的壁垒。人们需要的是一种能够在全球范围内畅通无阻的交往中介，需要的是可以通约和彼此认同的话语媒介，这便是理性。理性规范成为人们普遍交往所共同遵守的法则，而且"社会通过施加无数各式各样的规则使他的成员都'规范化'，排除任何自发的行动和特立独行的成就"③。社会之所以需要规范化，正是因为传统规范在理性主体面前失效了，传统伦理依靠情感和血缘的联结已然不能适应快速变换的现代生活。当然，这些现代规则的产生是基于个人

---

① 《马克思恩格斯文集》第1卷，人民出版社2009年版，第94页。
② 《马克思恩格斯文集》第2卷，人民出版社2009年版，第34—35页。
③ [美]阿伦特：《人的境况》，王寅丽译，上海人民出版社2017年版，第26页。

意志但又和个人意志相对立的，它实际上泯灭了个人行为创造特殊成果的可能，把人类的行为朝向统一行动中归拢。

三 货币关系与人的独立性

人们在传统社会中的交往是被束缚在一定的范围内的"非自由"的交往。随着交换的普遍发生，货币在形式上使人独立于传统生活中的各种牵连，使人能够按照自身意愿去有选择地建立自己的交往关系。

马克思看到了货币对人的生活造成的重要影响，尤其是从货币交往中看到了对人的独立性的培养。在人的独立过程中，物的依赖的形式多种多样，但在交往关系的层面，货币却最终成为最重要的存在物。

> 在货币关系中，在发达的交换制度中（而这种表面现象使民主主义受到迷惑），人的依赖纽带、血统差别、教养差别等等事实上都被打破了，被粉碎了（一切人身纽带至少都表现为人的关系）；各个人看起来似乎独立地（这种独立一般只不过是错觉，确切些说，可叫做——在彼此关系冷漠的意义上——彼此漠不关心）自由地互相接触并在这种自由中互相交换……①

所以说，交换制度越发达，能够被交换的东西越多，我们的传统世界破碎得就越厉害。在现代社会，一切事物都可以被拿到货币这个天平上衡量，而货币化程度越严重，人与传统世界的关联就越经不起"考验"。在这样一个过程中，所有原始的把人联系起来的纽带都褪去了，这在某种程度上使人脱离了一切牵绊，能够按照自身意愿去发展新的社会关系。不管这种独立实际上带来了什么负面的影响，这仍旧

---

① 《马克思恩格斯文集》第8卷，人民出版社2009年版，第58页。

是人们自愿选择的结果，也是历史选择的结果。我们在这种生活原则的指导下简化了自己的社会关系，以最直接的方式满足自身的需求，不受来自外界的诸多限制。

相较于后现代主义对货币生活和消费主义的批判，西美尔辩证地看到了现代生活，尤其是货币生活给我们的生活带来的双重变化："现代文化之流向两个截然相反的方向奔涌，通过在同样条件将最遥不可及的事物联系在一起，趋向于夷平、平均化，产生包容性越来越广泛的社会阶层。另一方面，却倾向于强调最具个体性的东西，趋向于人的独立性和他们发展的自主性。货币经济同时制成两个不同的方向，它一方面使一种非常一般性的、到处都同等有效的利益媒介、联系媒介和理解手段成为可能，另一方面又能够为个性留有最大程度的余地，使个体化和自由成为可能。"① 在这两个方向里，我们所批判和所追求的，同样在货币生活中体现出来了。在这种生活中，人在某种程度上变成了简单的符号，变成了消费社会中简单的买家和卖家，人在这种生活中获得了一种前所未有的平等。不管是谁，一旦跳进消费行为的环节中，他都逃不过货币生活的"洗礼"。因此，社会的平等化不只是靠政治运动实现的，还可以在市场和消费中完成。虽然社会阶层中固有的壁垒仍然存在，但整个社会的包容程度，尤其是在交换行为中，人们在褪去了各种观念和文化上的差异后，对彼此的隔膜采取一种旁观态度，社会差异就在这样一种程度上得到了默许。

面对这一历史境遇，马克思给出了具有原则高度的判断："美好和伟大之处，正是建立在这种自发的、不以个人的知识和意志为转移的、恰恰以个人互相独立和漠不关心为前提的联系即物质的和精神的新陈代谢这种基础上。"② 在现代社会中，人不管是依赖于货

---

① ［德］西美尔：《金钱、性别、现代生活风格》，顾仁明译，学林出版社2000年版，第6页。
② 《马克思恩格斯文集》第8卷，人民出版社2009年版，第56页。

币,还是依赖于物,本质上都是对他人的依赖,都是在世界历史中对普遍交往和交换的依赖,更是对理性原则的依赖。这种依赖虽然抛弃了诸多长久陪伴着人类的各种秩序和规范原则,虽然使人的关系呈现出单一、表层的趋势,但从根本上说,这种连接要比对道德和宗教的依赖更加有效、普遍、准确,更能够满足不同个体的自由个性,这是经过历史检验的事实。此外,马克思还分析了货币在生产关系中的分离作用,为我们理解异化劳动概念提供了新的思路。"就货币在历史上也起促进作用来说,只有当货币本身作为最有力的分离手段加入这个过程的时候,而且只有当货币促使被剥夺光的、丧失客观条件的自由工人形成的时候,货币才起这种促进作用。"① 货币作为一种支付手段,使劳动者脱离了劳动产品和生产资料,脱离了一切和生产相关的环节,这是异化劳动的前提,人和劳动产品的分离、人和劳动本身的分离,使工人除了勉强维持生存的工资之外一无所有,货币的这种分离作用造就了工人阶级,资本主义生产出了自己的掘墓人。

因此,"所谓现代的自由,不过是货币生活为个体性和内在独立感带来的广阔空间"②。在商业活动中,人们普遍地培养起独立的精神品质,逐渐地、自觉地与自己的传统生活断绝了关系。货币交往使理性进入现代人的日常生活中,人们更多地依靠无身份差别的理性建立一种纯理性的短暂关系。人们在这个过程中抛弃了大部分外在的身份规则,抛弃了自由的各种障碍,继而从自己的自由个性出发,实现自己的真正发展。所以说,"货币一方面制造了一种渗透到所有经济活动中的前所未闻的非人格性,另一方面创造了一种同样提高了人格的独立和自主"③。人们在新的社会环境下实现了人的自由的进步,"为

---

① 《马克思恩格斯文集》第 8 卷,人民出版社 2009 年版,第 160 页。
② [德] 西美尔:《金钱、性别、现代生活风格》,顾仁明译,学林出版社 2000 年版,前言第 6 页。
③ [德] 西美尔:《金钱、性别、现代生活风格》,顾仁明译,学林出版社 2000 年版,第 2 页。

个体性和内在独立感打开了一个特别广阔的活动空间"①。

第四节 以货币交换为基础的政治独立

从根本上说,货币经济与自由主义相伴而生。自由的理念虽然深植于人的生存世界中,但是直到资本主义,它才成为一种普世价值并在现实的意义上开始发生。具体说来,人们通过经济生活完成了相对于政治权力的相对独立性,从而在某种程度上为自我发展创造了机会和空间。货币使人与人的交往、人与共同体的交往真正实现了平等、自由,真正实现了人与共同体关系的正常化和合理化,即人与共同体之间的平等和自由交往。作为自由交互的两个对象,人们之间肩负着彼此的义务,履行着各自的权利。不管是人与人之间还是人与共同体之间,都应该在互相承认的基础上达成一种共生共存的和谐局面。当然,在现实意义上,除了自由主义观念的普世化,这一切都是以货币交往为前提的。正是货币祛除了作为个体的人和不同共同体之间的特殊关系,把复杂的问题通过较为简单的货币关系来体现。这从某种程度上实现了人和共同体各自的解放,明晰了彼此的权利和义务,使这种关系能够被简化,从而使人能够有更充沛的精力和更饱满的情感投入各自关切的关系中。从根本上说,这无疑为人的自由个性的发展又提供了一定的空间和可能性。

一 交换行为与个体关系

在交换行为中,人的独立性是建立在人和劳动产品关系的变化上的,在这里我们主要指的是劳动产品在交换关系中使用价值和交换价值的分离,而其中交换价值的独立性主要体现在劳动产品与人的分离上。人类的交换行为从以物易物的形式中发展出来,但不管是原始物

---

① [德]西美尔:《金钱、性别、现代生活风格》,顾仁明译,学林出版社2000年版,第5页。

物交换还是现代的货币交换，其直接结果就是交换中交易的发生使劳动产品的价值和劳动者产生分离。这种分离不仅是形式上的所有权的变更，而且更重要的是劳动产品的价值成为能够脱离人而独立存在的实体，而且货币数量的多寡使这种价值实体有了一种量化的标记，人的价值的表现方式成为一种被隔断的、以虚拟的货币为体现的符号。

商品的价值不仅在形式上脱离开人，而且用货币这种抽象的形式淡化了一切人的价值属性。人和价值的这种分离，对于产品来说实际上是增加了其可流通性，缺乏个人色彩的产品使其能够轻易地被量化和标准化，能够更为容易地在市场中流通起来。对于一般的产品来说，这是一种快速扩张的有效途径。当然，我们今天依然保持着对个性化商品的追捧，手工制品已经成为另外一种商品价值活跃在人们视线之中了。因此，一方面，在交换行为中人和自己的劳动产品分离了，以此获得了交换的资本，但是，"一切产品和活动转化为交换价值，既要以生产中人的（历史的）一切固定的依赖关系的解体为前提，又要以生产者互相间的全面的依赖为前提"①。实际上，这种关系的解体只有到了资本主义贸易中才真正实现。传统的交换行为是在一定的空间范围内进行的，人们仍旧在传统的依赖关系中生产劳动产品，谋求自己需要的产品。从一定程度上讲，每一个民族国家都是一个自给自足的贸易体系，人们不需要甚至不能脱离开自己的社会关系。但是在现代资本主义的生产关系中，人面对的不仅是和劳动资料、劳动产品的分离，更重要的是还面对着和传统生活方式的分离。人在市场化的生产行为中独立地"一无所有"，他已然无法退回到原来的生活方式中。因此，生产者唯一的生存出路便是继续生产，换取交换的资本，交换别人的劳动产品，用别人的劳动产品来满足自身的需求。人的普遍依赖就在这种逻辑中建立起来了，随着这种依赖的不断扩展，全球化和地球村就成为自然而然的了。随着生产的不断推

---

① 《马克思恩格斯文集》第 8 卷，人民出版社 2009 年版，第 50 页。

进，生产者逐步用自己创造的产品来作为自己的价值体现，产品的价值是在交换活动中展示出来的，产品对交换行为的依赖也就是生产者对交换的依赖。人是有欲求的生物，人不能从自身实现这种满足，因为一般说来，人的生产总是有限的而人的需求总是无限的。人们需要在交换中寻找自我满足的途径。区别于动物，人们的这种满足并不仅仅依靠蛮力，人们发现人与人之间的相互满足才是最"经济"的方法，暴力夺取并不是一种长久之计。因此，人们愿意在交换中实现这种满足，这既是自我满足，又是相互满足；既肯定了自己欲求的合理性，也尊重了他人以及他人需求的合理性。因此马克思才说："在需要上和生产上的差别，才会导致交换以及他们在交换中的社会平等。"① 我们可以看到，需要使人互相依赖，而另一方面，劳动产品和劳动者的分离又使人不依赖于人，而是依赖于物本身。从表面上看，交换使人与人之间的关系更加密切了，实际上是我们与物的联系更加密切了而已。我们可以这样说，人由对人的依赖转移到了对物的依赖上来。由此造成的事实是，"私人交换产生出世界贸易，私人的独立性产生出对所谓世界市场的完全的依赖性"②。在这里，以社会分工的普遍发展作为前提，分工在全球化范围内得到了优化配置，使个人需求的满足不得不依赖于世界上某一处的他人，依赖于全球范围内的交换行为。

在现代社会，这种交换行为的普遍化不仅满足了人的各种需求，而且使交换行为成为独立于人的一种普遍性存在，以此塑造了现代人的生活品格。因为"交换价值脱离产品而在货币形式上独立化，与此相适应，交换（商业）则作为脱离交换者的职能而独立化"③。劳动者和劳动产品的分离导致了产品成为独立的交换价值的存在形式，由此所导致的交换本身也脱离了交换者的真实需求而成为一种以满足自

---

① 《马克思恩格斯文集》第 46 卷（上），人民出版社 1979 年版，第 194 页。
② 《马克思恩格斯文集》第 8 卷，人民出版社 2009 年版，第 53 页。
③ 《马克思恩格斯文集》第 8 卷，人民出版社 2009 年版，第 46 页。

我为根本目的的纯粹形式，交换的手段性得到了凸显，交换本身成为一种独立于人的存在。在这个过程中，不仅是交换行为本身获得了独立性的地位，更重要的是作为交换中介的货币也获得了这样一种实体性的自证。"正是劳动（从而交换价值中所包含的劳动时间）的一般性即社会性的物化，使劳动的产品成为交换价值，使商品具有货币的属性，而这种属性又意味着有一个独立存在于商品之外的货币主体。"① 资本主义生产使劳动的本质发生了根本性变化，从作为人的本质力量的体现成为独立于人的纯粹交换价值。作为交换商品的劳动需要交换中介的连接，这就促成了货币体系的产生，并以此成为现代社会的主要"语言"之一。这就使"毫不相干的个人之间的互相的和全面的依赖，构成他们的社会联系。这种社会联系表现在交换价值上，只有通过交换价值，他自己的活动或产品才成为他的活动或产品；他必须生产一般产品——交换价值，或本身孤立化的，个体化的交换价值，即货币"②。

商业交换的这种普遍化催生出了一种新兴职业的产生，这就是商人。从某种意义上说，商人是最早的现代人，因为商人最早隔断了与传统生活的联系，最早地融入了各种新型关系。当然，根本不同的是商人的目的是纯粹获利，而现代人慢慢抛弃掉一切外在的因素，而只为了追求自由个性的发展。相较于一般人来说，商人是离自由最为接近的人，因为"商人摆脱了共同体生活的束缚，他愈是摆脱了这种束缚，对他就愈好"③。要想促使交换的发生就必须在物资的不均衡和相互需求之间建立起桥梁，不管是物资本身的获取还是交换资讯的获取，都要求商人有能力把生活延伸到共同体之外。要想实现利润，商人必须身先士卒地投入这种信息的获取和垄断中，必须有能力在共同

---

① 《马克思恩格斯文集》第46卷（上），人民出版社1979年版，第115页。
② 《马克思恩格斯文集》第8卷，人民出版社2009年版，第51页。
③ ［德］斐迪南·滕尼斯：《共同体与社会》，林荣远译，商务印书馆1999年版，第115页。

体之外进行各种活动。不管他在自己所属的共同体内部处于什么位置，承担什么样的权利和义务，他都必须抛离开这种共同体生活而四处游走，他越想获得最大的利润、不断地获得利润，这种游走就越不能停歇，他离共同体的生活就越远。就商业活动本身而言，传统交易活动中的买卖行为同时发生，在那里，商品在买卖双方中获得了一种一致的价值肯定，我们可以说在这种交易中，产品的交换价值和使用价值是统一的。但是因为商人的出现，"因为买和卖取得了一个在空间上和时间上彼此分离的、互不相干的存在形式，所以它们的直接同一性就终止了"[1]。因为买和卖这两种行为被割裂开了，不能使商品的价值得到直接体现，"随着买和卖的分离，随着交换分裂为两个在空间上和时间上互相独立的行为，又出现了一种新的关系"[2]。在现代人的语境中，交换是作为手段而非目的而存在的。人们为了满足自身的需求，不断地扩大着交易的范围、不断减小交易的难度。在这普遍交往的实现中，人人都成为商人，都成为自由的买卖者，人人都成为独立而相互依赖的经济人。

货币交往实现了人与人关系的转化，使人们能够从原始的共同体中独立出来，寻求自己的个性发展。正如西美尔所说："货币经济瓦解了自然经济时代所特有的人身与物权关系之间的这种相互联系。"[3]货币使所有关系的发生都建立在一种统一的媒介上。这种媒介清晰简单，不具有任何意义属性，能够使人脱离开任何情感色彩和主观倾向来建立和展开交往关系。在原始生活中，人们的劳动生产和需求都是较为初级的和粗糙的，不同的生命个体在展示自我的同时，仅仅能展示作为类的属性和群体属性，由自身个性所引发的独特风貌被压抑或忽略，社会未能发展出为主观自我提供生存的土壤。直到现代社会生

---

[1] 《马克思恩格斯文集》第8卷，人民出版社2009年版，第46页。
[2] 《马克思恩格斯文集》第8卷，人民出版社2009年版，第46页。
[3] [德] 西美尔：《金钱、性别、现代生活风格》，顾仁明译，学林出版社2000年版，第2页。

产力的极大发展,贸易的极速扩展,人们才在生产和需求之间找到了一种现实的可能性,这就是世界贸易。普遍交换使人的需求能够被极大地展示和满足,只有如此,人们自由个性的多样性才成为可能。在这一过程中,货币"为双方提供了新的相互独立性和增长能力"①。货币作为一个中性的中介,在共同体与个体之间,在共同体的集体诉求和个人诉求之间,使个人的选择和意愿表达成为一种能够撇开外在约束的真实自我的表达,使社会行为的发生能够抛开各种委曲求全,共同体利益和个人利益都能够客观地陈述和表达。在某种程度上我们可以说,个人利益在这个过程中实现了一定的地位转化。在传统共同体内部,由于人对共同体的依赖关系,这种关系实际上是不平等的。共同体有着对个人的主宰权,个人利益无法得到有效表达,但正是货币这一中介的出现,使原本的关系实现了这种平衡,虽然这个过程漫长且复杂,并且融合了其他因素,货币交往只是最后的表现形式,但正是这一形式使这种平衡得以实现。

因此,从一种更加宏观和冷静的视角来看,货币交往所实现的是共同体和个人之间的相互独立和更为健康真实的发展。从之前的论述中,我们已然看到人和共同体的相互分离和分立,而正是由于货币交往关系的出现,人与共同体的直接分离才真正实现了,这样一种自由空间的出现使得两者都可以依照自身需求来独立地表达诉求,这样一种行为方式能够真正地实现彼此的真正意义上的发展或满足。

二 货币交往与人的平等自由

人的自由和平等从来不只是一个政治概念。不同的个体之间有着不同的自然条件、社会资源,如何最大化地祛除这些先天的因素,使更多的人追求自由发展的权利,是近代资产阶级的基本愿望。但是,这就意味着要在传统的评价体系下开创新的社会认同机制,在这一点

---

① [德] 西美尔:《金钱、性别、现代生活风格》,顾仁明译,学林出版社2000年版,第3页。

上，资产阶级找到了最合适的突破点，那就是通过对财产权的肯定开辟真正实现人的平等的现实的道路。

自由和平等是人类的终极向往，确切地说，是资本主义生产方式下人的价值追求。资产阶级最大化地提高生产效率和扩大交易范围，需要人们放弃原来的生活方式，共同地参与到全球化的贸易当中，用货币来连接人们的生活，这就使得不同民族、国家的人们在全球化的资源配置中简化了自己的身份属性，人们只需要用买卖双方来界定自己，并且这种身份可以经常互换，从这一点上说，在资本主义市场下，人们以经济的方式实现了人的自由平等，而政治上的表述只是作为一种结论罢了。在黑格尔的哲学里，主体之间的人格平等已然不成为问题，只是这种平等仍旧需要现实和具体的形式，这是平等人格的物质基础。也就是说，"为了取得所有权即达到人格的定在，但是某物应属于我的这种我的内部表象或意志是不够的，此外还须取得对物的占有。通过取得占有，上述意志才获得定在。"所以说，真正的平等应该完成思维和存在的统一，形式上的存在必须获得实际的体现，我们要想实现人的真正的平等化，就必须给予所有权以实际的内容。"其实，人们当然是平等的，但他们仅仅作为人，即在他们的占有来源上，是平等的。从这个意义上说，每个人必须拥有财产。"① 因此，拥有财产是肯定人的平等的必要形式，正义应该要求每个人都有财产，这种规定不仅是理论化的，而且是生活化的。具体说来，"金钱：其普遍可进入性和有效性，其潜在的共产主义，既为上层，也为下层人，还为平等的人们，消除了某些由来自财产占有方式的先天性地位界限造成的障碍"②。相较于黑格尔对财产权的理论意义的探讨，西美尔以对现代人和金钱关系的深刻把握，发掘了以财产的平等消除自然上的不平等的可能性。金钱或者说货币，或者说对一切事物进行量化和比较的思维已经全面深入每一个现代人的思

---

① ［德］黑格尔：《法哲学原理》，范扬等译，商务印书馆1961年版，第58页。
② ［德］西美尔：《金钱、性别、现代生活风格》，顾仁明译，学林出版社2000年版，第36页。

维习惯中。理性的培养强化了现代人的主体意识,使观照自我成为首要目的,人们必须理性地衡量自己的每一个选择。而现代社会又是一个普遍交往的存在,这些存在或多或少地带有目的性或者说功利性,人们对以货币或金钱的形式来衡量一切的态度成为习惯,成为首要的、唯一的标准,这在某种程度上抛弃了人的先天的属性,即血缘、种族、民族等绝对差异化的因素。这些因素使人们之前的交往存在着某种界限,使交往不能自由地发生,在现代生活中,这一切都成为阻碍自由和平等的原因,但在今天,它们已经慢慢褪去了。因为"在很大程度上,金钱基于普遍可获得性和客观性原则,促进了个体性和主观性的形成。同样,金钱面前永远平等、一切平等"①。

财产权的肯定使平等能够最大化地普及每一个差异个体中,但是这种平等仍旧是一种僵化的平等,人们必须在实际交往中才能把这种平等真正地运用和实现出来。具体说来,这是在普遍的交换行为中展示出来的,所以我们可以这样说,"现代人的自由、平等观念,本质上也是市场交换的结果而不是它的起因"②。在交换过程中,交换得以发生的前提是交换者的平等,"每一个主体都是交换者,也就是说,每一个主体和另一个主体发生的社会关系就是后者和前者发生的社会关系。因此,作为交换的主体,他们的关系是平等的关系"③。每一个交换者同样是一个主体,一个实体,因此他们在这一点上不存在差异,他们都应该像承认自身存在一样承认对方的存在。当两者试图建立交换关系的时候,他们的社会关系也会发生关联,但是这种关联却是无比简单和纯粹的,只有货币一个尺度存在。具体说来,因为"他们交换的对象,交换价值,等价物,它们不仅相等,而且必须确实相等,还要被承认为相等"④。既然主体都同样地处于交换关系中,这就

---

① [德]西美尔:《金钱、性别、现代生活风格》,顾仁明译,学林出版社2000年版,第33页。
② 孙承叔:《真正的马克思》,人民出版社2009年版,第26页。
③ 《马克思恩格斯文集》第46卷(上),人民出版社1979年版,第192—193页。
④ 《马克思恩格斯文集》第46卷(上),人民出版社1979年版,第193页。

说明主体认同交换行为这一规定，即认同对方的主体性地位、认同用理性的方式达成交换的目的。相对于交换的具体物品来说，它们也需要达到一种平等才能实现交易的完成。因此，这也要求交换双方拿出"相等"的物品来，这种相等可能不仅仅是事实上的，更重要的也是心理层面的。因此，通过货币这一媒介，我们实现了两种平等，那就是主体间的平等和物与物的平等。在传统社会，特权阶级享有对优质资源的支配权，这些事物的使用价值成为显示其差异的外在表现形式。在现代社会中，物的使用价值对于每一个人来说应该是普遍的和平等的，这种平等化是在交换关系中完成的。在交换中物的这种"神圣性"不存在了，它完成了自身的"净化"。"因此，这种使用价值，即完全处在交换的经济规定之外的交换内容，丝毫无损于个人的社会平等，相反地却使他们的自然差别成为他们的社会平等的基础。"① 在交换关系中，物回归到一种实际的价值中，它不再是人的不平等的结果，而是借助于交换关系真正地实现了人的平等。所以，现代人都认同了这样一条金科玉律："在货币交易范围内人人在价值上平等。"② 相较于一切政治上和历史上的平权运动，"货币最直接也最有效地实现了社会价值平等的诉求。"③

货币除了实现人在社会交往中的平等外，还在更大程度上实现了人的自由。不管这种自由是何种概念上的，我们都可以看到以货币为手段的交往方式为一切形式的自由提供了现实的条件。马克思清晰地看到了经济生活对人的自由和平等的影响：

> 因此，如果说经济形式，交换，确立了主体之间的全面平等，那么内容，即促使人们去进行交换的个人材料和物质材料，

---

① 《马克思恩格斯文集》第 46 卷（上），人民出版社 1979 年版，第 194 页。
② ［德］西美尔：《金钱、性别、现代生活风格》，顾仁明译，学林出版社 2000 年版，第 22 页。
③ 陈戎女：《西美尔与现代性》，上海书店出版社 2006 年版，第 68 页。

则确立了自由。可见,平等和自由不仅在以交换价值为基础的交换中受到尊重,而且交换价值的交换是一切平等和自由的生产的、现实的基础。作为纯粹观念,平等和自由仅仅是交换价值的交换的一种理想化的表现;作为在法律的、政治的、社会的关系上发展了的东西,平等和自由不过是另一次方的这种基础而已。而这种情况也已为历史所证实。①

生产效率的提高所创造出来的物质财富慢慢地超出自身所需,于是剩余的劳动产品开始投入交换活动中,使其转变为商品,人们以此开始了利用交换来满足和扩大自身需求的历史选择。从另一个角度来看,"既然个人之间以及他们的商品之间的这种自然差别,是使这些个人结合在一起的动因,是使他们作为交换者发生他们被假定为和被证明为平等的人的那种社会关系的动因,那么除了平等的规定以外,还要加上自由的规定"②。不管从哪一个角度来说,社会的普遍交换都是建立在自由基础上的,也是以自由为展开方式的。当一个劳动者的劳动产品出现盈余的时候,如何处置自己多余的劳动产品完全是出自劳动者的个人意愿的。在交换环节中,交换意愿的发生可能是出自外界因素,但更多的是来自自身的决定。和谁建立交换关系、交换数量和方式都完全是自由自主的过程,相对于另一个交换者来说,同样如此。所以说,"从交换行为本身出发,个人,每一个人,都自身反映为排他的并占支配地位的(具有决定作用的)交换主体。因而这就确立了个人的完全自由:自愿的交易"③。交换中所展示出来的自由原则使个人利益和他人利益实现了真正的和解。个人在交换过程中,作为一个严格的独立主体存在,他的这种存在不为其他存在者所左右,是完全自为的。所以,主体在先天上是自由的,通过交换,他使自己的

---

① 《马克思恩格斯文集》第46卷(上),人民出版社1979年版,第197页。
② 《马克思恩格斯文集》第46卷(上),人民出版社1979年版,第195页。
③ 《马克思恩格斯文集》第46卷(上),人民出版社1979年版,第196页。

自由得到了展示和新的满足,并扩大了自己发展的空间。在这个过程中,自己既是手段,又是目的。对于他人来说,自己是别人实现满足的条件,别人在交换中有想从我的身上获得的东西,因此我是中介性的存在。对于自己来说,他人也是完全一样地存在,只不过双方都能理解这种相互依赖的存在关系,也愿意建立和继续这种关系。这种利益关系既是自我的,又是相互的,因此这种关系才能持久,他们也不得不依赖这种关系,珍惜在这种关系中所实现的利益和价值。在这种交往的普遍展开中,人们越来越意识到自己是生活在复杂的社会关系中的,这在普遍全球化的今天越发明朗。人们意识到自己的自由发展越来越依赖这种关系,并且应该维护好这种关系,通过满足别人的需求来实现自身价值。自己创造价值的过程,既是表达自我的过程,也是为他人满足创造条件的过程。人们在这种关系中实现着价值交换,每个人不仅是自愿的,而且极力地维护和扩大这种关系。

因此,总的来说,人们在社会交往中所普遍形成的交换关系,尤其是以货币为主的经济生活不仅仅在物质上极大地丰富了人们的生活,满足了人们的需求,更重要的是塑造了现代人的精神品格。它使人们能够抛开传统生活的一切原始身份,重新建立新的交往关系。虽然它的能力和范围都是有限的,但是在较为普遍的意义上,它以最直接和最有效的方式实现了大多数人的平等和自由。在现有的经济体制下,货币直接体现的就是劳动产品的现实价值,这是市场不断自我调节的结果。货币制度使价值的衡量成为可能,也使不同的价值之间能够化约成相同的交往语言——货币——进行价值的交流。换一种角度而言,人们从自身出发,每一个个体都千差万别,每个人都有自己的利益诉求,他们在现实生活中的对话很难实现真正意义上的平等和自由,也只有在货币交往中,也只有在对利益的权衡和理性的培育中,这种对平等和自由的理解才成为可能。当然,货币经济或者说消费社会也给我们带来了诸多问题,所以辩证地来看,"货币经济生活并非仅仅为个性的发展创造了更大空间,使个体化和自由成为可能,同样导致利益、关系、理解的平均化、无差异化，同样为平等诉求打开了广阔空间"①。这是我们对以货币为主要形式的现代交往关系的一种总体的评价。我们在此强调货币的积极意义并不是想为经济生活中的诸种问题进行辩护，而是重申对现代社会的辩证认知，从中发展出对于解答现实问题的新答案。所以，马克思说："交换价值，或者更确切地说，货币制度，事实上是平等和自由的制度，而在这个制度更详尽的发展中对平等和自由起干扰作用的，是这个制度所固有的干扰，这正好是平等和自由的实现，这种平等和自由证明本身就是不平等和不自由。"② 这两者的关系不仅仅是一种正相关的积极影响，我们更应该看到货币制度和以平等自由为核心价值的资本主义制度的深层矛盾。一方面，资本主义在实现平等自由方面展示出了它自己革命性的一面，以其势不可当的力量摧毁了传统社会中普遍的不平等状态和有限的自由，实现了更大多数人的平等和自由。但是另一方面，货币制度或者说资本主义生产关系的两面性也导致了它所实现的平等和自由也是相对意义上的，也限制着进一步的平等和自由。马克思所分析的就是资本主义经济领域中的深层矛盾，发现了资本主义社会中仍然存留的保守性，揭示了实现最广大民众平等和自由的终极目标。

三 货币经济与人的独立性

相较于传统的共同体生活，我们应该看到，经济生活是一种新的赋权机制，它以一种更加简洁的方式实现了人和政治共同体关系的变革，使人实现了相对于政治的独立性。

相较于传统的臣属关系，人们在经济活动中实现了自我生活的释放，政治越发成为这种生活的一个部分，而不再是凌驾于生活之上的特殊存在。在这一过程中，官本位思想的弱化和经济因素对政治生活

---

① [德] 西美尔：《金钱、性别、现代生活风格》，顾仁明译，学林出版社2000年版，前言第6页。

② 《马克思恩格斯文集》第46卷（上），人民出版社1979年版，第201页。

的影响密不可分。从根本上说，权利本身就是一个政治词汇，因为"权利"一词预设了权力本身的存在，因此在权利的获得上，人不可能真正脱离开政治权力而存在。传统生活中的赋权模式是一种被动式的，不仅人们所享有的基本权利需要受制于当权者的裁定，而且一些更能展现自由限度的权利被严格地限定在当权者的许可范围之内。现代人的民主已经在形式上获得了极大进展，因为从政治参与度上说，人们参与权力分配的方式在某种程度上扩大了。在共和制的国家中，权力的主体名义上是属于人民的。这种变化是如何发生的呢？人的权利经历了从基本权利到特殊权利的变化，人们获得了越来越大的解放和肯定，或者说，经历了权利的细化和全面化，我们也可以看到，人们的权利不断地得到承认，这是人民不断奋斗的结果？实际上，经济生活的变化在其中起到了更为重要的作用，尤其是货币作为一种中介，重新建立了人和政治生活之间的关联。

随着需求和活动范围的不断扩大，人们开始越来越依赖外部交往来实现自我发展。更重要的是，这种以经济生活为主导的生存模式不仅导致了人和传统生活方式的分离，而且全面地改变了人的社会关系，这尤其体现在现代薪酬制度和以此为基础的税务制度上。通过作为中介的货币所现实的分离不仅体现在人和劳动产品的分离上，而且体现在人和政治关系的分离上，人在这种关系的分离中获得了政治上的独立性。随着近代产业革命的兴起，这种影响以更大范围和更深层的效果展示出来。在以农业、手工业为主要内容的雇佣关系中，雇佣关系一旦建立，就能够较长时间地维持下去，有时甚至会超越代际关系。因此，在某种程度上，传统的雇佣关系因为之前所述的紧密性而一般能够维持较为稳固的关系。但是随着产业转换，雇佣制度的普遍发展和现代工资制度的建立使劳动者和雇主的关系发生了变化，劳动者的流动性极大地增强了。人们不仅从传统的共同体生产中独立出来了，而且从这种半自由的雇佣关系中解脱出来了，人们可以自由地选择和建立自己的雇佣关系，也就是人们普遍地获得了把劳动力出卖给谁的自由。正如马克思所说："在一切这种现实的历史过渡中，雇佣劳动表现为一些关系的解体，消灭，在这些关系中，劳动从它的收入、它的内容、它的场所和它的规模等等所有方面来说都是固定的。所以，雇佣劳动表现为劳动和它的报酬的固定性的否定。"① 在这里，马克思看到了传统社会关系的破裂，人们的依赖关系就在这种新型的社会组织模式中瓦解了。在原始的劳动生产中，人们在固定的地域和环境中进行着年复一年的相同劳动，人们在土地上维持了千年的相似生活。直到现代工业革命催生出新的劳动方式，传统劳动所有的固定特性都不存在了，人们从这样一种生产的变革中改变了自己的处境，使自己有能力投入新的社会交往关系中。雇佣劳动相较于传统劳动的重要特征就在于非固定性，雇佣劳动作为社会交往形式的一种，从根本上培养了人的独立特性，作为资本的雇佣劳动及其自由流动的特性使传统社会关系的分离动机变得充分且正常。人们在此过程中锻炼了自己的勇气和决心，培养了选择时的理性习惯，使社会大众普遍地认同和理解这一现代的生存方式。伴随着劳动力的自由解放，人们的流动也成为自然而然的事情，生产方式的革新带来了社会关系的彻底变化。"于是，在历史上，不固定性是雇佣劳动制度的特点。"② 这种不固定性带动了全部社会的流动性，使社会自我更新的速度获得了新的动力。在这种内在驱动力下，人们脱离固定的地域，在最大范围内寻找工作机会，在理性的各种权衡中选择如何出卖自己的劳动力。他们切断自己和传统社会组织的联系，投身到陌生的社会关系中，只为了自己的劳动力能够获得一个好价钱。于是，固定成为历史，流动成为常态。

人们从实物经济转换到货币经济的过程中，人们不仅使薪资制度得到了更加精确和标准的量化，而且用货币来支付劳动量使劳动者能够直接属于自己的"权力"，从而为他自身实现更大程度上的自由创

---

① 《马克思恩格斯文集》第46卷（上），人民出版社1979年版，第14页。
② 《马克思恩格斯文集》第46卷（上），人民出版社1979年版，第14页。

造了条件,这尤其体现在人和政治生活的关系上。所以我们可以说,在货币社会中人们发展出了用金钱来代替政治义务的趋势。我们应该看到,"人身自由与个性解放的实现,历史地观之,最显著的是从封建社会的个人义务和财产占有方式的改变肇端"①。经济生活的变化最直接地创造了自由个性发展的条件,同时也塑造了现代人的生活品格。这最根本的在于个人财产占有方式的变化,这种变化很重要的一个方面就是人们对财富的占有经历了从实物向货币的转变,这使得人们有可能从传统的义务关系中得到一定的解脱,从而为自己创造更多的自由时间和更大的空间。所以说,人的人身自由的实现不仅仅是空洞的政治词汇,而是拥有极其具体的内容。正是工资制度和劳动者的自由才构成了人们自由生活的基本内容。在现代社会中,人们要先将自己的价值出卖,兑换货币。历史地观之,支付手段越摆脱实物,越货币化,人们才越有能力支付自己的其他需求,这尤其体现在人们对政治义务的摆脱上,因此,自由的前提是获得解放的资本,而这个资本就是货币。这样一种经济生活实现了两种生活的分离,或者说两个领域的分化,即日常生活和政治生活、私人领域和政治领域的区分。与此同时还存在的一种现实是,传统社会中人的经济生活和政治生活是两个完全未分离的领域,人们既要进行生产和经济生活,又要承担政治义务,而且有时这种任务是需要劳动者亲力亲为的,比如徭役或兵役。这里强调的是人们除了缴纳各种赋税外,还需要承担不定时的政治任务,这种任务既有经济性的也有非政治性的。在这种状况下,人们在某种程度上依附于政治生活,缺乏自由的私人空间,而且人们是在一种强力的压迫下履行政治义务的。以货币为主要表现方式的税收直接使人从政治义务中解放出来,因为原来的政治义务越发可以通过货币来弥补和代替。所以,从一开始"劳动成果可以体现为货币,

---

① 陈戎女:《西美尔与现代性》,上海书店出版社2006年版,第74页。

并用货币来支付,这种特性历来被看作人身自由的一种手段和支持"①。在对政治义务的履行中,人们把自己的税收从实物转变为货币,使人能够从单一的农耕劳动中解放出来,能够从事价值更高的劳动。随着这种用货币来补偿自己义务的形式不断发展,国家也在更大程度上获得了经济自由。它能够以最直接的方式集中社会财富,以市场化的方式来完成它的发展,国家因此也倡导义务和货币之间的相互抵消。于是在政治生活领域,就发展出这样一种社会趋势:"用金钱可以买下所有个人的义务。"② 不管是在哪一个地域,哪一个行业,我们都无须用实际的劳动或者物品来完成自己的义务,人们无须时刻准备为完成自己的义务而待命。总之,人们"用钱税的方式来取代义务,这立即将人生从那种义务加在它身上的枷锁中解脱出来"③。

在经济生活的影响下,尤其是在普遍的货币交往中,人们实现了自己相对于共同体的独立和自由。人们以理性的方式实现了人与人之间相对意义上的平等和自由,区分了自己的日常生活和政治生活,为自己的自由个性的发展提供了充足的空间。伴随着人们政治义务履行方式的变化,人们对政治义务的接受程度也发生了变化,从被迫到默认的转变实际上还表征了一种政治力量的式微,或者说个体和政治共同体之间关系缓和的趋势。在这样的形势下,人们越发不再把政治生活作为高高在上的仰视对象,而是开始作为日常生活的一个部分,一种选择。私人生活和公共领域得到了各自发展的空间,甚至成为一种相对平等的对话者。悲观的一面是人们与公共事务的距离越发遥远,人们关心自己的生活却不关心政治,政治真正成为一部分人的"名利场",这是一种悖论。

---

① [德] 西美尔:《金钱、性别、现代生活风格》,顾仁明译,学林出版社 2000 年版,第 6 页。
② [德] 西美尔:《金钱、性别、现代生活风格》,顾仁明译,学林出版社 2000 年版,第 6 页。
③ [德] 西美尔:《金钱、性别、现代生活风格》,顾仁明译,学林出版社 2000 年版,第 7 页。

第五节 以日常生活为基础的时空独立

现代人的独立品格不仅是在宏观的意义上实现的,而且这种变化深入了日常生活中,其中人们对时间和空间的新体验决定了现代人的生活风格和心理特性。在人的日常生活中,人们对时间和空间的感知随着历史的变化产生了不同方式,正因为如此,人的独立品格到了现代才被真正地构建起来,独立性才真正成为现代人的普遍个性。

一 现代时间与人的独立性

不得不承认的是,人们对时间的理解确实发生了变化。梳理时间概念的历史,我们从中清晰地看到了诸种时间形态和人的生存状态的关联。不管如何串联时间和历史的关系,从根本上说,时间形态的变化和生活生产方式的变革都是息息相关的。在人类早期阶段,人与自然的关系是天然融合的,人作为自然的一部分从一开始就表现了对自然的全面依赖。在对时间的感知上,人们一开始从自然界的朴素现象中体验时间的基本形式,把对世界的理解直接和自然时间形式联系在一起。比如自然中的循环往复和时间的不可往复,促使人形成了朴素的直观的循环时间和线性时间,如此等等。不管怎么样,在传统的社会生活中,人对时间的理解直接依赖于对自然形态的直观。到了现代社会,人们对时间的理解发生了根本性的变化,这种变化的根本原因在于社会生产形式的变化。从更深层次上理解,对时间的理解又导致了意义和价值的转变,现代的人们越来越从对经验和历史的依赖中独立出来。

(一)人从劳动时间中实现的独立

人在具体的历史时间中展开自己的生产和生活,人相对于时间的独立性首先表现在人从劳动时间中获得的独立。这里所说的劳动时间,是人们不得不花费在保证自身生存上的时间。随着历史的不断发展,人们对时间的分配有了一定的主动权，开始创造出更多的属于自身自由发展的时间。从根本上说，这是由于生产力的发展而实现的，是通过必要劳动时间的不断缩短和自由时间的不断增加而实现的。

劳动是维持人生存的必要手段，任何一种动物都必须以某种方式和自然界发生连接，然后才能从这种连接中获得维持自身成长和发展的必要动力。劳动既是人的本能，也是生存本能的衍生物。在生命的延展中，人必须在维持自己生存这一事情上花费时间，这也就是生存意义上的必要劳动时间。这种时间的划分不是从严格意义上割裂人的生活，而是为了对个体的自由作出界定。所谓的必要劳动时间实际上就是人为了维持自己的生存而不得不花费在食物获取上的劳动，在这个问题上，获取食物的方式直接决定了人们对于劳动的时间和体验。传统生产中的人们获取食物的方式是简单和效率低下的，人们在很大程度上依赖于自然及其偶然性维持生存，人们不得不将自己的生命较多地花费在生存的保障和安全的获得上。人们终日为了自身的生存和自然博弈，用自己的劳动来维持自己的发展和种族的延续。除了在程度上有所缓解外，人们对于劳动的这种体验从原始社会到现代社会初期从未发生过根本性的改变。传统社会中生产力的缓慢发展使人们花费在必要劳动上的时间维持在一个比较平稳的水平上，人们的生命几乎全部付诸这种沉重的负担，也就是说，传统生产方式下的必要劳动严重挤压了人们自由发展的程度。所以马克思从历史唯物主义出发，揭示了劳动生产和自由的内在关联，他认为："人们每次都不是在他们关于人的理想所决定和所容许的范围之内，而是在现有的生产力所决定和所容许的范围之内取得自由的。但是，作为过去取得的一切自由的基础的是有限的生产力。"[1] 区别于其他思想家，马克思对自由的理解是建立在物质基础之上的。在他那里，自由从来不仅仅是一个形而上学概念，而是事关人的现实生活的历史实践问题。自由是以过去

---

[1] 《马克思恩格斯全集》第 3 卷，人民出版社 1960 年版，第 507 页。

所积累的所有物质财富和未来所展示出的生产的能力和限度为根本的，只有如此，自由才能成为一个实际的话题。工业革命带来了生产方式和产业分工的革新，使社会生产效率极大地提高，人们借助工业革命的伟大成果实现了相对于必要劳动时间的独立性。工业革命通过对传统生产方式的改革，改变了动力的产生形式，继而依靠煤炭、石油等资源实现了人的力量的飞跃式发展。生产效率得到了指数级的增加，人们的生产效率大大地提高了。与此同时，虽然生产力的发展同时带来了人的需求和欲望的变化，但是总体来说，人们依靠物质世界的极大丰富在某种程度上摆脱了对自然生产的依赖，社会必要劳动时间在某种程度上降低了。人们花费在生产物质生产生活资料上的时间越来越少了，人们在理论上有了更多的自由时间。由此我们就可以看出必要劳动时间和自由时间两者所呈现的一种负相关的关系。这无疑是工业革命的伟大成果，也是辩证地理解资本主义生产方式的最佳视角。

人们从原始的、对时间的混沌理解转变到了界限分明的现代时间作息，原则上人们的必要劳动时间会越来越少，自由时间会越来越多，以此才能为自由个性的发展提供一定的空间。资本主义生产方式对生产和生活时间观的改变，尤其体现在时间上的这种分割上，正是这种时间的划分才真正创造了属于人的自由时间。起码人们在必要劳动之外，能够有时间从事符合自由个性的任何事情。对于这一切尤其是如何分配这种时间的比例，扩大自由时间的幅度，我们只能从资本主义的自身发展中得到希望，所以说，"工业资本主义的历史可以被描述为雇员花在工作上的时间长度不断缩减的历史"[①]。这是人们能够获得自由时间的历史前提。资本主义生产方式极大地节省了人们在基础物质生产上所花费的时间，从而为人类实现更大的可能创造了机会。因为从总体上说，"社会发展、社会享用和社会活动的全面性，

[①] [英]约翰·哈萨德：《时间社会学》，朱红文等译，北京师范大学出版社2009年版，第7页。

都取决于时间的节省"①。从微观上说，个人能够按照自己的需求和爱好来安排自己的时间、展示出自由个性的可能性，也必须是在获得自由时间的前提下，即有足够多的、属于自己的、能够被自己所支配的时间的前提下。所以我们能看到，从根本上说，资本主义生产方式不断革新自己的技术"并不是为了获得剩余劳动而缩减必要劳动时间，而是直接把社会必要劳动缩减到最低限度，那时，与此相适应，由于给所有的人腾出了时间和创造了手段，个人会在艺术、科学等等方面得到发展。"② 资本主义在本质上实现了自由时间的增加，在技术层面实现了人可以从社会必要劳动中解放出来的可能，这从现代工业不断去工人化的历史趋势中就可见一斑。在未来的生产力革新中，人们所要做的是不断地增加自己的自由时间，给自身的自由个性的实现留下充足的空间，并从中发展出新的对社会和个体有用的价值，以此完成马克思所谓的人的自由和解放。所以，我们可以看到，在这里"马克思把人的自由问题还原为自由时间的问题"③。相较于传统思辨哲学，自由这一概念在马克思这里有了历史唯物主义的视域，自由成为一个和社会历史紧密相关的实际话题。随着马克思对黑格尔哲学的扬弃，尤其是对市民社会和国家关系的重新思考，我们看到"马克思把自由问题与创造自由时间（free time）联系起来是完全顺理成章的。创造自由时间的一个重要方面就是缩短劳动时间。在这个意义上，他可以把必然与自由的问题转换成劳动时间与自由时间的关系问题"④。

因此，资本主义生产方式积极的历史作用在于，它对生产力和生产效率的提高促进了人的独立性，人们越来越有机会从社会必要劳动时间中摆脱出来，从而积极地创造更多的自由时间。虽然人们的时间在某种程度上存在着被资本家利用的可能，但是从根本上说，雇佣劳

---

① 《马克思恩格斯文集》第 8 卷，人民出版社 2009 年版，第 67 页。
② 《马克思恩格斯全集》第 8 卷，人民出版社 2009 年版，第 197 页。
③ [德] 施密特：《马克思的自然概念》，吴仲昉译，商务印书馆 1988 年版，第 153 页。
④ [捷] 科西克：《具体的辩证法——关于人与世界问题的研究》，傅小平译，社会科学文献出版社 1989 年版，第 164 页注 52。

动对人的社会必要劳动时间的明确化，以及人们工作时间的不断缩减（或者说最长工作时间上限的设定），都开始诉诸一种把时间归还给个人的努力，只有如此，人的自由和解放才是现实的。随着社会大众对资本的抗衡，人们越来越能够获得必要劳动时间和剩余劳动时间之外的自由时间。不管是双休制还是带薪节假日的推行，都是人类在社会发展的前提下所争取的时间的一种平衡。还有一种理想状态会使这种时间的矛盾迎刃而解，这就是随着社会分工的发展，人们有了必要劳动时间、剩余劳动时间和自由时间统一的可能。在社会分工下，人们有了越来越大的自由去进行职业选择，在满足自身基本需求的同时还能够创造出剩余价值，为他人或社会提供物质或精神的财富。更重要的是，这种劳动符合自身的个性需求，人能够在劳动过程中实现自由个性的展现。这是社会分工的理想状态，由此也就真正地达成了自由时间和劳动时间的统一。

需要警惕的是，资产阶级主导的工业革命制造了大量的失地农民和失业的手工业者，他们都被卷入资本主义的大工业生产中，成为新的无产者。在这种转变下，人们的社会必要劳动从自然领域转移到工业领域，人们把过去花费在自然界的时间全部转移到了工厂里。人们除了为满足自身的需求而劳动外，还服从于资本家资本增殖的欲求。于是，传统的社会必要劳动时间和自由时间，人们和生产时间的关系发生了一种质的变化。另一方面表现为必要劳动时间的不断减少，一方面表现为自由时间被剩余劳动时间不断挤压，这从根本上影响了人们对于时间的观感和衡量。人们的时间被重新划分了，"因此，对于很多工人来讲，时间越来越明显地被分割成所有者的时间、工作的时间和他们自己的时间，即（理论上的）休闲时间"[①]。应该如何分配时间，如何在有限的自由时间内发展自己，对此我们将在下一章展开探讨。

---

① ［英］约翰·哈萨德：《时间社会学》，朱红文等译，北京师范大学出版社2009年版，第104页。

(二) 人从传统时间观中实现的独立

伴随着从农业、手工业到工业的发展,人们从对使用价值的创造转换成了对交换价值的追求。人们生产的界限不再是满足自身的生活需求或者生产一定的剩余价值,而是追求财富本身,追求无尽的交换价值。由此,人们开始强调生产总量的多少,更重要的是开始直接强调单位时间内的生产效率,人们之前较为模糊的生产方式在这种效率优先的情形下开始变得不合时宜。其实,在雇佣关系刚刚出现的时候,雇主就已经开始"计算被雇佣者的每日工作为他们带来的预期收入"①。因为雇主本人内在的对财富的敏感,生产者开始关注效益的多寡及单位时间内的劳动量,于是,人们需要进行更加严格的时间测量和划分。其实,从"线性时间出现后,大家愈来愈希望能有更准确的时钟和历书来切割和测量时间"②,但只不过到了工业社会,这种需求才成为分外迫切和有物质技术支持的东西。由此导致的总体社会风貌变化便是人们对时间的关注从较为模糊的过去—现在—将来的模式中跳转出来,越发开始关注现在、当下,因为对于资本家来说没有什么比把握好现在更重要的了。

生产方式的变化要求我们有更加严格和精准的时间管理。过去和未来的时间只在抽象和思辨的层面才有量化的必要性,于是人们把对时间的关注集中到当下,人们以时间的量化和数字化摆脱依靠自然理解时间的方式。虽然从根本上说,人们对时间的量化和科学化也离不开自然因素,但相比于传统社会对时间的理解,这种对自然的依赖已经完全以科学为蓝本了。分秒的切割方式完全摆脱了依赖传统对时间做自然性和原始性的理解,人们告别了对自然朴素的依赖,建立起对时间独立的理解方式,其中不得不提的就是时钟的发明。通过这样一

---

① [英]约翰·哈萨德:《时间社会学》,朱红文等译,北京师范大学出版社2009年版,第103页。
② [加拿大]福尔克:《探索时间之谜:时间的科学和历史》,严丽娟译,海南出版社2016年版,第90页。

项技术革命,"人类发表宣言,脱离太阳独立,证明他能够成为自己的主人,掌管周围的环境"①。人们对时间的掌握越来越严格和精准,人在某种程度上摆脱了自然直接赋予我们的时间感知形式,依靠生产和科技的进步重新获得了对时间的主动权,以符合自己的方式重新定义时间。到了现代,人们对时间的理解已经基本上脱离了朴素直观而成为一种抽象的概念,比如福尔克在《探索时间之谜:时间的科学和历史》中认为,到了"17世纪末,时间在人类心目中已经成为向前不断行进的抽象个体,不受人类活动的支配"②。当然,这种对时间的理解方式不仅仅是在抽象的理论中完成的,更多的还是在社会生活中实现的,或者更直接的是依赖于钟表的出现。现代人的基本状态就是,人们开始依靠钟表而不是依靠自然来获得对时间的感知。人对时间的这种新型认知方式使人能够摆脱对自然的依赖,实现了自身对外部世界的独立感知。也就是说,时钟的出现影响了人的生产和生活方式,这种影响实现了人相对于自然时间的独立。

从深层次上讲,人从传统时间观中的独立不仅影响了人的生产和生活,而且使人们对于意义和价值的理解发生了重大的改变。在传统的线性时间观和循环时间观中,人们依据事件的前后相继性会主动寻找事件中的因果关系,并且会格外重视价值的同一性。人们在对同一性的不断追问中会用整体价值和宏大叙事来建立人的意义世界,人们的生活和生存需要这样一种先天的解释来解答人生的诸多疑问。即便生活天生地处于一种价值"绑架"中,人们也乐此不疲,过去的历史所做的只不过是更新和调整这种价值和意义的框架而已。人们对时间的探究包含了对过去的记录和反思,也包含了对未来的设想和规划,人们在传统的时间观中面对的是有限性和无限性的矛盾。到了现代社

---

① [加拿大]福尔克:《探索时间之谜:时间的科学和历史》,严丽娟译,海南出版社2016年版,第53页。
② [加拿大]福尔克:《探索时间之谜:时间的科学和历史》,严丽娟译,海南出版社2016年版,第89页。

会，随着时间感的弱化和认知能力的扩展，人们不再相信自己所假想的未来中可能存在理想的彼岸世界，生死轮回不再具有说服力。人们也不再重视过去的历史，而是认为历史的话语情境已经改变，经验在当下失去了它的有效性。人们越来越放弃了传统的时间感受，放弃了建基于其上的意义和价值世界，无限的幻想在无限的时间中成为妄想。由此导致的是，过去和未来都成为多余之物，人从追求无限性和永恒性的幻想开始追求有限性、瞬时性的满足，也就是现在和当下的满足。这种满足不再是有限性相对于无限性的满足，而是在不确定性的世界中寻得的确定性的满足。当下人们越来越需要确定性来获得心理归属和安全感，过去和未来都成为次要的内容。具体说来，人从过去中独立出来了，过去的经验不再是金科玉律；人从未来中独立出来了，未来的幸福湮没在当下的纷繁复杂中。"事实表明，我们越来越不关心未来将给人类带来的幸福，越来越不关心将使我们获得幸福的进步。我们不再相信未来是闻所未闻的幸福的仓库，未来的幸福能使目前的欢乐相形见绌。"① 人们的历史感消失了，永恒的概念也就消失了。生活和生命的意义不再是追求流芳百世，追求永恒；人们也不怕遗臭万年，人们只从当下或可及的快乐中获得生命的全部意义。

在传统观念中，时间是人的现实生命得以展开的最重要的维度，是衡量生命长度和意义的主要标准。时间是人的存在的肯定形式，这种肯定在于积极地和时间产生关联，把有限的时间作为生命的限度，强调单位时间内人的发展和存在的意义。但现如今，历史感的弱化也同样弱化了人类对于生命本身的感知能力，我们对时间的理解使我们陷入一种矛盾中：时间的珍视与历史感的弱化。这里所说的时间的珍视是对当下时间的极度关注，人们追求即时性的快乐，好像这些机会稍纵即逝，人们把所有的价值和意义都寄托在这些瞬间里，之前和之后都是模糊和空洞的。人们珍惜的只是瞬间和当下，对于传统生活

---

① [英] 鲍曼：《被围困的社会》，郇建立译，江苏人民出版社2005年版，第141页。

中的历史和未来，人们把它当作一种负担。人们放弃了从无限中获得快乐和幸福的可能，只有当下才可以是被把握到的。这就是现代社会给人造成的一种生活和生命中的无意义的来源，詹姆逊把它称为晚期资本主义中的一种文化逻辑。后现代的特性通过日常生活中的时间、空间、艺术等形式表现出来，但总体上可以看出的是，"后现代给人一种愈趋浅薄微弱的历史感，一方面我们跟公众'历史'之间的关系越来越少，而另一方面，我们个人对'时间'的体验也因历史感的消退而有所变化"①。从宏观上说，我们与自己民族、文化之间的关联越来越少了，历史对于现代社会的指导意义越发微弱，历史被我们抛弃掉了。不仅历史，而且时间本身的意义也变得不重要了，越来越多的人在现在这一刻停留一生（诸多生命没有真正意义上的未来意识，无意识地得过且过的姿态在生活中随处可见）。

人们从历史和未来独立出来的结果还导致了死亡和永恒等话题成为生命不可承受之重。传统的价值和意义世界被解构了，可贵的精神财富也不再受追捧，传统生命意义对人的限定基本上失效了。人们在传统时间中建立的价值体系实际上是对人的本质的限定，是对人生可能性的一种现实表征。但是如果以往的价值体系不复存在了，如果认为原来的对时间及其意义的理解是一种伦理追求，那么在现代人看来，这个意义本身也不应该是一个僵化的和专制的存在，它作为伦理追求的意义应该是生成的和变动的。因此，时间观念的变化自然而然地使人们产生了心理上的变化。人们不再依赖传统意义上的时间了，即重视时间中的未来和过去。人们开始更多地依赖于现在、当下、这一刻，这一刻或许是时间性的，或许也不是时间性的。因此，人们对于幸福和快乐的感知随之产生了变化，人对永恒幸福的追求被瞬间的快乐所掩盖。正如鲍曼在《被围困的社会》中对快乐和幸福所做的区别一样：一般说来，快乐是短暂的，幸福是长久的，时间是区分两者

---

① ［美］詹明信：《晚期资本主义的文化逻辑》，陈清侨等译，生活·读书·新知三联书店1997年版，第433页。

的唯一标尺。"不管是快乐还是幸福，它们都同时间有关；确切地说，它们同时间的消失有关。"① 但实际上，现代人所追求的快乐在本质上已经和时间本身没有直接的关联了，时间作为自由的维度已经失去了它的存在论意义。现代时间观念的变革导致了人们越发沉浸于表面化的满足，使"人类乐趣的容量是如此之小，以至于它在瞬间就能装满，兴奋随后就会让位于倦怠和麻木"②。但是，事实是人们只关注快乐，而不追求幸福了。人们抛弃了长久地获得快乐的可能，否定了传统价值和意义，使时间的意义，尤其是通过时间积累才能达成的意义成为一种笨拙的存在。相对来说，短暂的快乐因为没有时间维度，它只能从具体的物质刺激中获得，通过具体事物来达到感官上的愉悦。但从根本上说，"迷恋感官快乐削弱了获得永恒幸福的机会"③。除了时间的消解外，货币的出现也对永恒意义的消解产生了重要的作用。作为交往中介的货币实现了人和物品本身的割裂，使人的价值和事物的价值都成为抽象的货币符号。在实际生活中，人们从对特定价值的追求转变成对货币的追求，人们能够从这种追求中获得的满足原本是作为生命的巅峰体验而存在的，现在这种体验让位于货币的积累并占据其生活的绝大部分。对现代人来说，货币成为人们最主要的价值，使人们陷入欲望的无底深渊，永恒的意义虽然崇高但不切实际，因为"金钱这样的人生目标却是人随时可以期望或者追求的"④。人们不得不每时每刻都停留在这种期待和操劳之中，于是，不满足成为常态，快乐和幸福反而成为偶然。相比较而言，"前现代的人生目标乃是一个恒定、潜在的生活目的，而不是一种'持续不断的刺激'。如今，金钱成了现代人生活最直接的目标，成了'持续不断的刺激'。从前，宗教虔诚、对上帝的渴望才是人的生活中持续的精神状态，如今，对

---

① [英] 鲍曼：《被围困的社会》，郇建立译，江苏人民出版社2005年版，第123页。
② [英] 鲍曼：《被围困的社会》，郇建立译，江苏人民出版社2005年版，第123页。
③ [英] 鲍曼：《被围困的社会》，郇建立译，江苏人民出版社2005年版，第130页。
④ [德] 西美尔：《金钱、性别、现代生活风格》，顾仁明译，学林出版社2000年版，前言第5页。

金钱的渴望就成了这种持续的精神状态"①。

时间作为生命展开的基本维度，在过去的所有时间里都是人生意义和价值的根本。但是，随着人们感知世界方式的变化，人们越发从这种对传统认知中走出来，实现自己的独立。之所以说是独立，是因为人们由此能够摆脱外部的价值尺度，从自我内心出发发展自己的自由个性。人从传统时间及其意义中的独立过程是现代日常生活的一个重要方面，它虽然造成了一定的问题，但在积极意义上，我们可以看到这种独立性使人开始更多地关注自身，关注现实。它实现了精神的真正独立，使人从背负的外在生命意义中解脱出来，使生命的自由表达成为可能。事实上，人们对于幸福本身的需要并没有改变，人们只不过是把这种之前从时间的流淌中汲取的珍贵生命体验转移到了日常生活中的每一个角落。于是，瞬间也便成了永恒，我们或许又可以从美术、雕塑艺术中看出新的生命意义来。而且"在新版的不朽中，每一个人都有机会获得一种比生命更长的存在，即死后的存在，尽管他们的资产可能是贫乏的。没有一项特权是为少数幸运的个体预留的，现代社会为每一个人都提供了获得不朽的机会"②。区别于传统的社会价值和意义世界，人们在时间的长河中探寻生命的真谛，现代时间观念使每一个个体在每一个时刻都能获得有价值的生命体验。由此产生的结果便是，每一个人都可以较为自由地获得之前需要时间堆积的生命体验，而且这种机会不分阶级、不分差别。虽不说是唾手可得，但也是每个人都可以依靠自己的方式获得的。

（三）本土时间中的独立和全球时间标准化

在不同的民族和文化背景下，众多文明都创建了自己的时间体系，这也就是所谓的本土时间。在资本主义市场的不断扩展中，以全

---

① [德]西美尔：《金钱、性别、现代生活风格》，顾仁明译，学林出版社2000年版，前言第5页。

② [英]鲍曼：《被围困的社会》，郇建立译，江苏人民出版社2005年版，第131—132页。

球化为趋势的时间标准化逐渐与本土时间产生了矛盾和冲突。在这一过程中,人们不断地从本土时间中独立出来,越来越多地投入全球化的标准时间中。

由于自然因素的主导作用,本土时间既展示出了诸多时间上的共性,也掺杂了各民族自身的文化。一方面,这种自然依赖体现在时间体系与天文现象的直接关联上;另一方面,在时间的具体划分和标记中,各民族都把自己的某种文化基因注入其中,使之成为民俗节庆的重要部分。人们之前对时间的理解都是空间性的,都是和自己所属的环境紧密相连的,人对时间的理解离不开自身环境的影响。在传统社会,时间是和空间紧密联系在一起的,空间的特殊性决定了人们对时间的感知和使用。比如在不同纬度地区,或者说在同一个国家的不同经度之间的差异,这种差异作为一种客观实在存在着并没有什么问题。但是,到了现代社会,即世界慢慢成为一种世界历史的时候,这种差异性就成为显著的甚至不利的存在,这种不利带来了诸多生活习惯、贸易上的不便。比如,"随着19世纪资本主义发展过程中运输和交往的迅速发展(铁路和电报),单一的时间标准在社会上被普遍地强迫执行"①。在交往的普遍发展下,在世界历史的形成过程中,人们对本土时间的理解成为一种历史。人们虽然一直保持着测量时间的兴趣和努力,但是直到大航海和现代工业革命时期,人们对时间精准的需求才越发迫切。"当空间距离逐渐缩小,世界各地成为近邻,人类就感觉到时间计算方面的不便和麻烦,现代文明要求有一个综合性的时间体系把时间这一抽象概念具体化。"② 在此之前,人们各自生活在自己相对固定的狭小范围之内,人们都把太阳升到中间位置的时候当作十二点,并以此来指导自己的日常生产和生活,这在各个民族都是

---

① [英]彼得·奥斯本:《时间的政治》,王志宏译,商务印书馆2004年版,第57—58页。
② 转引自俞金尧、洪庆明《全球化进程中的时间标准化》,《中国社会科学》2016年第7期。

一种常态。但是，交通的变革扩大了人的行动范围，人们对时间的统一性要求成为问题。在全球化背景下，人们从本土时间中独立出来，趋向于使用同一的时间体系。这是因为随着生产力的发展，资本主义在最大的范围内扩展其原料地和市场，对建立普遍社会交往的需求不断扩大。也就是说，"一旦人类文明分散发展的局面被打破，人类的交往范围得到进一步扩大，而且交往越来越密切，那么，来自不同社会文化背景的人群就很难守着各自所熟悉的时间观念和规则长期维持这样的交往"[1]。媒介和交通技术的革命对时间的统一化提出了更高的要求，人们对世界时间的参与变成一种生活的必需。在这个过程中，本土时间适用的使用精度和限度都出现了一定的问题。从微观上看，产业方式的变革和劳动分工的细化对时间的划分要求提高了，而外在的交通、媒介的变革对时间统一的诉求提高了。在这种变化中，实用性、科学性时间占据了主导权，本土时间应对粗糙的农业时代尚可，但是到了更加精细的工业时代，它的描述能力就变得相对较差了，对科学性低的时间的挤压实际上就是对低级产业方式的挤压。

简要说来，时间的统一化和标准化经历了诸多阶段。"从天主教会的格列高利历发展为全世界通用的公历，格林威治经线被国际社会认定为本初子午线，到世界各国逐渐采用统一的全球时区体系，我们看到，随着全球化的发展，全球时间标准化在不断推进。"[2] 于是，在本土时间，也就是自然时间不适用于复杂的社会交往时，人们创造出了统一的社会时间，这种时间体系使世界统一在一种时间刻度内，也就是说，"全球化导致人类在全球交往层面上的时间趋同"[3]。全球化进程中的时间标准化是一个极其漫长的过程，它展示了全球化从宏观层面到微观层面的变化。所以我们可以说，"时间的标准化，既是全

---

[1] 俞金尧、洪庆明：《全球化进程中的时间标准化》，《中国社会科学》2016年第7期。
[2] 俞金尧、洪庆明：《全球化进程中的时间标准化》，《中国社会科学》2016年第7期。
[3] 俞金尧、洪庆明：《全球化进程中的时间标准化》，《中国社会科学》2016年第7期。

球化进程的产物，同时也是推动全球化向纵深发展的重要因素"①。在这个过程中，时间的标准化与本土时间的矛盾冲突在所难免。以中国为例，在近代时间统一化和标准化过程中凸显了人们从本土时间独立出来的艰难。

中国的西化运动虽然开始得并不晚，但是直到民国政府成立，中国才正式启用公历，这种转变在有着悠久农耕文明的中国更加艰难。在公历颁布之初，有人就发出了这样的言论："你爱摩登，可遵新历；我是老朽，且从夏制。"在国人眼中，时间的标准化被理解为一种纯粹追寻时尚的结果，人们在这种变革中更倾向于保持传统。除了这种民间的不理解外，诸多媒体也表达了这种时间标准变更所带来的可能后果，以一种理性且克制的口吻表达了对本土时间的消亡所持有的谨慎态度。一个国家的时间体系是"一国之习惯，积数千年之政教之历史之风俗而成者也，事既成为习惯，即如第二之天性，虽百变而不能离其宗"②。时间体系作为个体生命和国家民族的历史标尺，凝聚在各个民族的血液中，是社会风俗的重要组成部分。面对这样一种历史遗产，我们应该充分尊重这种历史经验，宽容地对待历史遗产和精神财富。进一步来说，"中国旧历已沿用数千年，与历史文化之接触甚为密切，若端午中秋，重阳等令节，小之为神话，为历史，大之则为文化之所等，非可根本抹煞者也"③。所以，不管是在微观还是在宏观上，旧的时间体系都有着难以撼动的意义。国民政府对于极力推动时间体制改革所给出的原因是："一便于记忆，二进于世界大同，三预算年度，减少岁闰麻烦。"④从这些官方说辞当中可以看出，官方首先把民间的诉求放在了第一位，对现实利益进行了隐晦的表达。对于推动旧历向新历的变革，政府实际上不仅出于现实的经济目的，更重要

---

① 俞金尧、洪庆明：《全球化进程中的时间标准化》，《中国社会科学》2016年第7期。
② 《论改革旧习惯之非易》，《大公报》1912年2月9日。
③ 《废除旧历宜顾实际》，《大公报》1929年1月31日。
④ 转引自郭辉《国家纪念日与现代中国》，社会科学文献出版社2019年版，第47页。

的是也体现了新式中国与旧制度决裂的决心。在传统与现代的角斗当中，最终形成了两者共存的局面："惟习俗相沿未可以朝夕废，故旧历月日仍附注于阳历月日下，以从民便。"① 在本土时间与全球时间的标准化中，中国的旧历和新历最终实现了一种相互的妥协，直到今天，我们仍然延续这种时间共存的局面。现在，伴随着农业生活的日渐缩小，人们对于农历的依赖程度也进一步降低，全球化的程度越高，人们对本土时间的依赖性就越低，人们就越能实现从本土生活的独立。

在全球化背景下，全球性的产业分工不断发展，产品在全球范围内进行资源配置已经是现代资本主义生产的主流形式，也就是说，"工业革命的发展提出了提高劳动同步性的要求"②。人们统一在一个全球市场内，在这种普遍的世界历史交往中，人们必须放弃本土时间，从而寻求时间上的统一性。由此，世界被真正地联系在了一起，这种联系不仅是马克思的"世界历史"概念，而是实实在在的历史本身。

> 一旦世界的标准时间在全球范围内固定为可能的行为共时态化的媒介（以及随后通讯技术使这种共时态化成为现实），"历史即世界历史"的观念就在现实中获得了他以前只是在思辨的思想中拥有的东西：把人们认为的一系列在根本上是独立的（也可能重叠的）历史进行总体化的基础。③

世界由此真正地成为一个整体。资本主义生产不仅实现了时间的统一，而且真正地实现了历史的统一。它把全球事物普遍地联系起

---

① 左玉河：《评民初历法上的"二元社会"》，《近代史研究》2002年第3期。
② ［英］约翰·哈萨德：《时间社会学》，朱红文等译，北京师范大学出版社2009年版，第105页。
③ ［英］彼得·奥斯本：《时间的政治》，王志宏译，商务印书馆2004年版，第58页。

来，建立起全球性的交往关系，并由此消灭了时间和空间上的隔阂，而之所以能够实现这种普遍的共时性交往，是因为"时间上的量化：世界的标准时间"①。

本土时间的消亡也就是时间的空间性消亡。在全球化背景下的时间标准化使人与自然的联系进一步被剥离了，与此同时，人与原始共同体的联系也进一步被剥离了。人们生活在一个全新的时间维度中，在这种维度里，人们取消了最后的身份特征，真正地从自己的身份背景中分离出来，实现了世界交往层面上的独立。

二 现代空间与人的独立性

空间是人类生存和活动的基本维度，随着资本主义生产和城市化的发展，人与空间的联系也发生着巨大变化。人们主动或被动地从对空间的依赖性中摆脱出来，实现了相对于现代意义的空间独立性。

（一）产业变革与空间流动

生产方式的变革带来了社会分工的巨大变化。在农业阶段，人们聚集而居，依赖共同的土地和水利资源进行农业生产。但是到了工业革命时期，劳动生产方式发生了巨大变化，工业增加了对劳动力的需求，产业的集聚造成了人口的集聚。这种人口的群居是与传统农业的聚居生活截然不同的。手工业对农业的改变，工业对手工业和农业的改变，它们的一致性在于社会生产不断摆脱资源的决定性作用，在市场、交通、基础设施建设等方面综合取舍。商品生产成为城市工业的重要组成部分，工业成为城市的主要产业，由此带来的就是游民的大量出现和劳动力向城市的聚集。这是人们与生存空间脱离的主要原因。

在这个过程中，实际上存在着两种力量：一种是土地的集中所带来的农民的无产化，另一种就是产业的吸引，在这两种力量的作用

---

① ［英］彼得·奥斯本：《时间的政治》，王志宏译，商务印书馆2004年版，第58页。

下，人们或主动或被动地投入城市生产中。首先，人们从乡村来到城市或郊区，人和生产以及市场更加紧密地联系在一起。起初，只是一小部分人愿意接受这种在陌生空间生活的状态，他们一方面是缺乏改变生存境遇的迫切动力，另一方面是对未知充满恐惧。但现在，尤其是在产业更替的中国，人们的空间流动已经成为一种常态。起初，只是拥有冒险精神的人愿意去"外面"寻找机会；现在，"冒险"的意味被淡化了，人们与自己生存空间的脱离成为现代中国人的一种宿命，尤其是对于中国农民来说。当然，当克服与本土生存空间脱离的心理负担后，最能够促进这一现象的是产业本身的吸引力，或者说社会财富本身的吸引力。相较于传统的农业生产，人们从工业生产中能够获得更多的劳动"报酬"，人们的劳动能够得到更大的回馈。

在现代社会，人地矛盾出现了新的历史变化。对农村和农业来说，土地的作用发生了一定的变化，产业革命已经淘汰了很多地区的农业生产。现代农业的发展方向是集体化和产业化，人们依靠机械的大规模使用极大地提高了劳动生产效率，解放了大部分的劳动生产力。这使得在狭隘的土地上进行耕种的劳作方式缺乏市场竞争力，劳动的投入和产出比极其失衡。其中最宝贵的是劳动力本身，在农业生产中，农业劳动的产出与工业、服务业的产出悬殊极大，人们不得不放弃对农业生产的依赖性，继而转入其他行业当中去。此外，随着人口的增加，人均土地也大量减少，土地与人口的供求关系已然发生了巨大的变化，离城市越近的地区这种情况就越严重。城市化的扩展增加了城市对土地的需求，城市人口的集聚也增加了土地的使用规模，城市向周边的扩展就成为自然而然的事情。尤其是在工业和房地产、旅游业的挤压下，城市周边的人们不得不面临一种生存空间的巨大变迁，人们被迫卷入空间的流动中来。即便这种流动性并不大，但是这种变化也使得传统的生存空间消失不再，传统的社会关系变得支离破碎，人们被迫从一种熟人社会中独立出来了。

我们不能忽略的一个事实就是，空间流动的成本大大降低了，这主要体现在金钱和时间两个方面。现代社会创造了巨大的物质财富，人们满足于自己的生存能力不断获得提高，人们的"恩格尔系数"不断降低，也就是说，人们进行空间流动的经济条件获得了极大改善。现代资本主义为了增加商品流通的速度，使得交通的状况不断得到发展和革命，交通网络不断丰富和发展，人们的交通成本得到了全方位降低。除了金钱成本的降低外，对人们的空间流动产生更重要影响的是时间成本的降低。交通方式的重要变革就是时间上的缩短，人们发展交通方式的终极目的就是利用时间的缩短来消灭空间上的隔离。交通方式的发展不断缩减时间的成本，人们空间流动的成本真正降低了，人们出行的欲望大大增加了。

在人们空间流动的过程中，人们活动空间的扩大也使人的身份增多了，人们嵌入一种更加复杂的社会关系当中。与此同时，人们的自我归属成了一个复杂的问题。身份的增多带来的是人的社会关系的相互交织，人们属于不同的社会集群，而不仅仅是自己的宗法关系。在所有的现代社会条件下，人们可以不断地变换自己的身份属性，可以较为容易地从各种不同的社会空间中独立出来。

(二) 都市生活与人的独立性

进入城市生活的实际影响是人们进入一个新的生存空间，而都市生活方式和空间的样态从人们的日常生活出发，培养了现代人的独立品格。在现代生活的意义上，这是影响现代人社会心理的重要方面。

在传统的农耕社会，人们以氏族家庭为单位集聚在一起，人们之间普遍地存在着血缘或伦理上的关系。这种连接方式使社会关系展示出较强的凝聚力，人们的社会归属意识和自我认同能够以一种简单的方式完成。在这种情况下，人们对这种传统共同体有着天然的依赖，这种依赖培养了人的安全感。伴随着产业转型中的空间流动，人们开始脱离自己的成长地域，进入城市空间当中。城市空间中人的社会交往完全与传统社会不同，这种差异造成了人的独立感。在居住问题上，城市空间的选择完全抛弃了以血缘氏族为纽带的连接方式，人们更多地依靠现实的利益来选择具体的居住地。现代都市空间已经不是单纯意义上的居住空间，而是与生活质量、教育机会、职业规划、代际阶层流动紧密地联系在一起。所以在总体趋势上，城市是混杂居住的个体的集合，混居在一起的人们并无任何实际上的关联。社会更像是随机地组合在一起的松散共同体，人们虽然形式上生活在一起，但是每个人又都独立于这个空间。人们在城市中很难形成类似于传统共同体的社会组织，人们的社会组织超出了地域的界限，在都市空间中，人往往是以单个家庭的方式独居，人们更像是飘浮在都市上空的无根式的原子。

除了生存居住中的独立性外，城市生活与传统生产方式在生产协作的层面也存在巨大差异。在农业社会中，人们以家庭为单位的生产方式决定了人的劳动沉溺于一种原始的完满性中。在这种原始的人和自然的互动关系中，人们自觉地以家庭为单位，个体需要了解农业生产的各个步骤，熟悉各种农业技巧，以这样一种原始的丰富性展开自己的生产活动。在这一过程中，社会成员之间存在着粗略的社会分工，但这种分工并不具有决定性意义。人们可以轻易地变化自己在农业生产中的位置，根据需要来选择自己的实际劳动。在城市劳动中，人们的分工有了较强的区别意义。一方面，人从一种原始的自然分工中解放出来，实现了自己的分工自由；另一方面，人的劳动从一种整全性的劳动中独立出来，成为社会分工的精细化。所以，在城市生活中，人们普遍地有着相对独立的分工领域，每个人都有自己擅长的领域，而在其他领域中，别人或许又成了专家。

与传统生活方式相比，城市生活中人的情感满足方式也发生了巨大的变化，这种变化进一步强化了人的独立感。脱离开传统的共同体，人们的情感世界就变得极为简单，原来丰富饱满的社会关系一下子变成了空无。在现代城市人的世界里，普遍存在着一种亲情、乡情向情感缺失的转变。新的社会关系并不能够真正地满足或者替换这种情感上的需求。现代都市人生活在一个普遍陌生化的世界中，人与人之间的关系简单且清晰,人们对于如何从这种新型的交往关系中实现自己情感上的需求并无太好的办法,现代人被迫从一种情感依赖中独立出来。这为人的自由个性的发展提供了前提条件,培养了现代都市人独立的品格。在这种情感需求的变化中,人从这种原始关系的解除中能够重新思考个人诉求,真正地使人建立起自己的情感世界。传统的情感依赖依托于个人和共同体的关系,发展出一种影响力极深的个体行为方式,人们只有从这种先天的情感依赖中解放出来,才有可能走向真正的自由个性。

当然,城市生活与人的独立性的最直观体现就是城市空间形态培育了现代人独立品格。都市空间作为一种抽象的意识形态,它以一种相对晦涩的方式表达了现代社会的精神特质。"现代性从本质上讲是一种后传统秩序。时空转型与脱域机制一道,驱使社会生活脱离固有的规则或惯例的控制。"[①] 在空间问题上,现代社会在一种新的时空秩序中实现了和传统生活的割裂。现代都市空间完全颠覆了人对空间的常规认知,人对空间的亲切感转变为一种陌生感。面对富丽堂皇的摩天大楼,我们深感它的不可接近性。"我们通过那些深具寓意的运输机器而踏足饭店大堂之际,空间的经验使人感到茫然若失。"[②] 人类对空间的传统经验并不能使人应对这种新变化,两者存在着本质上的差别。现代城市规划使普通人完全失去了依据自然景观判断地理位置的可能性,传统生存论意义上的空间好像消失了,代之而起的是微观化的现代景观。人们所面对的是一种新型的空间关系,人们在这种新型的空间关系中培育出了现代人的独立品格。在更加微观的层面,城市空间的诸多细节变化也使人培养起了独立精神。在现代社会,私人领地和公共空间的划分展示了一种主体性的胜利,而社会空间的划分也

---

① [英]吉登斯:《现代性与自我认同》,赵旭东等译,中国人民大学出版社2016年版,第19页。
② [美]詹明信:《晚期资本主义的文化逻辑》,陈清侨等译,生活·读书·新知三联书店1997年版,第494页。

展示了一种无处不在的隔离感。现代社会空间强化了人对城市空间的所有权,每个空间都能接纳一定的社会成员,但是大部分社会成员被隔离在空间之外。小区门禁、安保措施、栅栏等空间隔离措施使空间之外的人有种自卑感,作为独立于特殊空间的社会个体,能够认可个体存在的空间并不多,人们自然地独立于诸多城市空间之外。

第三章　现代人的自由前景：人的独立性与自由个性的实现

现代人依靠对物的依赖实现了人相对于传统生活方式的独立，这种独立为人类创造自己的理想生活，发展自己的自由个性提供了前提条件。资本主义创造的巨大物质财富建立了人对物的依赖性，也培养了现代人的独立，这种新的依赖性应该在辩证的意义上得到揭示。马克思把人的自由解放作为其终生事业，依靠对资本主义生产方式的批判为我们揭示了自由的实现路径。但是，从根本上看，人的自由个性的发展就是以资本主义所创造出的巨大物质财富为前提的，人的自由发展也是以人的独立性为前提的。现代人依赖于物实现了社会关系的独立，也培养了自己独立的品格。只有在现有的社会关系中看到自由发展的可能性，才能真正揭示现代社会的辩证意义。

第一节　生产力与自由个性

人类在原始生活中和自然保持着亲密的依赖关系。在这种联系中，人们在自身发展方面还保持着一种原始的丰富性，但这种丰富性是一种虚假的和被迫的。正如贡斯当所说：

> 在发展的早期阶段，单个人显得比较全面，那正是因为他还没有造成自己丰富的关系，并且还没有使这种关系作为独立于他

自身之外的社会权力和社会关系同他自己相对立。留恋那种原始的丰富，是可笑的，相信必须停留在那种完全的空虚化之中，也是可笑的。①

在原始的社会交往中，人们并没有建立起丰富的社会关系，并不能依靠这种关系实现自身的全面发展，于是人们只能把自身能力的发展作为实现自身发展的唯一依靠。人的真正的全面发展只有到了现代社会才有可能实现，而实现的基础就在于充分的物质保障。也就是说，人脱离原始的依赖关系始终离不开生产力的发展，因为生产力发展所创造出来的生产技术、劳动工具、交换的条件等各种现实的"物"为人的自由个性提供了基础性条件，这是人类得以发展的根本原因。资本主义带来的生产技术革新使人的生产关系发生了翻天覆地的变化，人们的生活方式和社会关系也因此发生了本质变化，即从对自然的依赖关系中独立出来，能够运用已有的生产条件对自然进行改造，发现和利用自然的规律，重新协调人和自然的关系，使之能够为人的自由且全面的发展提供条件。在这里，我们主要通过马克思对人的全面发展的简要表述作为我们解读现代社会人全面发展的切入点，也就是马克思所谓的"普遍的社会物质变换、全面的关系、多方面的需要以及全面的能力的体系"。

一 普遍的社会物质交换

我们一直强调资本主义生产方式的两面性，这对理解资本生产与自由个性的问题有直接意义。资本主义生产方式在"破"和"立"的两个方面发挥着它的力量，不仅实现了对传统生产力的变革，而且为人类个体和全体的发展提供了坚实的物质基础。一方面，资本主义生产方式所导致的劳动异化和剩余价值制造了现代社会和现代人的各

---

① 《马克思恩格斯文集》第 8 卷，人民出版社 2009 年版，第 56—57 页。

种危机,并延伸到资本主义社会组织形式和现代日常生活的诸多方面;另一方面,资本主义所创造出来的物质财富却成为人类不断欲求、实现自我发展的基础条件。面对资本主义自身的诸多问题,"资本破坏这一切并使之不断革命化,摧毁一切阻碍发展生产力、扩大需要、使生产多样化、利用和交换自然力量和精神力量的限制"[①]。因此,我们可以作这样一种理解,资本主义本身也在不断地进行着自我否定。在资本主义的生活方式中,人们在把刽子手的罪恶安插到它头上的同时也享受着资本主义生产给我们带来的便利。后现代主义者在对现代社会进行批判和否定的同时,忽视了人的发展仍旧需要资本主义生产所创造出的物质财富这一现实的前提。资本主义作为一种历史形态,它的结果及其合理性应该得到清晰的阐释。如我们在上文所阐述的资本主义生产方式对人的独立性的影响一样,资本主义作为一个历史阶段,它为人类自由个性的发展提供了历史基础。因此,我们应该看到并强调资本主义的重要历史意义。相较于传统的生产和生活方式,资本主义有着现实的优越性,并对人类的生产生活起到了巨大的改善作用。

自由不是一个抽象的概念,而是现实的生活。人类的自由必须建立在充裕的物质基础上,也就是生产力的发展,以及由此发展出的完整且系统的配套体系上。在效率低下的传统社会生产中,人们对自然资源的掌握和利用极其有限,因此也决定了人的发展只能停留在原始相互依赖中。在这个问题上,马克思强调了生产力水平和人的发展程度的关系,"作为过去取得的一切自由的基础的是有限的生产力"[②],传统社会中人们所占有的物质基础不能满足所有人的发展需要,而自我的不断发展又是个体的内在生命需求。于是,依靠强力占有资源成为一部分人发展自我的方式,这也是阶级矛盾的深层原因,更是历史更迭的基本动力,这种社会的对立也就是马克思所说的"至今一切社

---

① 《马克思恩格斯文集》第8卷,人民出版社2009年版,第91页。
② 《马克思恩格斯全集》第3卷,人民出版社1960年版,第507页。

会的历史都是阶级斗争的历史"①。即便到了资本主义社会,这种由于物质占有的不均衡所导致的人与人之间的紧张关系仍然是社会历史变动的主要力量。因此,阶级的压迫与斗争从某种程度上就可以说是争夺自由个性发展的基础资料的斗争,其根本在于生产力低下而不能满足更多人的自由的实现。

在马克思看来,资本主义生产力发展的最终目的不应该是剩余价值的榨取,而应该是"培养社会的人的一切属性,并且把他作为具有尽可能丰富的属性和联系的人,因而具有尽可能广泛需要的人生产出来"②。社会生产力的发展水平决定了人的发展水平,而人的全面发展只有在社会中才能实现。因为只有社会才能发展出人的全部需求,才能发展出满足人的需求的基本条件。人想要实现自由个性的发展,只有在普遍的交往中才有可能实现。只有在丰富的个体身上,社会才能明晰应该提供哪一种产品,应该满足哪一种需求。社会所发展出来的个人同样也是社会发展的一个重要的尺度,人发展到什么程度、有什么需求、如何满足等问题都和社会生产力息息相关。此外,在生产力高速发展之时,由于大多数人都沉浸于自我满足的狂欢中,资本主义生产的背后所隐藏的剥削和阶级关系,人们因社会物质和需求的不对等、不均衡所引发的社会压迫都会得到一定程度的掩饰。随着生产力的发展,资本的阶级性质和剥削性质必然会随着物质条件的丰裕而得到缓和,加之社会秩序的不断调整,自由人的联合终将一步步成为可能。所以,抛开资本主义生产黑暗的一面(这种黑暗并非出于生产方式,其根本仍在于人),资本在其根本上应该是利于人的力量。马克思对资本主义进行批判的同时也抱有一定的乐观态度,他认为:"随着生产力的发展,资本的本性也必然在客观上趋向人的素质的全面提高。"③ 因此,从人们不断发展的需求和落后的社会生产力这一矛盾来

---

① 《马克思恩格斯文集》第2卷,人民出版社2009年版,第31页。
② 《马克思恩格斯文集》第8卷,人民出版社2009年版,第90页。
③ 孙承叔:《真正的马克思》,人民出版社2009年版,第165页。

看，资本主义生产方式对生产力的促进作用使社会压迫在某种程度上得到了缓和，而且这是解决资本主义矛盾的根本道路。我们应该承认的是，相较于传统社会的生产方式，人类较为普遍地实现了不同程度的发展。即便仍旧存在着诸多发展不平衡的现象，但总的来说，人的生活水平已经获得了极大的提升。人们已经从对自然界的完全依赖中获得了一定的独立和自由，更得益于交通和交往的发展，人们摆脱这种依赖或说束缚的需求以一种委婉的方式得到了相对的满足。这在传统的社会生产力水平中是不可能的，因为"只有资本才创造出资产阶级社会，并创造出社会成员对自然界和社会联系本身的普遍占有"①。在前资本主义的社会生活中，人们只能被禁锢在狭隘的地域上展开自己的生活和活动，从中形成的只有对自然的依赖和出于无知的敬畏。资本主义生产方式打破了原始生活的地域局限性，摆脱了对自然的物质和精神依赖，从某种程度上说实现了人的独立和自由个性的发展。这些都得益于资本主义生产的积极作用，而"资本的文明面之一是，它榨取剩余劳动的方式和条件，同以前的奴隶制、农奴制等形式相比，都更有利于生产力的发展，有利于社会关系的发展，有利于更高级的新形态的各种要素的创造"②。

在传统的生产关系中，由于生产力缓慢地发展，物质生产长久地停留在一个较低的水平，普通大众并不能从这种生产中获得直接的满足。由于各种压迫的存在，仅有的社会财富更是集中到少数的占统治阶级的人手中。与之不同的是，现代资本主义的生产方式直接革新了生活方式，在社会生产普遍扩大和物质普遍丰富的前提下，不仅生产出了人的新需求，还生产出了人的新的社会交往关系，继而创造出更加丰富的社会发展的可能性。客观地说，"作为价值增殖的狂热追求者，他肆无忌惮地迫使人类去为生产而生产，从而去发展社会生产力，去创造生产的物质条件；而只有这样的条件，才能为一个更高级

---

① 《马克思恩格斯文集》第 8 卷，人民出版社 2009 年版，第 90 页。
② 《马克思恩格斯全集》第 25 卷，人民出版社 1974 年版，第 925—926 页。

的、以每个人的全面而自由的发展为基本原则的社会形式创造现实基础"①。社会生产力的不断发展一方面有资本推进的作用,也有资本家推动生产革新的结果。只有如此,才能最大程度地降低生产成本,实现利润的最大化。正是建立在生产力的高度发展上,人的需求,普遍交往的需要和条件才越发成熟,社会才能在更大的程度上满足个体的自由发展,才能真正实现自由个性。

因此,我们应该从社会存在与社会意识的角度看待资本主义生产及其社会关系。在资本主义生产关系中,每一个人都从中最大程度地获得了自我发展的条件,在普遍的社会物质交换中,每一个人都享受着自我需求的满足,也生产着别人的需求。正如马克思所说:"每个人在为自己取得、生产和享受的同时,也正为了其他一切人的享受而生产和取得。"② 每一个人都在这种普遍的社会关系中被关联起来,这不仅实现了需求的自由,而且实现了生产上的自由。因为不同个性的人可以在这种丰富的交换体系中最大化地追求自己喜欢的生产活动,而且这种生产活动能够对某些人产生作用,满足他人一定的需求,这是普遍的社会物质给人带来的双方面的自由。所以,社会"在一切人相互依赖全面交织中所含有的必然性,现在对每个人来说,就是普遍而持久的财富"③。对于每一个个体的自由发展来说,它使我们的付出和索取都是有意义的。

二 全面的体系

生产力的发展,尤其是交通和媒介的发展为普遍交往的实现提供了现实的基础。生产力的发展已经发展出人们普遍交往的需求和动力,人们不断地扩大着相互交往的范围,以期完成自我的追求和发展。这种交往的动力最终来自对自我需求的不断满足,来自自由个性

---

① 《马克思恩格斯文集》第5卷,人民出版社2009年版,第683页。
② [德] 黑格尔:《法哲学原理》,范扬等译,商务印书馆1961年版,第210页。
③ [德] 黑格尔:《法哲学原理》,范扬等译,商务印书馆1961年版,第210页。

发展的内在动力。

世界历史、全球化的发展使人的相互依赖成为历史常态，人们在世界范围内展开自己的交往关系成为现代人生存和生活的必然结果。世界范围内的普遍连接是现代人的生存要求，资本主义创造的先进交通工具就在于实现这种全面的交往。

在现代社会，世界历史中的普遍交往主要是依靠交通和互联网的革新实现的，资本主义只有发展了这两者才能更有效率地实现世界资源的优化配置，因为"历史中的资产阶级时期负有为新世界创造物质基础的使命：一方面要造成以全人类互相依赖为基础的世界交往，以及进行这种交往的工具，另一方面要发展人的生产力，把物质生产变成科学的帮助下对自然力的统治"①。资本主义生产方式所实现的变革以及对人与自然关系的改变实际上使人正在不断摆脱对自然的依赖，甚至在某种程度上居于优势地位，人类对自然的这种占有是人们进一步发展和扩大交往的物质前提。但是人在这世界历史中所实现的独立却是以新的依赖关系为前提的，"私人的独立性产生出对所谓世界市场的完全依赖性"②。正是因为现代社会，人们才发展出了细致的分工和丰富的需求，但人们无法在自身内部找到满足的可能，于是人们只能依靠别人的分工及其劳动成果来实现自我的发展，而且由于世界市场的扩大，这种分工散落在世界各处，人们不得不依赖于世界市场来满足自身的需求，人与人之间的普遍的相互依赖就成为常态。

自大航海以来，现代资本主义创造了一个以全世界为资源配置图表的生产序列。在这个序列中，不同的国家、地域、民族都以不同的方式卷入世界关系的重新确立中，并在其中扮演着自己或喜或悲的角色。一方面，全球化运动使"全世界劳动者联合起来"，人们在一个跨国公司的"办公室"里得到不同的安排和定位。另一方面，世界市场也创造了一个随处可以满足不同人不同需求的现代"伊甸园"。世

---

① 孙承叔：《真正的马克思》，人民出版社2009年版，前言第15—16页。
② 《马克思恩格斯文集》第8卷，人民出版社2009年版，第53页。

界历史不仅在资本主义的跨国贸易中实现着,而且在人们个性发展的普遍需求中实现着。资本主义生产尤其是交通方式和信息传播方式的革新最终实现了人对世界自然资源的普遍占有,继而实现了人普遍的自由个性的发展。"因此,只有资本才创造出资产阶级社会,并创造出社会成员对自然界和社会联系本身的普遍占有。"① 在这种生产方式中,把人类发展作为核心任务的现代文明一开始就立足于人们的需求满足。作为其内在要求,一切以"有用"为原则的生产方式塑造出了现代资本主义生产方式的精神本质。相较于之前的社会组织方式,资本主义的生产所实现的破与立都是巨大的,在它所实现的世界历史变革方面,在全球化的形成方面,它都充当了世界市场形成的先行者,成为联系世界的不可阻挡的力量。这是资本不断优化资源配置和不断扩大其"势力范围"的结果:

> 资本按照自己的这种趋势,既要克服把自然神化的现象,克服流传下来的、在一定界限内闭关自守地满足于现有需要和重复旧生活方式的状况,又要克服民族界限和民族偏见。资本破坏这一切并使之不断革命化,摧毁一切阻碍发展生产力、扩大需要、使生产多样化、利用和交换自然力量和精神力量的限制。②

在资本主义的市场关系中,一切丑陋或美好的传统都被全盘消解掉了。现代政治文明的界限已经成为民族和国家以及其中个体自我发展的障碍。自然已经成为个性发展需要的基础,而不再能保持作为图腾的崇高地位。即便是在自己的文化中能够保留对自然的某种敬畏,但一转身,这种信念却成为其他人实现自我的障碍,这是处于现代的怀古之人所面临的常事。在现代,我们各自传统的生活既是效率低下,又是不能被别人所理解的,要想在新的、平等的位置上对话,我

---

① 《马克思恩格斯文集》第8卷,人民出版社2009年版,第90页。
② 《马克思恩格斯文集》第8卷,人民出版社2009年版,第91页。

们只有抛弃这些落后的生产方式和生活方式来谈论大家应该谈论的内容。面对如此境遇，人们若想满足自身不断发展的新需要，只有对以往的生存方式进行革新。资本主义生产方式所克服的便是这些我们曾经赖以生存的生活场景，使得人们在这个过程中总是经历欢喜之后的痛苦。从根本上说，资本主义生产力的动力一方面来自人们个性发展的需求，另一方面又来自资本本身供给的敏感性，它既是有用的又是无情的。它在自我的发展中势不可当地摧毁一切起阻碍作用的旧势力，扬弃既有的生产模式，依据发展出来的人的多样化需求实现着不同的发展要求，实现着摆脱自然限制和基于自身的自由。也就是说，只有摆脱以往的交往关系，建立起普遍的社会交往体系才能实现人的真正自由。

在世界历史的发展中，人们从局部的地域历史中独立出来，朝向一种异于传统的生活方式迈进，这就是被称为全球化的历史过程。在世界变得越来越小的历史变革中，尤其是在世界贸易往来的影响下，货币成为人们交往的重要中介物，人们之间的相互交往也因此变得更加便捷，全面的交往可能会成为更加普遍的形式。从世界历史的实现来看，"因为世界市场（其中包括每一单个人的活动）的独立化（如果可以这样说的话）随着货币关系（交换价值）的发展而增长，以及后者随着前者的发展而增长"[①]。货币的普遍使用和世界连接的发展相辅相成。世界市场越发达，相互间的贸易交往就越频繁，人们对交往的时效和便利性要求就越高。世界市场中所包含的复杂交往和交换关系只有在相对统一的话语标准中才有可能实现，人们通过货币所实现的交往不再仅仅限于本土而是扩展到全世界的范围里。人们越是从传统生活中独立出来，就越容易投入全球化中。这一切都得益于交往体系的建立和交往方式的简化，其中货币起到了极大的作用。因为生产和消费是世界市场得以建立的根本

---

① 《马克思恩格斯文集》第8卷，人民出版社2009年版，第55页。

目的，也是人们进行全球化交往的根本目的，交往的方式越便利，人们的普遍联系就越是必然，人们之间的关系就越发亲密。当然，这在某种程度上必然会影响他们的本土生活，从而会影响人与人之间交往联系的深度和温度，这是人类在去本土化和全球化的过程中不得不面对的问题。人们之所以还不能恰当地处理和接受这个过程正是因为人们面临着一种困境："这种联系借以同个人相对立而存在的异己性和独立性只是证明，个人还处于创造自己的社会生活条件的过程中，而不是从这种条件出发去开始他们的社会生活。这是各个人在一定的狭隘的生产关系内的自发的联系。"① 这种困境是由现有的生产力水平决定的。现在的生产力发展水平仍旧不能满足人类的普遍要求，人们在某种程度上还只能着眼于物质本身去发展自己的联系，而不是透过物质基础从各自的本性出发。人们所呈现的交往关系样态实际上就是社会现实所能发展出来的最发达的社会交往。因此，我们可以这样说，在物质生产和人们需求的满足这一基本矛盾中，人类的发展仍旧处在过程之中。我们之所以说资本主义"首次开创了世界历史，因为它使每个文明国家以及这些国家中的每一个人的需要的满足都依赖于整个世界"②。这种世界范围内的普遍连接在人类历史上尚属首次，它打破了传统民族国家的封闭和自我满足状态，使不同的文明在一个舞台上进行对话和交流，使不同区域的个体都可以延伸出他所寄居的土地来自由地发展他自己的个性和可能，先天的或后天的壁垒都在资本的流动中被打破了。

在全球化的趋势中，随着人们交往能力的增强，人们交往的范围越扩大，"历史就在愈来愈大的程度上成为全世界的历史"③。世界范围内的分工发展真正使人们的生产和生活被纳入更大的体系中，跨国公司的出现不断强化着这种现代的生产方式。相较于之前狭隘生产生

---

① 《马克思恩格斯文集》第8卷，人民出版社2009年版，第56页。
② 《马克思恩格斯全集》第3卷，人民出版社1960年版，第68页。
③ 《马克思恩格斯全集》第3卷，人民出版社1960年版，第51页。

活方式的自给自足性，根据不同的区位和资源优势，不同的民族和地域在这个大市场中获得了不同环节上的肯定。在全球化的生产中，人们自我价值的实现不再仅仅局限于自我发展的追求，而是需要服从于市场对其诸多的身份和职能的协调。不管在何种程度上，人们之间的密切连接已成为一个不可磨灭的事实，民族和地域之间的界限被一种普遍的联系所取代。这种联系和交往不仅是物质上的，而且是全方位的。在全球化的今天，心理和精神上的相互连接正在成为一种更重要的事实。正如马克思所看到的："过去那种地方的和民族的闭关自守和自给自足状态，被各民族各方面的互相往来和各方面相互依赖所代替了。物质的生产是如此，精神的生产也是如此。各民族的精神产品成了公共的财产。"① 不仅如此，不管是哪国的人民，他们依据现代传媒技术可以在相同的时间里了解世界上的重大事件，可以欣赏相同的文化产品，可以为相同的人物和故事鼓掌，也可以为同一个灾难而沉默哀伤，人们的精神和心理也普遍地连接起来。所以从根本上说，"生产力——财富一般——从趋势和可能性来看的普遍发展成了基础，同样，交往的普遍性，从而世界市场成了基础。这种基础是个人全面发展的可能性，而个人从这个基础出发的实际发展是对这一发展的限制的不断扬弃，这种限制被意识到是限制，而不是被当作神圣的界限。个人的全面性不是想象的或设想的全面性，而是他的现实联系和观念联系的全面性"②。个体的自由个性在新的生产力的基础上不断实现。在这个过程中，人在生产力的不断发展中满足自己的各种需求，又不断地发展出新的需求，因此又不断地逼迫着生产力发展出能够适应这些需求的新的物质基础，如此不断地螺旋式上升。因此，历史并不是自我发展的界限，而是不断地被扬弃的自由个性的基础。个体的全面的发展不是在思辨形而上学中以理论的方式解决的抽象问题，而是具体的历史实践。因此，我们可以清楚地看到，伴随着人的自由个

---

① 《马克思恩格斯文集》第2卷，人民出版社2009年版，第35页。
② 《马克思恩格斯文集》第8卷，人民出版社2009年版，第171—172页。

性的不断发展，人的需求的满足是和人建立交往关系的能力息息相关的。要想获得自我发展的机会和条件，人们就应该积极地投入新的社会关系的建立中，因为从根本上看，"每一个单个人的解放的程度是与历史完全转变为世界历史的程度一致的"①。不同的人拥有不同的社会关系，这些现实的联系为他发展自由个性提供了丰富的可能性。人的这种交往关系越多，人就越有机会去实现自身的完满性，因为"个人在精神上的现实丰富性完全取决于他的现实关系的丰富性"②。所以，要想从根本上获得自我发展的可能，我们应该努力发展生产力，把建立全面的交往体系作为实现人自由个性发展的基础，最大程度地满足人的需求，这就是马克思所说的"创造和建立无条件的生产前提，从而为个人生产力的全面的、普遍的发展创造和建立充分的物质条件"③。

三 多方面的需要

资本主义生产力极大地发展和解放了人的需求，使人的多元的自由个性都有可能被满足。正是在这种需求的被满足中，现代资本主义展示出其积极的一面。

实际上，生产力的发展水平和人的需要是一种相辅相成的关系，生产水平决定了人们会有什么样的需要，以及什么样的需求会被满足，而需求的种类和强烈程度也在某种程度上影响着生产力的发展及其方向。所以，马克思看到，作为历史主体的人类，"他需要的界限也就是他生产的界限"④。他在何种程度上发展了他自己的生产力水平，他的需求才能在何种程度上被满足和被创造出来。在生产力的发展过程中，需求本身并不是一成不变的，"需求本身也只是随着生产

---

① 《马克思恩格斯文集》第 1 卷，人民出版社 2009 年版，第 541 页。
② 《马克思恩格斯文集》第 1 卷，人民出版社 2009 年版，第 541 页。
③ 《马克思恩格斯全集》第 46 卷（上），人民出版社 1979 年版，第 520 页。
④ 《马克思恩格斯全集》第 42 卷，人民出版社 1979 年版，第 33 页。

力一起发展起来的"①。不仅如此,对于需求本身来说,"需要的数量和满足这些需要的方式,在很大程度上取决于社会的文明状况,也就是说,它们本身就是历史的产物"②。生产力不仅发展出了满足基本需求的物质条件,而且在数量上极大富裕;不仅以基本的方式满足着这些需求,而且创造出了丰富的形式。这些都是在生产力和需求的相互促进中完成的,生产力所实现的需求的满足以及诸多形式都是社会发展进步的重要标志。

从根本上说,尤其是在现代资本主义社会中,生产力的发展主要以资本的自我增殖作为主要动力。虽然生产力本身有自我更新和迭代的内在动力,以自身的发展节奏来满足人的需求。"但是,资本作为孜孜不倦地追求财富的一般形式的欲望,驱使劳动超过自己自然需要的界限,来为发展丰富的个性创造出物质要素,这种个性无论在生产上和消费上都是全面的……这是因为一种历史地形成的需要代替了自然的需要。"③ 在自然阶段,人的生存需求和动物无异,而到了现代社会,人们把自身的需求都凝结在对财富的获取中,财富成了人的欲望的集合体。传统社会生产的发展基本上依靠社会需求的普遍要求来推动,历史在社会生产和需求中维持着平稳但缓慢地前进。但到了资本主义社会,一方面,社会生产力的更新转变了一种循环模式,它不再仅仅以需求的满足作为自己的动力,而是把财富的最大化作为自己的内在驱动,由此导致生产力的发展不再以满足人的现有需求为界限。另一方面,资本不仅仅是依靠丰富的物质基础发展起来的,而正是对不同需求的把握,以资本的形式实现对每一种多样性的尊重,从而也使每一种资本都相对容易地找到自身存活的理由。对于资本来说,这是最好的时代。所以马克思说:"资本的祖国不是草木繁茂的热带,而是温带。不是土壤的绝对肥力,而是它的差异性和它的自然产品的

---

① 《马克思恩格斯文集》第8卷,人民出版社2009年版,第175页。
② 《马克思恩格斯全集》第47卷,人民出版社1979年版,第43页。
③ 《马克思恩格斯文集》第8卷,人民出版社2009年版,第69—70页。

多样性，形成社会分工的自然基础，并且通过人所处的自然环境的变化，促使他们自己的需要、能力、劳动资料和劳动方式趋于多样化。"① 资本主义实现了对每一种差异的现实肯定，不管是需求的多样性还是满足方式的多样性，都促进了生产方式的全面发展。在这种多样性的体系和需求中，社会生产的分工也就自然而然地发展起来了，并以此培养了人的全面发展，这种全面性包含了人的内在需求和外部行动的能力、方式等。恩格斯在总结人类的活动时说道："人不仅为生存而斗争，而且为享受、为增加自己的享受而斗争。……准备为取得高级的享受而放弃低级的享受。"② 不管是个人还是人类整体，这种内在动力贯穿了始终。

人是一种不断欲求的动物，相较于其他动物，人除了出于本能的欲望之外，还有更多抽象的需求。这些需求虽然不具有实体化的形式，但在其根本上是区别于动物的重要特征。从某种程度上说，正是因为需要的不断发展和满足才促进了历史的发展和人的进步。人的需要是螺旋式上升的，需要的满足又会衍生出新的需要，这是推动社会生产力向前发展的根本动力。生产力的发展也同样促进了人的需求的发展，到了今天，以消费主义为代表的现代生活已经成为现代人的主要内容。人们在这种生活中不断扩展人的需求的界限，商品的多样化不仅满足着人们的需求，也在某种程度上引领着需求，人在这种需求的满足中最大程度地实现着自我的发展。

四 全面的能力

个人的全面发展建立在生产力发展的基础上，建立在发展的物质条件上，建立在知识储备上，建立在充足的自由时间上。资本主义所取得的一切成果都为人的全面发展奠定了物质基础，只有在充裕的物质条件下，人才能发展出自己全面的能力。

---

① 《马克思恩格斯文集》第5卷，人民出版社2009年版，第587页。
② 《马克思恩格斯全集》第34卷，人民出版社1972年版，第163页。

具体说来，人的能力主要分为先天的能力和后天的能力，即自然赋予的能力和社会培养的能力。在现实生活中我们更多地依赖后者，或者可以说，社会越发展，我们摆脱先天能力的能力就越强，人们就越能依靠现实的关系发展自己的自由个性。这是和社会历史的发展状况直接相关的，也就是说，社会发展了人了解、掌握、调控资源的能力。"这种能力本身决定于人们所处的条件，决定于先前已经获得的生产力，决定于在他们以前已经存在、不是由他们创立而是由前一代人创立的社会形式。"① 人类的历史就是生产力的积累，历史的这种连接使人类成长。

只有以生产力的发展为根本，以普遍的社会物质交换和全面的体系为具体条件，人才能实现自己的全面发展，并且使自己的自由个性成为可能。也就是说，"要使这种个性成为可能，能力的发展就要达到一定的程度和全面性，这正是以建立在交换价值基础上的生产为前提的，这种生产才在产生出个人同自己和同别人相异化的普遍性的同时，也产生出个人关系和个人能力的普遍性和全面性"②。人的自由个性的发展不仅依靠外部生产条件的进步，而且必须保证作为个体的人能够对这些进步的条件有掌握和支配的能力。就个人来说，个性的满足是和个人的能力密切联系在一起的，这种能力一方面指的是人在社会中生产和发展自身价值的能力，另一方面指的是个人是否有能力对需求满足的条件进行掌握。换句话说，"对这些力量的占有本身不外是同物质生产工具相适应的个人才能的发挥"③。可以说，占有资源的能力实际上就是个人全面发展的能力。在全面的交往体系中，一切条件都能作为自由个性发展的基础，人们可以在普遍的交往中较之前更轻松地获得这些条件。现代资本主义生产方式虽然在某种程度上造成了人与人关系的异化，但

---

① 《马克思恩格斯文集》第10卷，人民出版社2009年版，第43页。
② 《马克思恩格斯文集》第8卷，人民出版社2009年版，第56页。
③ 《马克思恩格斯文集》第1卷，人民出版社2009年版，第581页。

是从根本上说，这种生产方式同样生产出了人全面的交往关系和个人能力，从而使人们发展自我的能力得到普遍提高。

从历史实践的观点来看，"个人的全面性不是想象的或设想的全面性，而是他的现实联系和观念联系的全面性"①。也就是说，个人的全面发展不是一个抽象的问题，而是在实际生活中展开的问题。人的全面发展是一个复杂的社会目标，它的实现除了依靠生产的现实条件外，还需要人的进步、理性的进步等诸多社会条件。不断发展的自我、均等化的基础教育、良好的家庭教育都对人的全面发展起到了至关重要的作用。要想实现人的全面发展和全面能力的实现，就需要先建立起全面的社会保障体系。因此，社会历史的基本职责就在于"培养社会的人的一切属性，并且把他作为具有尽可能丰富的属性和联系的人，因而具有尽可能广泛需要的人生产出来——把他作为尽可能完整的和全面的社会产品生产出来（因为要多方面享受，他就必须有享受的能力，因此他必须是具有高度文明的人）——，这同样是以资本为基础的生产的一个条件"②。生产力的发展和人的发展是相辅相成的。

回看人类的历史就会发现，人们经常会对过去的某个阶段有一种莫名的痴迷。这种心态有一定的合理性，因为在过去的岁月中，人们虽然在物质方面存在不同程度的欠缺，但是在情感联系和生命的界限方面却能获得相对的满足。现代社会发展出的复杂交往关系确实丢掉了一些朴素和真实，使之出现了除物质之外的诸多危机。但总的来说，人们对现实社会的批判却成为时代的主流声音，正如后现代主义对现代社会的否定一样，在他们眼里，现代性已然成为不堪重用的陈旧之物，有如奄奄一息或阴森恐怖的独裁者一般，应该成为人类历史的过去时。但是他们看不到的是，一些人所赞颂和推崇的古风时代仍旧是停留在原始的生产关系上被迫产生出的一种社会交往形态。在古

---

① 《马克思恩格斯文集》第8卷，人民出版社2009年版，第172页。
② 《马克思恩格斯文集》第8卷，人民出版社2009年版，第90页。

代社会，社会分工极其不完善，普遍的社会交往也没有发展起来的条件，人们不得不在自己的生活中为满足自己的需求而操劳。因此，在现如今看来，这只是由于有限的生产力发展所不得不呈现出的一种全面的关系，直到现代社会，生产力得到了一定的发展，发展出了自由个性得以实现的物质基础，才算真正地发展出全面的关系，才算真正地为自由个性创造了条件。

第二节　所有权和自由个性

资本主义创造了巨大的物质财富，人们对物的占有不仅满足了人们发展自我的物质需求，而且在某种程度上塑造了现代人的精神品格。这种品格是现代人参与社会活动，建立社会关系的基础性条件。在这一过程中，财产所有权与个人自由有着直接的联系，这种联系主要体现在所有权为个人建立了自己的私人空间，为人进行社会交往提供了基础性的平等。

一　所有权与主体性

从具体形式上说，所有权体现的是人对于物的占有关系，是对人和外部世界关系的一种表征。在这种关系中，人们看到了人的力量的展现，人对物的积极的关系——占有。这是人从原始自然状态中意识到自身能动性的起点，在所有权关系中实现了人和物的区分，尤其是人和动物的区分。在这样的意识主导下，人的世界完成了主体和客体的区分，更重要的是完成了主体的确立。

罗马法模式是较早的系统规定所有权内容的法律形式。在罗马法模式下，所有权模式呈现出多元化的形式和多维的视角，反映了人们在早期社会形态中对人和物关系的基本认知，并在此基础上发出了人的主体性的萌芽。罗马法在所有权的表达模式中，存在着两种基本的形式：一种是"物是我的"，一种是"这是我的物"，这都是人和物的关系的直接体现。但是,"两种法律形式的区别在于,前者将物的实体作为主观权利的客体,后者在权利中识别主观权利的客体"①。在这里我们可以看到这样一种事实,两种所有权的认证模式都预设了人和物的二分,也都肯定了人和物具有实体性质。但是,这两种确认方式却蕴含着本质的差别,在第一种模式中,我们对物的占有以物的实体性作为前提,强调的是物作为独立实体能够被人占有的现实性;在第二种确认模式中,虽然同样是在实体性范畴上讨论这样一种关系,但是"这是我的物"优先强调了人的主体性,尤其是人对物的占有的合法性,即作为权利的占有权。因此,我们从中可以看出,在以所有权为表现的法权观念中,人们对于主体的重视已经初步萌芽。所以我们可以看到,"罗马法从主体视角出发确定了以所有权为中心的财产体系"②。我们需要注意的是,罗马古典法中对所有权的规定在原则上区别于现代社会的组织模式。在传统社会关系中,血缘和宗法组织影响了人们生活的绝大部分内容,那时候的所有权制度更多地像一种伦理规范。也就是说,古代社会的所有权更多地可以被理解为一种父权家族权力分配制度的强化和补充。在男尊女卑的农业时代,所有权作为公民的一种权利只属于成年男性,所以"古典法所有权可以被看作家父人格在客观的物质世界的投影,是其自由人格的外在化。"③ 在古代社会,所有权已经开始作为自由的外化,虽然只是部分人的。

在资本主义时代,所有权作为普遍的社会规定成为确立人的地位、建立现代人格的重要方式。也只有在所有权问题上,人们才能实现主体视角的真正确立,才能最广泛地实现个人自由,建立自由的社会关系。在现代法律的基本建构中,《法国民法典》和《德国民法

---

① 陈晓敏:《大陆法系所有权模式历史变迁研究》,中国社会科学出版社2016年版,第8页。
② 陈晓敏:《大陆法系所有权模式历史变迁研究》,中国社会科学出版社2016年版,第35页。
③ 陈晓敏:《大陆法系所有权模式历史变迁研究》,中国社会科学出版社2016年版,第33页。

典》分别承担了现代法律制度的奠基者和旗手,它们以不同的方式肯定了所有权的形式规定,并在这种规定中展示出了财产权对于人们确立自我、实现自我的积极效用。相比较而言,《法国民法典》规定所有权的方式是采取细化所有权的形式来确定其内涵的,是以财产的具体样式为基础的;而《德国民法典》放弃了财产权利的实际内容,只是肯定了人们对于财产的主观自由。正如陈思敏在《大陆法系所有权模式历史变迁研究》所得出的结论一样:

> 相对于体现封建等级秩序的分割所有权,后一种所有权模式将物从封建的等级义务以及身份束缚中解放出来,消除了所有那些物上存在的、阻碍其自由流通的因素,建立了自由的、抽象的、完整的所有权结构,恰好满足了自由市场中商品生产和财产流通的需要,体现了历史的进步。①

前一种规定是历史不成熟时期的一种混合和妥协。在复杂的社会关系中,法律需要兼顾各个阶层的利益和话语权,法律本身就是力量博弈的结果。后者是在经历了资产阶级革命、封建制度已经消灭殆尽的基础上建立起来的。纵览所有权的发展历史我们可以看到,和中世纪复杂的所有权形式不同,现代所有权更加强调赋权模式的自明性。正如我们所看到的:"新的所有权模式不是各种权能相加形成的整体,而是一种抽象的主观权利,体现的是主体的自由意志,其权利内容不受外在世界或者客体物的状态影响。"② 在中世纪,社会权力在教会、皇权、封建贵族等各方势力的角逐下呈现出相互分割的态势。在所有权问题上,人们对于这种现实权利的合法性有着不同的观点,人们在

---

① 陈晓敏:《大陆法系所有权模式历史变迁研究》,中国社会科学出版社2016年版,第60页。
② 陈晓敏:《大陆法系所有权模式历史变迁研究》,中国社会科学出版社2016年版,第64页。

一种复杂的态度中平衡各种矛盾。但是在资产阶级革命对普通个体的解放下，人们获得了从宗教关系和封建等级关系中的解脱，实现了追求自我生存和发展的机会。人们对所有权的肯定方式可以从各种复杂的权力机制中解脱出来，能够在很大程度上肯定人的主体能动性，从而发展出自我赋能的模式。这种赋能模式强调了所有权的唯一合法来源是主体自我，所有权从自身内部找到了合理说明，完成了实体即主体的自我证明。在此基础上，作为独立个体的自我的自由合法性也就是顺其自然的事情了。这种所有权的确证方式，使人能够从各种原始的社会关系、等级压制和义务中解脱出来，人们不再依据外部权力获得生存的保障，而是依靠自身。随着资本主义生产和交往关系的进一步扩展，人们逐步消除了在原始的物的基础上的交往关系，使所有权的抽象形式——货币交往——成为新的社会关系中更加自由和便利的交往方式，人们的交往和生活摆脱了沉重的工具而变得轻盈自由。相比较而言，我们能从中看到社会组织关系和哲学对主体改变的思辨理解，具体到所有权的表现形式上说，"法的现代化是与主观权利概念的逐步确立和使用相联系的"[①]。主体的确证完成了从传统宗法关系、封建等级关系中的独立，发掘了从自身内部获得自证的可能性。法作为对人的理解的现实确定，以一种通俗和强制的方式肯定了主体的权利内容。人们通过所有权既完成了自我意志的现实化，使自己成为具有独立意识的个体成为可能，也在这个过程中获得了对他者的承认和关注，这是所有现代社会关系的起点。从某种程度上讲，所有权所塑造的现代个体为构建新型社会关系奠定了基础，在某种程度上也是对马克思"现实的个人"的现实表达。所以我们可以看到，现代所有权和人的主体性构成了一种二元一体的关系，达成了一种相互支撑的逻辑关系。可以看出，主体性作为一个抽象的思辨概念，它必须在现实层面找到其权力范围，在具体问题上展示出其具体意义，因而我们

---

① 陈晓敏：《大陆法系所有权模式历史变迁研究》，中国社会科学出版社2016年版，第61页。

"可以认为,现代所有权是主观权利最典型的体现"①。

在所有权的具体形式中,人们的权利范围囊括了所有抽象的或具体的物的形式。但凡是能体现出主体意志的形式,不管是个人的还是集体的,我们都承认主体对这些形式的所有权,我们都承认他们对物的使用、支配的权利。当然,相比较而言,人们在现实中主要表现为对物的所有,尤其是在民法范围内,人们对于物的占有的具体形式像社会的毛细血管一样构建了社会有机体,规划了人们生活的方方面面。所以我们可以认为:"针对有体物(动产或不动产)建立的所有权概念,可以被视为主观权利最完整的形态。"② 人们在社会生活的方方面面都建立起这样一种对自我权利的维护和对他人权利的尊重,人们的权利从最基本的所有权形式中获得了最坚实的认证。在现实的财产关系上,尤其是在所有权问题上,人们找到了自我赋权的方式,使所有权成为主体的内在属性。人们除了依靠所有权来确证自己的权利外,还划定了自身和他人的权利界限。因为"所有权是主体被赋予的享有物的权利;同时,所有权人的权利也体现在对与之相对的其他非所有权人行为的禁止"③。所有权不仅是主体权利的一部分,是私人空间得以形成的保障,而且是自我边界的划定和区分。通过这样一种对独立主体的现实说明,人们清晰地区分了自身和他人的存在,所有权不仅是对自身权益实施保护的前提,也是使自己的自由不受他人干涉,并学会尊重他人自由的具体形式。

在现代社会中,我们可以看到,"从人的视角出发建构的所有权强调主体意志"④。这是时代精神在生活领域的具体展示,人们通过对

---

① 陈晓敏:《大陆法系所有权模式历史变迁研究》,中国社会科学出版社2016年版,第61—62页。
② 转引自尹田《法国物权法》,法律出版社1998年版,第128页。
③ 陈晓敏:《大陆法系所有权模式历史变迁研究》,中国社会科学出版社2016年版,第52页。
④ 陈晓敏:《大陆法系所有权模式历史变迁研究》,中国社会科学出版社2016年版,第36页。

具体物和抽象物的占有，实现了主体意识的觉醒和强化。进一步来说，通过对物的占有和对具体财富的掌控，人们也为自己的自由个性提供了物质保障，为马克思所构想的自由人的联合体在所有权的基础上开辟出一条现实的道路。所有权作为自由的具体形式，实现了人对物的占有，这种占有既摆脱了人们在原始社会与物的朴素关系，也摆脱了人们对作为手段的物的形式的迷恋。人们摆脱了拜物教而重新回到自由的维度，人们在所有权的普遍交往中依其自身意愿而构建起各式各样的社会关系，使人们的需要和社会生产普遍且自由地连接起来。

二 所有权与法权人格

所有权的确立不仅在某种程度上实现了个体利益和共同体利益的再平衡，更主要的是也完成了人的真正的自我实现。这种对个体的现实肯定抛弃了原始的血缘、地域等要素，也抛弃了抽象的主体性，塑造了真正伦理和法权意义上的现代"个人"。

正如黑格尔所说："为了取得所有权即达到人格的定在，单是某物应属于我的这种我的内部表象或意志是不够的，此外还须取得对物的占有。"[①] 因此，所有权必须成为具体的现实，必须在具体的社会关系中完成对主体人格的确证。尽管所有权的形式经历了数千年的发展，但对于主体人格的构造作用直到黑格尔的《法哲学原理》才得到清晰的说明。这里的深层原因在于，现代资本主义为了获得自身的发展，需要否定传统，否定僵化的等级制度以获得自身的独立和解放。正如马克思所说，每一个革命的阶级在一开始时都会把自己的利益说成最广大人民的利益。相对于传统等级社会，资产阶级为实现所谓的社会大众的普遍解放，必然需要一种全新的、彻底的社会成员资格认定方式。这种认定机制必定是对资产阶级有利的，而且能够占据传统

---

① ［德］黑格尔：《法哲学原理》，范扬等译，商务印书馆1961年版，第59页。

社会所不具有的资源。于是，在工业革命的主导下，资本主义制度就必须肯定效率，必然轻视传统，必须能够打破固化的社会等级制度。到了近代，所有权已然成为一种人的基本权利，成为时代精神的一种，也成为现代人重新获得社会认定的主要形式。人在从神学世界中解放出来后，社会大众获得精神独立成为可能。人们在这种精神的自我解放中需要重新确认自己的存在及其形式，需要找到自我存在的现实依据和表现形式，而以法的形式对所有权所作的肯定能够使人确立自己的存在，继而成为自由的基础和定在。从文明社会之初到现代资本主义社会，所有权都是文明的基础性概念，是一个在理性规范的社会内的前提性概念。不管是古代律法还是近代政治国家都以不同的形式肯定了个人拥有财产的合法性，这是理性社会的基本内容。黑格尔进一步指出："所有权所以合乎理性不在于满足需要，而在于扬弃人格的纯粹主观性。人唯有在所有权中才是作为理性而存在的。"① 所以说，所有权的实际意义不仅在于它以现实的物质财富保证人的生存生活，更重要的是它使个体的存在不再囿于概念和抽象的揭示，而是作为理论存在的合理化表征，是现实社会个体理性精神的具体化。

主体性的确认不仅仅是一个理论问题，而且是一个现实问题，更是一个历史实践问题。从笛卡尔把自我意识作为一个主要的哲学问题提出来，这个概念就一直未曾脱离形而上学的气质。作为自由的抽象形式，自我意识必须找到一条道路打通和社会现实的联系。在黑格尔看来，所有权概念的现实化就是这一条道路的具体展开，因为"我作为自由意志在占有中成为我自己的对象，从而我初次成为现实的意志，这一方面则构成占有的真实而合法的因素，即构成所有权的规定"②。在具体的占有中，"我"的存在得到了外化，得到了现实的肯定。在传统的哲学话语中，自由意志一直都是形而上学的对象，这种思维上的被给予性失去了自身存在的话语权，导致了这种思辨中的被

---

① ［德］黑格尔：《法哲学原理》，范扬等译，商务印书馆1961年版，第50页。
② ［德］黑格尔：《法哲学原理》，范扬等译，商务印书馆1961年版，第54页。

言说成为自我存在的根本理由,这也就是笛卡尔"我思故我在"的实际内容。意识自身当然不会满足于这种外在的言语规定,而是希望在自身内部寻得存在的说明,继而成为自己的主人,成为能够有所依附的现实存在。因此,黑格尔说:"从自由的角度看,财产是自由最初的定在,它本身是本质的目的。"① 因为自由的本质就是自身规定自身,自己成为自己。"在所有权中,我的意志是人的意志;但人是一个单元,所以所有权就成为这个单元意志的人格的东西。"② 所以,所有权就是人完成从抽象思辨的精神独立到现实独立的根本之所在,就是人真正实现自由的必经之路和必然形式。"为了取得所有权即达到人格的定在,单是某物应属于我的这种我的内部表象或意志是不够的,此外还须取得对物的占有。"③ 因此,从某种程度上说,现代个体想要获得真正的现实的独立性,对物的占有是必需的,人对物的依赖是人存在的现实基础。回到形而上学对于自我的思辨中,我们可以看到自我作为一个实体必须实现自证,即在自身内部获得对自我的说明。所有权作为主体意志的现实存在必然被纳入自我确证的论证中,财产作为现实的人的内在所属必然是完整人格的必要因素。简言之,所有权是人的必要的存在形式。

现代社会的文明面在于自由的普遍实现,这种实现对于现实的个人来说既是思想解放,又是政治解放,更是人的解放。纵观人类的历史,所有权成为人们现实生活中一个不断强化的概念,它始终伴随着人类的自由和解放。基于意识形态,我们可能较难理解社会主义国家对于私有财产的矛盾态度,尤其是当下出现的对于所有制的不断强化。为什么一个倡导缩小贫富差距、实现共同富裕的社会制度会推崇私有制。正如普鲁士王朝一样,"在我们时代,国家往往重新把私有

---

① [德]黑格尔:《法哲学原理》,范扬等译,商务印书馆1961年版,第54页。
② [德]黑格尔:《法哲学原理》,范扬等译,商务印书馆1961年版,第55页。
③ [德]黑格尔:《法哲学原理》,范扬等译,商务印书馆1961年版,第59页。

权建立起来了"①。面对这样一种疑问,我们只有结合黑格尔对于所有权的理解和马克思对于人的发展形态的理解才能给出最合理的解答。所以,我们应该历史地理解财产权在历史上的地位,"根据黑格尔的看法,'私人所有权'有其'必然性',这个必然性就在于私人所有权使个人、个人人格及其意志成为现实的存在"②。在现代社会,人要投入世界性的普遍交往中,而建立普遍交往的前提是实现最大意义上的平等。除了基于人的基本认知及其附属价值以外,人的平等应该在现实社会中有实际的表现形式,而这种表现形式的最基础要素就是现实的物。就像我们所看到的一样,"个人借助于这种私人所有权使自己获得定在,成为社会生活中的一个现实单元"③。一个不占有任何物的人是不存在的,也是无法存在的,人的社会关系正是建立在现实的物的占有上的。此外,社会在某种程度上也是作为一个独立的精神实体出现的,虽然在未来可能会出现分化的可能。这个问题扩展到社会的细胞——家庭——也同样如此。在传统的农业社会,人们的社会生活关系更多的是以家族和家庭为单位,基本的财产条件同样是一个家庭得以存在的前提条件,"家庭不但拥有所有物,而且作为普遍的和持续的人格它还需要设置持久的和稳定的产业,即财富"④。不管是家庭的成立还是家庭的延续,人们都以经济性的物质基础作为前提。经济上难以独立或者说没有具体的物质财富作为基础,那这个家庭是难以存在的。家庭作为一个精神实体,它具有比个体人格更稳定的结构,更清晰的社会关系,因此它也必须有更加坚实和稳定的财富来源。相较于个人来说,家庭受财产变动的影响更加剧烈,需要更长时间的恢复。因此,不管是个人还是家庭,或者其他的具有伦理性质的社会实体,所有权都是确证其存在的必然方式。

---

① [德] 黑格尔:《法哲学原理》,范扬等译,商务印书馆1961年版,第55页。
② 高兆明:《心灵秩序与生活秩序》,商务印书馆2014年版,第74页。
③ 高兆明:《心灵秩序与生活秩序》,商务印书馆2014年版,第74页。
④ [德] 黑格尔:《法哲学原理》,范扬等译,商务印书馆1961年版,第185页。

在现代社会，资产阶级为了发展生产力，企图打破一切阻碍因素，想要给予每个人自由发展以机会，把人的一切天赋的、命定的观念抛弃掉，用后天的可能性代替先天的必然性。黑格尔所强调的人格权其实就是占有物的主体的能力。黑格尔延续了近代西方哲学对主体性的确证之路，并把具有实体性的主体作为完结康德主体和物自体的二分世界的核心概念，用所有权作为主体自证的工具，使主体能够通过自身因素实现自己的证明。黑格尔在某种程度上强调了财产权对于主体的重要性，而且这个主体人格本身不仅包含着事实因素而且包含着价值因素。我们可以说，财产权是人格权的必要组成部分，但人格和财产之间却无法反向推导。在现代社会，这种逻辑关联不仅不能被我们忽略，还应该被我们继续关注，因为财产作为人格的确证形式在现阶段所发挥的作用并不是历史的终点。就财产的现代意义来说，我们又可以引申出这样一个论断：不是财产权作为人格的必要因素，而是人格是财产权的必要因素。财产毕竟有多寡之分，也难以避免先天差异而达到绝对的平等，财产权作为人格的必要因素不会是历史持之以恒的标准。我们的历史抛弃掉的是一切阻碍实现普遍自由的糟粕，我们终将实现的一切人的平等的自由。正如马克思所说："私有财产是生产力发展一定阶段上必然的交往形式，这种交往形式在私有财产成为新出现的生产力的桎梏以前是不会消灭的，并且是直接的物质生活的生产所必不可少的条件。"[①] 从历史和人的发展形态来看，占有财产的能力既是社会历史的必然，也是人的发展形态中必然遇到的问题。一方面，作为个体的历史动力因素，在复杂的社会关系和组织模式下，个人的发展必须以基本的物质基础作为发展的前提条件。在生产不够发达的时候，依靠社会本身进行统一的财富分配是不现实的，人们只能允许财产在个人生活中的合法性。这种情况在某种程度上增加了不可控的因素，比如财富差距、资源配置不均等问题，这时候政

---

① 《马克思恩格斯全集》第3卷，人民出版社1960年版，第410—411页。

府再从中调整，这是在物质基础不够发达的长期历史阶段的必要和必然形式。只有生产力得到充足的发展，能够满足人们的普遍需求，人们的关注点不再着眼于物质层面而是着眼于自由个性发展的时候，社会财富的问题就不再是个人证明自身存在的必要方式，人们可以通过更加符合自身的创造来完成主体意志的外化。社会财富已经成为自由的基础，而不是自由的重要表征方式。

在上述讨论中，具体财产的占有在人的生存和生活中所起的基础性作用已经无须说明，我们的讨论应该更多地着力于所有权作为主体的实体性因素的现实作用。所以，"从自由的角度看，财产是自由的最初的定在，它本身是本质的目的"①。

三 所有权与公共生活

只有完成了人的主体性和法权人格的确立，人才能在新的意义上展开自己的社会活动，参与到公共生活中，继而建立自己新的社会关系。在部落时期，也就是在所有权意识萌发之初，所有权来自共同体内部的权威，或者是共同体成员的协商，这种权利来源于一种简单的规定。但在进入文明阶段后，伴随着城邦、城市文明的发展，政治共同体代替部落共同体成为人们生活的依附单位，最为明显的就体现为所有权成为政治生活的前提性规范，并以此规定了个人生活和公共生活的关系，尤其是在协调个人利益和共同体利益时两者的权衡策略。总体来看，所有权作为基本的政治权利，它对于个人自由个性的发展主要体现在以下几个方面。

（一）成员资格认定

财产权不仅给了现实的生存基础，而且是人之为人的重要确证形式，尤其是在现代社会，财产已然成为社会成员资格认定的主要方式。

社会成员的资格认定形式是随着社会交往的发展程度而不断变化

---

① [德] 黑格尔：《法哲学原理》，范扬等译，商务印书馆1961年版，第54页。

的。在最早的原始群体中，血缘是唯一的认定资质。人们依靠血缘的亲近来判定成员的资格、权利和义务等。随着交往的不断发展，氏族社会逐步瓦解，人的交往的复杂性已然超出血缘组织的范围。尤其是随着商业贸易的发展，社会成员之间的身份差异更加明显，人口的流动更加频繁。比如在古罗马城邦中，社会交往较之前要复杂许多，在这些复杂的社会关系中最主要的一种区分就是城邦公民和外邦人员的资格差别。在小国寡民的城邦时期，公民身份极大地影响着人们的权利和义务。没有公民资格的人甚至连基本的生命财产权利都难以保障，在城邦事务等重大决策上丝毫也没有发言权。因此，对于公民资格的渴望就成为许多外邦人士的重要诉求。在这种情况下，催生出了一种特殊的成员资格的认定方式，这些外邦人士有机会通过缴纳不同的金钱获得自己身份的重新认定，把城邦公民认定为"靠主"，以此获得一定的资格和权利。所以，在城邦末期，依靠传统地域和血缘来进行成员资格认定的方式已经被弱化，而社会和政治组织方式的发展需要一种更加宽容的成员资格认定方式。从一定程度上可以说，人格的基础变成了基于财产和地域的社会身份，"事实上，将财产之享有状况作为人格的要素，即享有人格条件的观念，这恰恰是以罗马法为代表的'前近代'人格立法所遵循的原则"①。

在这两种不同的成员资格认定方式的变化中，展示出了两种不同的社会组织方式。尤其是成员资格的去人身化造就了一种全新的社会集结方式，这也就是摩尔根所强调的政府的两种方案的后一种，即"以领土及财产为基础的，可以区别之为一种国家"②。人们依靠财产资格的确认，一方面扩大了与外邦人士的交流，促进了民族和文化的更新和融合；另一方面也使政治共同体能够根据财产能力的大小，区分出不同的社会权利和义务。所以，财产的多寡在长久的历史演进中成为人们获得权利和权力的重要筹码，这也是在一定的历史阶段不得不认同的一种社

---

① 马俊驹：《人格与财产的关系》，《法制与社会发展》2006年第1期。
② [美]摩尔根：《古代社会》第1册，杨东莼等译，商务印书馆1971年版，第8页。

会组织方式。到了现代社会，财产权已经成为一种普遍的个人权利，"财产权也可以被理解为民主的公民权不可或缺的先决条件"①。在现代民主制国家中，拥有财产已经成为人的"天赋权利"。

（二）所有权与公共契约

所有权除了实现对主体的现实表征，成为文明社会确认社会成员的重要方式外，还塑造了现代社会个体交往中最基本的属性——理性。尽管以往的社会交往有着一定的规范和制度保障，但法权意识的真正形成才使得现代国家和非本土化的交往能够在更大程度上得到展开。从世界范围来看，各个国家虽然在不同的民族基础上组建起各自的政治共同体，但是在组织模式的根本发展上，共同体成员却都致力于一种政治形态，这就是个体之间默认已经存在并且会不断改进的理性的动态平衡。个体摆脱自身的各种原始身份，脱离开自己熟悉的社会组织投入一种新的交往环境中。如果人们想要有序地进行合作，那么，理性的个体是社会交往的必要前提。我们从法权上确认一个行为主体的基本条件就是理性，也就是主体能够有自决的能力，能够利用自我意识进行自我判断的能力。除了这种理性的规定外，我们还要求主体必须能够拥有占有、使用和支配自身财富的权利，这是因为"只有能够自由地支配自己的人身、行动和财产并且彼此权利平等的人们才能缔结契约"②。我们也可以这样说，现代国家的建立是以契约精神为根本内核的。启蒙运动之后的政治原则也开始被理性所影响，不管是个体与共同体还是个体之间，建立契约的双方都是以理性为交往前提的。不管是康德的实践理性还是哈贝马斯的交往理性，人们都把理性作为现代社会的基本属性，正如我们上文已经论述的主体性与所有权的关系一样，主体性的基本特征就是对自我存在的证明，就是对自身在理论和现实中的肯定。在这里，所有权——人对物的依赖的具体

---

① [美]霍尔姆斯、桑斯坦：《权利的成本——为什么自由依赖于税》，毕竞悦译，北京大学出版社2004年版，第47页。

② 《马克思恩格斯文集》第4卷，人民出版社2009年版，第93页。

表现形式——是独立人格在社会中得以展开其现实关系的前提,也是实现其普遍交往的前提。

因此,我们可以看到,在个体与政治共同体的关系中,我们把所有权理解为理性主体的基本要素。"所有权所以合乎理性不在于满足需要,而在于扬弃人格的纯粹主观性。"① 之所以把所有权和人的理性直接地联系在一起,并不是因为所有权能够满足人的基本物质需要,能够在经验和现实生活中体现为主体存在的前提条件,更重要的是因为所有权以一种自觉的方式实现了对抽象主体的扬弃,这是由理性自我怀疑和自我否定的先天因素所决定的。因此我们可以说,所有权存在本身就是理性扬弃主体的结果。在具体的社会关系中,人们不管是在政治生活中还是在经济生活中,人们建立的各种关系基本上都包含了理性的内核,这种现象在陌生化的交往领域更加明显。在日常生活中,"人们缔结契约关系,进行赠与、交换、交易等等,系出于理性的必然,正与人们占有财产相同"②。不难理解,作为拥有自由意志的个体来说,他的大部分决定都是在理性的干预下实现的。愈是在涉及人的重大利益面前,理性在人们的决策中所起到的作用就愈发明显。在政治和经济事务中,人们从各自的需求和利益出发发表自己的观点,坚持自己的意见,这从主体一方而言体现了理性原则在社会交往中的作用。但是从另一方面讲,在这种契约关系中,人们还实现了对其他主体的理性认知,这也就是把他人作为具有独立精神的主体来对待。这里引发的结果是革命性的,人们在交往原则上实现了质的飞跃,这就是从原始的以矛盾、对抗为主的交往方式转变为互相尊重和彼此尊重的交往。所以黑格尔认为:

> 就人的意志说,导致人去缔结契约的是一般需要、表示好感、有利可图等等,但是导致人去缔结契约的毕竟是自在的理性,即自由人格的实在定在的理念。契约以当事人双方互认为人

---

① [德]黑格尔:《法哲学原理》,范扬等译,商务印书馆1961年版,第50页。
② [德]黑格尔:《法哲学原理》,范扬等译,商务印书馆1961年版,第80页。

和所有人为前提。契约是一种客观精神的关系,所以早已含有并假定着承认这一环节。①

以所有权为基础的交往形式奠定了现代和未来社会的基本交往原则,黑格尔的承认原则及其蕴含的理性精神也成为构建良序社会的根本保障。

(三) 所有权与公共自由

所有权本身作为对个体自由的现实表达,必然会涉及自由的边界问题,尤其是私人利益和公共利益的矛盾。实际上,我们应该认识到,正是政治共同体对所有权的确证才使个体的所有权成为现实,公共领域不是在挤压私人领域的空间,而是为私人领域提供了最根本的基础保障。这不仅体现在一种逻辑关联中,还体现在自由权利的具体实现中。

不管从哪一个方面说,公共领域都为个人生活提供了最基本的自由的条件,所有权的诞生更是展示出了公共权力的基础性作用。一方面,从产生形态来说,"私有财产权不是自然权利,而是社会审慎的建构"②。私有财产不是人的自然属性,而是社会组织的基础性概念,是社会个体交往的前提条件。只有肯定个人自由意志的现实化,才能实现对个体的真正尊重,才能培育具有理性和契约精神的现代公民。只有如此,社会才能真正地有秩序地组织运行,社会作为每个人现实关系的合集才能体现人类基本的价值取向和行事原则。另一方面,对于个人来说,"财产权是个人自治的源泉"③。财产权对于个人和他人来说都是一种自我约束的前提,而且培养了尊重他者、限制自我的理性意识。对于个人来说,对自身财产权的感知使其认识到他人同样拥

---

① [德] 黑格尔:《法哲学原理》,范扬等译,商务印书馆1961年版,第80页。
② 胡戎恩:《走向财富——私有财产权的价值与立法》,法律出版社2006年版,第10页。
③ [美] 霍尔姆斯、桑斯坦:《权利的成本——为什么自由依赖于税》,毕竞悦译,北京大学出版社2004年版,第107页。

有财产权的事实，能够使自身在主观上达成侵犯他人财产是"不法"行为的观念，也能够在一定程度上诉诸道德感压制侵犯行为。对于公共机关的决策者来说，对个人财产权的认识能够使其限定自己的行为，意识到财产的所有者的应有权利，使其能够在缺乏有效外部监督的情况下实现对他人财产的尊重和对自身不法收入的拒绝。

　　作为社会交往基础的财产权是个体与公共权力之间相互博弈的结果。人们用自己财产权的部分内容来缴纳税金，以保证自己的某些权利顺利施行。政府通过合法的手段占用个人的部分财产来维护公共领域的良序运行，保障法律上所允诺的个人权利，这是在政治国家建立之初通过理性契约达成的一致。对于个人来说，"财产权代表了一种对公共资源选择性的运用，不仅为了鼓励各方的自制——政府必须戒除征用，资产的所有者必须戒除隐藏资产以及通过暴力和欺诈手段获得财产——而且为了从政府和私人那里引出一种新型的创造性活动"①。这是一种从理论上构建的个人和政府之间的关系。但是在实际的运作中，因为公共决策的强制性和权力的集中性，个体却很难对政府的行为进行有效的监督和更改，只能寄希望于政府自查自纠的能力。所有权是个体自身占有财产的权利，而且这种权利不受外力的干扰。但是在与公共权力的关系中，政府却拥有对个人财产进行征税的权力。税收虽然从表面上看是一种对所有权的"侵占"，但是这种"侵占"却是个体和政府进行协商或者博弈的结果，税收反映了社会对私人领域和公共领域的倾斜程度。应该可以这样说，任何一个政府既是"自私的"，也是"无私的"，它的根本作用就在于为每个人的自由发展发挥作用。从现实的情况来看，虽然在个人利益和公共利益之间存在着各种矛盾，但从总体上说，个人通过纳税这一形式还是肯定了政治共同体存在的必要性，而且政治生活也"延长了个体公民的时间范围，提升了个体公民的心理安全感，可以确

---

　　① [美]霍尔姆斯、桑斯坦：《权利的成本——为什么自由依赖于税》，毕竞悦译，北京大学出版社2004年版，第147页。

保公民表达政治异见，不会危及他的财产"①。政治权力的存在极大地丰富了人们展示自由个性的尺度，人们通过参与政治决策甚至可以把自己的意志体现在历史的进程中，成为一种自我个性的展示平台。从公共事务的决断来看，人们通过对政治共同体的信任和依赖获得自身基本权利的保障，人们的生命财产等权利都由国家机器来维持，从而使个人的自由发展有了良好的外部环境。因此，我们可以得出这样的结论："确认财产权原则是通往法治社会和宪政秩序的起点。"② 结合我们之前讨论过的财产权对公民资格和契约精神的确立，财产权为我们走向一种良序政治秩序打下了坚实的基础。

综上所述，所有权作为一个政治概念，从根本上区分出了个人利益和公共利益，并使两者以相互矛盾和相互依赖的关系完成着人的自由发展。在历史的演进中，我们可以清楚地看到所有权对于人的自由的积极作用。

第三节　理性精神与自由个性

在传统价值体系中，宗教和道德的式微是以理性的成长为前提的，前两者作为一种秩序规范和情感纽带不仅给予人的生活以制度上的保障，而且使人的生活充满温情。但与此不同的是，理性剔除了人际交往中的不确定因素，把自由作为理性的目的来实现。在这个过程中，理性通过确立人的主体性把社会交往作为实现个体自由的途径，并最终以理性的规范来为人的自由发展划界，最终实现每个人自由个性的发展。

一　理性与主体确证

现代政治哲学中一个未须言明的立场就是理性的自我，抑或说是

---

① ［美］霍尔姆斯、桑斯坦：《权利的成本——为什么自由依赖于税》，毕竞悦译，北京大学出版社 2004 年版，第 172 页。

② 何真、唐清利：《财产权与宪法的演进》，山东人民出版社 2006 年版，第 319 页。

理性的秉持特殊原则的主体。从哲学史来看，近代政治哲学对政治主体的不断界说和勾画正展示出其从自然原始状态到基于现实的辩证的认同道路，其中蕴含了对于主体理解的辩证过程。在此过程中，理性在主体的觉醒中发挥了重要作用。

随着启蒙运动所张扬的理性和人性的伟大，以宗教和等级社会为主要形式，虽然充满宿命论但却对于自我的理解起重要作用的宇宙秩序被打破了。现代的、自然科学式的、理性的社会交往成为主流，而传统社会依靠外在的框架来理解自我的方式在现代社会受到了巨大挑战。这种社会组织形式的历史差异体现得更为简洁，那就是自然人依靠血缘，资产者依靠契约。对于前者的所指，我们具有先天的理解和感知，是共同体主义所追忆和心之向往的人之本原。这里我们对于这种生存状态的评价暂且不表，我们在此论述的是近代哲学确证主体的方式、如何辩证地理解新型历史形态所引发的主体间联合的关系问题，这种主体关系就凝结为近代政治哲学中的"契约"，而这种契约式的主体虽然是理性的，但却是自然的和基于假设的。因此，近代政治哲学中所展示出来的主体虽然形式上独立出自然和宗教，并且作为理性的结果出现，但这个主体在确立自身的同时也否定了外在的现实社会和他人。虽然最终以某种特定的方式结合起来，但这种结合是构想层面的，它是在一种外在给予的规定中完成的，因而这种确认是一种独断。工具理性使主体间联合成一个共同体，基于假设的断言就成为不同哲学家争论问题的根源，也导致了这样一种对主体的理解不仅无法解答更加具体的问题，而且无法给出理论上的证明。当然，既然是独断的，那就距离辩证的理解仍有极大的差距。在马克思哲学看来，这种对人的发展形态的规定虽然是人的独立性的一种创建性的工作，但在这个过程中，人的依赖或者说对自然的依赖依旧痕迹明显，而这种独立性的丰富和完成是在康德哲学中完成的，主体确证的先验层面在其理论中得到了系统的说明。

契约论中的主体虽然是现代政治的起点，但是这个起点是预设的、独断的和空洞的。康德的任务就是这样居于独断和怀疑之间重新思考主体性,包括它的能力、目的,这个课题可以表述为:理性主体批判。所以可以这样说,"康德通过揭示内在自我的深刻性而支持了主体性这一现代原则"①,这种意义是以其对自我的立法而实现的。同近代哲学一样,不管是在何种基础和原则上理解自我,"主体性的原则及其内在自我意识的结构所塑造出来的自主性、自律性与自由性不仅是哲学的诉求,同时也是主体理性所激发出来的人性自觉"②。这种诉求就是康德的三大批判所从事的主要工作。在认识领域,康德要解决的是我可以知道什么?而要解答这个问题首先要考察的就是理性自身。主体是理性的自我,因此康德的工作重点就放在了对感性和知性的分析上,而把主体的存在作为无须说明的前提。也正是因为如此,康德的认识论始终无法把认知对象真正地纳入对主体的原初性理解中。在康德那里,纯粹理性与之产生关联的是现象世界,而这个现象界是和主体纯然无关的。因此康德给我们勾画的是主体和物自体截然分离的二元世界,现象界和物自体的对立为主体和客体的不可交往划开了鸿沟。所以"康德哲学作为现代性的一种自我解释是不成功的,因为自我与物自体的划分使主体与客体的二元对立绝对化,从而使生活世界和精神本身的分裂绝对化,无法重新统一起来,康德的物自体原理使哲学不得不放弃与外部现实的一切真实联系,转入纯粹形式化的内省领域"③。因此世界就剩下了现象界这唯一能够使人有所作为的领域,而这个领域中我们可以诉说的基础只能是这个理性主体本身。我们需要重申的是这种对理性的批判工作依然把自我作为前提的使用,这种自我的规定仍旧是预设性的,这种未加以推论的主体特性虽然有了更加丰富的内在建设,但它的始基仍旧是缺乏的。康德的这个问题不仅体现在认识领域,也同样体现在道德实践领域。

---

① 张盾、田冠浩:《黑格尔与马克思政治哲学六论》,学习出版社2014年版,第24页。
② 王振林:《西方现代交往理论研究》,中国社会科学出版社2015年版,第3页。
③ 张盾、田冠浩:《黑格尔与马克思政治哲学六论》,学习出版社2014年版,第24页。

第三章 现代人的自由前景：人的独立性与自由个性的实现

在实践领域，康德的主体性问题以更加直接的形式展示出来。纯粹理性无非就是主体自身的一个特征，康德在《纯粹理性批判》中比较详尽地展示了如何理解主体这一过程，但是这种剖析仍旧无法全方位地给予主体自我一种根本性的解读，我们还需要追问的是：我是谁？我该如何生活？而且，康德认为："在纯粹思辨理性与纯粹实践理性结合为一种知识时，后者领有优先地位，因为前提是，这种结合绝不是偶然的和随意的，而是先天地建立在理性本身之上的，因而是必然的。"① 于是，实践理性中的主体的说明才是更值得关注的，也是更根本的。这就是《实践理性批判》中自律的自我。

康德在《实践理性批判》中是在应然的层面讨论主体的，因而是一种普遍性的规定。正如作为理性的主体是认识领域的前提一样，康德在实践领域要做的就是剔除个别情境中的实然状态，把个体的特殊情况上升到主体一般。因为在具体的人与物、人与人的交往中，"一个有理性的存在者受到病理学上的刺激的意志中，可以发现有诸准则与他自己所认识到的实践法则的冲突"②。因此，主体只有对自身确立这样的要求才能明晰主体的原则高度，即准则如何成为法则，这就成为主体的目标。这个过程是一个自发的过程，在这个过程中主体自我不断获得肯定性。这种肯定性的增加是以判断原则的越发清晰而产生的，因为康德给我们展示出来的对实践主体的说明"表现出从受到感性制约到逐步摆脱感性而完全只由道德法则来规定的范畴的上升过程，但它们最终都是由纯粹实践理性的法则（道德律）作为评价标准的"③。因此，不仅应然的状态得到说明，而且这种根据也更加确定。主体的存在根基不再是一个未加说明的预设，而是一个建基于自身的、"自己为自己立法"的应然状态，是一个超脱了经验事实的有效标准。正如康德在《实践理性批判》中所要求人们的那样："要这样

---

① ［德］康德：《实践理性批判》，邓晓芒译，人民出版社2003年版，第166—167页。
② ［德］康德：《实践理性批判》，邓晓芒译，人民出版社2003年版，第22页。
③ ［德］康德：《实践理性批判》，邓晓芒译，人民出版社2003年版，第4页。

行动，使得你的意志的准则任何时候都能同时被看作一个普遍立法的原则。"① 康德对于主体的这种解说不仅给出了肯定意义上的解答，其中也暗含了对其他一切外在的对于主体的规范、界说的否定，"意志自律是一切道德律和与之相符合的义务的唯一原则；反之，任意的一切他律不仅根本不建立任何责任，而且反倒与责任的原则和意志的德性相对立"②。如此来看，包括近代政治哲学在内的各种努力在康德的意义上都是很难奏效的。

在《实践理性批判》中康德虽然给出了一种充满理论自信的对主体确证的解读，但康德后期政治哲学中的主体却滑向了他所批判的那一种理论中。一方面，康德对主体的解释和建设同样是不成功的，因为康德的自律的主体仍旧无法解决政治哲学中特殊性和普遍性的基本矛盾，实践主体只能依靠自律、自我立法来求得自由的实现，这样一种理路难免会陷入先验哲学和形而上学的责难。另一方面，康德所做的工作是要用道德普遍性来克服主体特殊性，从而为现代社会的道德正当性与政治的合法性进行坚决的辩护，康德的这种理论趋向是被大多数人所忽略的。如果我们把康德和卢梭的工作做一种比较的话，那么，康德可以被理解为一种对卢梭自由观的深化和证明：自由就是按照我们给予自己的法律而行动。而区别在于，卢梭的公意是经验层面的，是现实的道路，是一种假设；而在康德这里却得到了理性的推演，是必然的道路，是一种应然。当然，康德的主体观仍旧是不完满的，缺少的正是在现实和理论层面都具有的否定的、斗争的一面。

具体说来，主体的自我确证必须在社会关系中完成，必须在主体交往的过程中完成。这不仅是一个思辨的理论问题，而是一个实践问题。自我认同的完成必须在和外部世界的关联中实现的。

---

① [德] 康德：《实践理性批判》，邓晓芒译，人民出版社2003年版，第39页。
② [德] 康德：《实践理性批判》，邓晓芒译，人民出版社2003年版，第43页。

二 理性与主体交往

在主体性的确认过程中,人们也越发认识到理性的绝对作用。但是,理性的作用不仅体现在主体的自我发现上,还进一步超出自身内部,在主体与主体之间的关系上发挥了巨大的作用,并以此为现代社会关系奠定了理论基础。

康德以自律作为主体确认的第一因,使主体的目的和确认途径都在自身内部得到了说明。但是,费希特、谢林等已经看出了这种解释在理论和实践中的局限性,尤其是黑格尔在早期"从历史回顾的角度把康德哲学看作现代的标准的自我解释"①。这种评判既是赞赏的,也是不满的。黑格尔以此为起点发掘出自己理论的主导问题:"终结近代形而上学原理的主客分裂的理论逻辑,瓦解以主观性为最高原则的内在化论域,重建主客同一性,并使之成为现代性自我理解的哲学形式。"② 概括说来,黑格尔对主体性的理解超出了理论的独断意义,它既是思辨的和逻辑的,又是历史的。我们不得不承认的是辩证法在其中发挥的巨大效力,也是辩证法的生存意义的基本展示。和康德在面对主体问题时一样,黑格尔首先需要说明的是如何确证主体的存在。在《精神现象学》中,黑格尔通过对感性确定性的分析得出自我是如何在感性的展开中获得存在的:"这种确定性所提供的也可以说是最抽象、最贫乏的真理。它对于它所知道的仅仅说出了这么多:它存在着。"③ 在这里,这样一种看似特别的推论其实在某种程度上是近似于笛卡尔的,当然,黑格尔在接下来说出了更多,而且"黑格尔的'主体'概念不是笛卡尔—康德意义上独立于实在事物之外的认识主体,而是事物存在的一种辩证方式"④。在此我们需要强调的一

---

① 哈贝马斯:《现代性的哲学话语》,曹卫东等译,译林出版社2004年版,第24页。
② 张盾、田冠浩:《黑格尔与马克思政治哲学六论》,学习出版社2014年版,第39页。
③ [德]黑格尔:《精神现象学》(上卷),贺麟等译,商务印书馆1979年版,第63页。
④ 张盾、田冠浩:《黑格尔与马克思政治哲学六论》,学习出版社2014年版,第43—44页。

点是，在《精神现象学》中黑格尔是用意识和自我意识来表述主体特性的，正是意识转变为自我意识的过程才产生出了主体概念，即自我的概念意识。黑格尔比康德更富成果的一点就在于黑格尔所多出的辩证思维："无论作为自我或者作为对象的这一个都不仅仅是直接的，仅仅是在感性确定性之中的，而乃同时是间接的；自我通过一个他物，即事情而获得确定性，而事情同样通过一个他物即自我而具有确定性。"① 如此一来，黑格尔的主体性的确证就不仅是一种自我完成的封闭过程，不再是康德完满的原子式的，而是面向着外在；不仅是理论层面的思辨问题，也是现实领域的实践问题，这种可能是黑格尔从耶拿时期的承认理论到《精神现象学》对其哲学体系的一种更宏观的把握。这种宏观的和面向存在的特性在黑格尔的政治哲学中得到了展示。

有了这种对辩证的主体确证的路径说明，黑格尔依旧没有完成的是将主体的根据置于何处？康德已经对主体有了比较清晰的说明，但由于认知主体缺乏自我确证的依据，主体并不能保证自身的完整性，于是才在认识领域生出了无法把握的物自体。而在实践领域，康德把未加证明的主体根据居于自身之内，才落入形式主义伦理学的窠臼。于是，把这个问题转换为黑格尔的表述方式就是"一切问题的关键在于：不仅把真实的东西或真理理解和表述为实体，而且同样理解和表述为主体。同时还必须注意到，实体性自身既包含着共相（或普遍）或知识自身的直接性，也包含着存在或作为知识之对象的那种直接性"②。实体和主体的同一性成为黑格尔在《精神现象学》中对主体性的最根本的解释。如此一来，康德的二元论就成为不攻自破的虚假敌人，"通过把实体解释为主体，把绝对设想为精神，黑格尔重建了在近代认识论哲学中失落的主客同一性，把问题变成一个存在论问

---

① [德] 黑格尔：《精神现象学》（上卷），贺麟等译，商务印书馆1979年版，第63页。
② [德] 黑格尔：《精神现象学》（上卷），贺麟等译，商务印书馆1979年版，第10页。

题"①。在黑格尔的实践领域，虽然起点仍旧是主体自我，但因为充实起来的辩证的环节，主体间这种相依为命的必然关系创制出一种面向现实的可能。这就体现在黑格尔的《法哲学原理》绝对伦理和国家的概念中。通过黑格尔对绝对精神的把握，实体和主体的这种同一在实践领域发挥出了更实际的作用。在此，黑格尔哲学的最终落脚点既不在认识论问题上，也不在逻辑学本身，而是把绝对精神的客观化过程转移到现实的政治生活之中。这个过程已经隐含在黑格尔的《精神现象学》中："主体当它赋予在它自己的因素里的规定性以具体存在时，就扬弃了抽象的，也就是说仅只一般地存在着的直接性，而这样一来它就变成了真正的实体，成了存在，或者说，成了身外别无中介而自身即是中介的那种直接性。"② 这种理论自觉不仅是对康德哲学的超越，更是黑格尔对思维和存在关系问题的辩证解答。

在对现实政治问题的分析中，黑格尔又在《法哲学原理》中展示出了主体的客观形态，把主体的确证问题投射在其政治哲学中。在政治维度，像康德在《实践理性批判》中所分析的一样，准则和法则的区别以及矛盾成为实践问题的主要表现形式。康德在其论述中也表达出了把准则上升到法则的主体要求，在这个问题上，黑格尔的表述与之具有一定的相似性："精神是这样的绝对的实体，它在它的对立面之充分的自由和独立中，亦即在相互差异，各个独立存在的自我意识中，作为它们的统一而存在：我就是我们，而我们就是我。"③ 对于这层含义所表达出的潜在的矛盾，我们在政治领域可以找出诸多表达方式：个体原则和社会原则、特殊性与普遍性等，其中隐含的内核就是如何确证主体的权利及其实现。这不仅是人与社会之间的，也是人与人之间的基本问题。"社会和个体都必须在为争取'实体上的'自我确证、为争取'承认'自己的斗争中通过这些矛盾，从这些矛盾的喷

---

① 张盾、田冠浩：《黑格尔与马克思政治哲学六论》，学习出版社2014年版，第43页。
② ［德］黑格尔：《精神现象学》（上卷），贺麟等译，商务印书馆1979年版，第21页。
③ ［德］黑格尔：《精神现象学》（上卷），贺麟等译，商务印书馆1979年版，第122页。

着火焰的圣水盘里出来而面貌一新、重获新生。"① 黑格尔在《法哲学原理》中所展开的伦理的不同形态就是这个矛盾的演进史，最终在绝对伦理的统摄下析出国家的理念来。在最终意义上，"黑格尔实现的伟大综合是，真正的伦理既拥有思想的纯形式又包含特殊内容于自身，所以是'概念与实在的同一'；真正的普遍性是以特殊性为对立面、同时又让特殊性返回到自身的普遍性，'在他物即在自身中'，这样的普遍性是对特殊性的解放，让特殊性的内容不再以自然冲动的形式而是以义务的形式表现出来，在义务中个人得到解放而自由"②。但是，"黑格尔的绝对精神借助于历史过程的概念建立起的主体与客体的同一性，实质是忽视经验个体的差异性和多样性，把生活世界的统一性根据归结于非历史的形而上学原理，以此重建了绝对同一性和普遍总体性的强制原则，使个体自由原则成为不可能"③。虽然黑格尔的国家学说为普鲁士的现实政治提供了诸多庇护，但也同样为我们展示出了一条关于人的自由的道路的可能。在理论的层面，"黑格尔使思维和存在辩证地统一起来，把他们的统一理解为过程的统一和总体。这也构成历史唯物主义的历史哲学的本质"④。因此，黑格尔的国家理论应该和马克思的共产主义一样，它实际上是一种运动，而不是一个概念实体。

三 交往理性与伦理理性化

理性的养成不仅体现在思辨层面，还在人的实际交往中扮演着重要角色。理性重新定义了人的主体地位及主体间关系，在宗教和道德感消逝的同时建立起一种新的社会交往原则。这种新的交往规则并不是凭空建立的，而是对传统社会规范进行不断理性化和制度

---

① [苏] 捷·伊·奥伊则尔曼主编：《辩证法史：德国古典哲学》，徐若木等译，人民出版社1982年版，第231页。
② 张盾、田冠浩：《黑格尔与马克思政治哲学六论》，学习出版社2014年版，第172页。
③ 张盾、田冠浩：《黑格尔与马克思政治哲学六论》，学习出版社2014年版，第16页。
④ [匈] 卢卡奇：《历史与阶级意识》，杜章智等译，商务印书馆1992年版，第84页。

化的结果。

现代生活在本质上是理性化的结果,传统道德的消解和理性的养成密切相关。人的理性在经济生活和启蒙精神的影响下不断深入人的实际生活,改变了人的交往原则和交往方式。其中,在资本主义经济生活中货币交往起到了根本性的作用,并以此实现了对人的现实生活的"全面占领"。具体来说,"货币如何实现对物质世界和精神世界的统治?仍然是通过交换。在货币交换中,它把各种性质不同、形态迥异事物联系在一起,货币成了各种相互对立、距离遥远的社会分子的粘合剂,成了社会运作的中心"①。在社会交往关系中,人们把货币价值作为衡量事物的标准。不管是物质的还是精神的,任何事物都可以被标注上价格,人们的生活普遍地处在理性的权衡中。由此,理性成为现代社会的基本原则,成为维持社会基本运行、凝结社会活动的首要原则。这种变化最终体现在人的精神世界和交往原则中。货币交往向宗教关系和政治关系的渗透是人独立生活的开始,人们在新的交往原则的影响下重新思考人的社会关系。在传统的义务关系中,人们的义务担当从一种命定的仪式感中解放出来,用世俗生活或经济生活的成功来替代传统义务是现代生活关系的开始。不管是宗教、政治团体,还是生命个体都愿意接受这种实际的转变。人们与传统社会的权责关系越发被一种普遍的"交易"所代替,这种"交易"的原则就是理性主义。所以说,随着历史的进一步发展,"政治和经济的理性主义和个人主义俨然成为支配现代生活方式的基本原则,从中生发出来的精神力量直接影响到现代法律的人道主义品质"②。作为理性凝结的法律实际上扮演了传统社会法则的代替者。在传统社会,各种道德和宗法关系实际上是一种外在的群体化规则。与此不同的是,现代社会呈现了一种规则内在化的趋势,个体理性的养成使人意识到个体存在和理性交

---

① 陈戎女:《西美尔与现代性》,上海书店出版社2006年版,第67页。
② 谈际尊:《伦理理性化与现代生活方式》,中国社会科学出版社2013年版,第53页。

往的必要性。人们开始意识到自身利益与外部交往的相互关系,"这就是说,理性的利益在于主观意志成为普遍意志,而把自己提高到这种现实化"①。只有在理性的训导下,个人才能实现这种认知,认识到个人利益和他人利益、社会利益的一致性,并把这种意识贯彻到自己的现实交往中。正是在这种意识的引导下,我们才认识到"货币使人与人关系客观化,这正是保证个人自由的前提"②。

货币交往关系或者说理性的交往关系使人从原始的社会关系中独立出来,伦理道德的式微是必然的。我们还应该看到,理性的交往关系实现了伦理关系的转化,也就是伦理理性化的历史趋势。面临着道德生活的式微,加之理性意识并未在现代社会建立全方位的规则意识,人们时常有一种虚无之感。也就是说,"由于伦理学失去了旧有的宗教启示和社会共识,道德就不再具有自明性而必须重新确立起新的基础,最终驱使现代伦理学在情感主义、实证主义和功利主义之间飘无定所"③。道德和宗法规则是建立在情感基础上的外部法则,现代经济生活消解了情感要素的主流地位,人们逐渐培养起一种理性或者利益优先的现代思维方式。道德的情感基础成为现代人难以理解或者难以执行的虚假存在,人们需要重新找寻现代社会交往规则的基础。面对这种复杂的形式,现代伦理学处在一种矛盾中,这种矛盾是情感与理智矛盾的现实化,人们因处在一种过渡时期的空白中而倍感迷茫。在这个过程中,康德把握到了这种时代的变化并对情感和理性的关系作了深入的思考。"不同于卢梭把道德情感视为理解善的重要根源,康德运用理性将自律的自由与人的德性联系起来考察,从而将情感主义伦理取向扭转到对于'实践理性'的关注。"④ 在启蒙运动初期,人们对人的本质及社会关系的理解仍旧处在一种假象阶段,情感

---

① [德]黑格尔:《法哲学原理》,范扬等译,商务印书馆1961年版,第80页。
② 陈戎女:《西美尔与现代性》,上海书店出版社2006年版,第74页。
③ 谈际尊:《伦理理性化与现代生活方式》,中国社会科学出版社2013年版,第58页。
④ 谈际尊:《伦理理性化与现代生活方式》,中国社会科学出版社2013年版,第73页。

仍然是人们理解社会和他人的重要出发点。康德从理性批判的角度出发，重新讨论了理论理性和实践理性的关系，并把理性纳入人的实际生活中。从个体的内在要求出发，人们认识到自由和理性的关系，并把这种内在要求转换成实现幸福的根本途径。在康德那里，理性不仅仅是认识的工具，也是生活世界的重要法则。理性是人之为人的根本，是展开现实交往的基本法则。启蒙运动的根本作用不仅仅是使人认识到了自己的能力和界限，更重要的也在于使人认识到自身的存在方式以及自身与外部世界的关系。现代市民社会的基本精神就是理性，理性构成了现代人基本的物质世界和精神世界。所以，我们可以从新的角度理解康德哲学的现代意义："康德以理性定义人的本性，从中看到了人之为人的尊严和特殊价值，极大地提高人的信心，从而对现代生活方式的合理性进行了有力的证明，既为现代人的日常生活奠定了根基，同时又在一定意义上为现代人的整体生活确立起意义之取向。"① 现代生活在本质上就是理性，当伦理和宗法失去其先天的合法性，需要在理性的面前重新为自身的合法性作出说明的时候，理性就已经开始了对人类生活的全面接管。

> 因此，从根本上讲，现代生活方式最主要的性格乃是理性主义，它贯穿于社会生活的各个领域，以一种独特的伦理观念将这些层面黏合起来。这样，诉诸理性主义伦理的意义不仅在于为现代生活方式提供道德生活合法性论证，而且是现代人获得自我认同感的价值支撑点。②

较之传统社会，理性在现代社会增加了一份职责，作为社会秩序的精神内核，它需要弥补情感在人的生活世界的缺失，找到个人选择的决策依据，使自身判断与社会主流价值完成对接。只有如此，现代

---

① 谈际尊：《伦理理性化与现代生活方式》，中国社会科学出版社2013年版，第73页。
② 谈际尊：《伦理理性化与现代生活方式》，中国社会科学出版社2013年版，第73页。

人才能在新的社会环境中重新获得生命的充盈感，才能为自己的存在找到合法依据。

第四节　理性交往与自由个性

个人与政治共同体之间存在着这样一种变化，个人实现了从隶属于共同体到与共同体平等的变化。这种变化本身展示了个人领域的扩张过程和合法性进程。这一过程也就是个人权利被不断肯定的过程，其中主要包含了平等权利和自由权利。在此基础上，人们才能进一步要求对传统关系的改良，才能真正地厘清个人与公共生活之间的关系，厘清个人与政治共同体的关系。

一　个人权利的形成：被解放的个性

伴随着启蒙运动的发展，理性精神强化了自我意识，建立起主体在思辨领域和现实领域的统治地位。在政治生活中，个人权利经历了从无到有、从简单到丰富的过程。在主体性的确立过程中，人们的主体权利不断被肯定，平等权与自由权成为自由个性的基础。

（一）理性与个人平等

在现代社会，平等一直被人理解为一种作为普世价值的"天赋权利"，但是历史地来看，平等观念的普世化和世俗化除了和社会历史的发展相关以外，还与"启蒙的进化"有着直接的联系。也就是说，作为启蒙精神的核心概念，理性的发展形态在某种程度上影响了平等观念的合法形式及其现实化程度，我们甚至可以这样说，正是理性的形态奠定了平等观念的合法性基础。在当今社会肯定这一结论的难点在于发现和承认，在以资本主义为主要形态的社会中，货币交往和消费社会的普遍发展不仅实现了人们的理性交往，而且促成了理性本身的物化，并以此造成了平等的物化。在马克思看来，这种平等的愿望和现实化作为资本主义文明的底色虽然展示了资本主义的文明面，但从根本上说，以私有财产为根基的现实差异又注定了这种现实的不平等会延伸到各种社会交往和秩序建设中，由此导致的是平等再一次沦为一种虚幻的假象。为此，我们不仅要消除平等的物化，使平等回归到一种纯粹的状态，而且更重要的是消除不平等的物质基础，使平等的概念在思维和存在中得到统一。而这一切都是从理解理性的历史和平等所实现的路径开始的。

人们对平等的理解建立在理性的发展和进化基础上，而平等的实现建立在以科学技术为主要推动力的社会生产能力上，因而这从根本上也和理性的发展密不可分。在这一过程中，启蒙运动不仅实现了人们对平等合法性的思维变革，也从根本上促成了资本主义生产方式的全面爆发，相较于传统的平等观念，"平等"一词被赋予了革命性的意义，这一直接体现就是社会关系从身份关系到契约关系的转变。身份关系是在人的原始共同体基础上形成的，对人的身份判定是依托于氏族、血缘、地域、民族、文化等因素而实现的，这种差异具有先天性和延续性。对身份关系的倚重是传统狭隘交往关系的产物，在共同体内部的交往必然要有一定的秩序可以遵循，身份关系作为一种等级高低和情感亲疏的关系表征是传统社会交往关系的重要起点。在较为狭隘的原始交往中，身份关系是快速简洁地划定范围、建立信任关系的必要前提。从历史上看这样的关系发现，经济性的交往在人们的生活中占据的比例较小，人们并没有在交换中养成肯定对方平等及其合法性的习惯，平等的生活在这种关系中也就成为罕有之物。上帝虽然肯定了人的平等权利，但是从根本上说，人的不平等的身份关系仍旧在社会生活中发挥着主要的作用。

启蒙运动的首要目的在于重新定义人和宗教的关系，也就是重新肯定人的价值，通过理性来恢复人的主体性地位。在平等问题上，人们把自由和平等作为人的天赋权利，是人本身存在的价值，由此为资产阶级开辟自身的发展空间提供了强有力的理论支撑。但是，这种对平等的理解是以肯定自身利益为前提的，人们过分强调自我的平等却极其容易忽略他人的平等，这也就造就了资产阶级市民社会的利己精神。于是资产阶级市民自私自利和贪婪的本性就被释放出来，人们成为斯密口中的原子式的存在。这里的深层原因在于一种启蒙主义所造成的主体性的强调及其物化，它是导致这种不平等的根本。这种不平等在于，不能理性地判断自身和他人的利益合理性，用自身权益的优先性去压迫和否定他人的利益，这种不平等虽然是较为晦涩的，但却是造成我们这个时代不平等的理论根源。在这个阶段，理性的发展是发现主体的手段，也是限制理解他人的根本，人们在个体的解放之初，只能把注意力集中到自我诉求的满足上，这在主体性的确立过程中有一定的合理性。而且反过来说，"斯密等人对原子式个人的理解，与他们被社会关系的物化形式所迷惑相关"[1]。在现实社会中，人们摆脱各种传统的共同体，淡化自己的身份从而在更大的空间范围内建立社会交往，人们在社会生活中建立起以自我为中心的社会交往关系，并通过私有财产强化了这种主体性。可以这么说，在现代社会中，人的传统身份不再重要，他更多的时候仅仅作为一个拥有独立财产的单个人而已，这也就是造成人与人之间相互不平等的实际原因。"人就由于将自己的社会属性转给物而被理解为非社会性的孤立的人"[2]，在这种以主体自我为中心的社会关系中，人就脱离开一切其他的社会关系，脱离开与他人的平等或不平等的关系而成为单独的存在，他们通过启蒙运动而获得的平等和自由概念被这种现实打破了。

在启蒙初期，随着主体自我意识的觉醒，人们既希望能够实现宗教上的人人平等，也希望能够实现人和神的平等，甚至是人依靠自身获得的平等。但是这种建立在主体性上的平等和自由并不是理性发展的最后阶段，在马克思的博士学位论文中，伊壁鸠鲁的原子论已经把意志自由的可能性显示了出来，斯密等资产阶级经济学家的平等观只不过是这种主体观的经济学的体现，它改变了宗教形式平等的抽象

---

[1] 李淑梅：《论马克思自由平等观的变革》，《教学与研究》2008年第6期。
[2] 李淑梅：《论马克思自由平等观的变革》，《教学与研究》2008年第6期。

性，依靠理性的发展把对平等赋权的能力转移到人自身，但这仍旧不是平等的最理想状态。启蒙运动以对理性和人性的强调实现了历史翻天覆地的变革，强调了主体的优先地位，并实现了社会关系从身份关系到契约关系的转变。这种变革的深层意义在于以理性的方式实现社会组织的合理化，或者说整个社会历史的合理化。从身份到契约的社会关系变革实现了人类交往从不平等到平等的变革，体现了社会文明的普遍进步，因此，"我们可以说，所有进步社会的运动，到此处为止，是一个'从身分到契约'的运动"①。

契约关系并不是人们在启蒙社会突发奇想的产物，而是从普遍的社会关系中发掘出的一种更加理性的交往关系，这种关系对于实现人的普遍平等具有重要意义。在现代社会中，契约关系在处理外部事件或者重大事件时发挥了重要作用，它在某种程度上实现了契约双方平等互利，是双方较为理性地展开交往、解决矛盾的手段。契约论是以理性为基础的，是在肯定人的平等为前提下的一种为自身目的服务的社会组织方式，它本质上仍旧是一种自利行为，但是这种行为超出了狭隘的对他人权利的否定，是一种更加合理有效的组织方式。因为要保证人们的利益得到认可，人们希望能够诉诸一种更加稳定有效的方式来实现人的联合，这种联合虽然是以各自的利益为根本目的，但是在契约的达成过程中却通过协商的方式肯定了他人利益的合法性，肯定了对方人格和自身人格权利的平等。"契约以当事人双方互认为人和所有人为前提。契约是一种客观精神的关系，所以早已含有并假定着承认这一环节。"② 契约关系实现了契约双方法权意义上的平等，是以双方彼此承认对方身份和权益为前提的。正如黑格尔早期对承认理论的强调一样，自我意识的确证是实现主体认同的前提，而以主体平等为基础的主体间的和解关系才是平等的最终状态，这是在理性的主导下达成的平等。所以，"平等可以理解为每个人对自己的一种个人

---

① [英] 梅因：《古代法》，沈景一译，商务印书馆1959年版，第97页。
② [德] 黑格尔：《法哲学原理》，范扬等译，商务印书馆1961年版，第80页。

的、个体的和自私的感情;但与此同时,倘若不是最积极地、最肯定地承认他人的权利,平等就不称其为平等了"[1]。为了达到各自的目的但不损害他人的利益,人们通过这样一种理性的认知获得了一种形式上的平等,并在平等的基础上达成一致。"在这种统一中,双方都放弃了它们的差别和独特性。"[2] 他们放弃了自己身份的复杂性,在这种契约关系中,他们的唯一属性就是人本身,这种形式上的平等也就是纯粹的平等。我认可主体自身和他人是平等的,并不是因为任何因素,而只是因为他人可以称其为人。在契约关系中,唯一重要的前提是对方是具有人格性的独立实体,正是因为我们的这种平等关系,契约关系才得以顺利建立。我们在这种理性主导下所实现的"契约自由是以存在于普通私人契约当事人之间的基本平等地位为前提的"[3]。但是,通过理性达成的契约关系在我们的社会关系中占据的比例是较小的,越往前推,这种情况就愈发明显。面对社会关系的扩大化和复杂化,我们宣扬契约精神正是应对这种历史趋势的结果,也是理性关系和平等关系不断现实化的结果。平等正是在这样一种理性的进展中得到逐步推进的,随着理性不断得到人们的肯定并不断现实化,名义上的平等就失去了它的价值。任何之前神秘的、宗教的平等观都成为过去时了。但是在实际的历史中,资本主义社会及市民生活都放大了强调自我平等的社会愿望,使社会个体及其交往仍旧停留在强调对自身权益的追求上,也就是强调平等是自身的合法性因素,而忽略了他人的平等。这种观念的现实化以私有制为根本,造成了现代社会平等的扭曲,马克思对资本主义的批判实现了对平等物化的扬弃,既恢复了平等的本真意义,又以此为我们构建了一幅新的社会景象。

不管资本主义社会所宣扬的平等是形式的还是现实的,"平等"一词都是相对于不平等的现实而言的,共产主义对经济平等的强调也

---

[1] [法] 皮埃尔·勒鲁:《论平等》,王允道译,商务印书馆1988年版,第266页。
[2] [德] 黑格尔:《法哲学原理》,范扬等译,商务印书馆1961年版,第81页。
[3] [美] 伯纳德·施瓦茨:《美国法律史》,王军等译,法律出版社2007年版,第130页。

就消解了平等本身。马克思在这个过程中强调了生产力水平的根本作用，人们是在生产力的发展水平上谈论平等和自由的具体形式的。除了物质生产的极大丰富外，人们对财产的占有形式也决定了人们之间平等与否，马克思对私有制的否定不仅直接实现了对资本主义不平等的瓦解，消解了阶级对立的基础，使社会财富不再仅仅是某些人的果实，从而为实现更广大的人的自由个性发展提供了保障。而且，马克思对私有制的否定从根本上消解了平等的物化及其所导致的新的不平等，使平等回归到一种纯粹的状态。平等作为一个历史性概念，它是相对于不平等的现实而提出的，它也会随着不平等的消失而消失。在马克思看来，随着历史的演进，社会物质财富的极大增长和人们的共同占有会使平等的物化消解掉，而社会其他方面的不平等也会因为这种物化的消失而实现更加纯粹的平等。到那时，平等就成为纯粹的现实呈现在我们的面前，而当不平等消失的时候，平等本身也就不存在了。所以说，"真正的自由和真正的平等只有在共产主义制度下才可能实现"[①]。当然这里所说的废除私有制，实现社会大众对财产的公共所有，使经济上的不平等成为历史，并不是否定物质生产对平等的基础性作用，而是把物化的不平等从人的平等中剔除出去，实现我们对人格本身的尊重。只有如此，我们"才能为一个更高级的、以每一个个人的全面而自由的发展为基本原则的社会形式建立现实基础"[②]。通过这样的形式，我们既肯定了平等和自由的现实基础，也肯定了每个人作为独立的精神实体的纯粹自在性，是对物化平等的积极扬弃。所以在我们可以设想的未来社会中，如果想从根本上消除不平等，就应该通过变革所有制的方式把平等的物化形式消灭掉，使平等成为一种在理性上获得认可、在思维和存在的领域中得到统一的存在。

这个领域内的自由只能是：社会化的人，联合起来的生产

[①] 《马克思恩格斯全集》第4卷，人民出版社1958年版，第331页。
[②] 《马克思恩格斯文集》第5卷，人民出版社2009年版，第683页。

者，将合理地调节他们和自然之间的物质变换，把它置于他们的共同控制之下，而不让它作为一种盲目的力量来统治自己；靠消耗最小的力量，在最无愧于和最适合于他们的人类本性的条件下来进行这种物质变换。[1]

在平等的物化中，人们把本该为个体自由发展的基础当作了超越人的主导性的存在，颠倒了人的价值和物的价值，这和马克思所批判的货币拜物教有着千丝万缕的联系。只有消除物的形式对人的统治，肯定人的价值的决定性作用才能重新驾驭物本身，而不是人成为物的奴隶。

所以，总的来说，"在过去，人总是被一些别的资格所掩盖，而今，人的资格则是首要的"[2]。消除平等的物化，不仅能够消除人们在经济领域的不平等，而且能够使这种影响渗透到社会的方方面面，造成不平等的因素有哪些，这种物化的消除就应该渗透到哪里。平等不再是任何现实的内容，它只是对纯粹人格的肯定。

(二) 理性与自由

作为政治诉求的自由在现代已经无法离开具体的社会现实得到澄清了。现代人的自由个性在何种意义上是可能的，在这一点上，黑格尔和马克思都通过理性的分析为我们揭示出自由的实现道路。

黑格尔的自由理论是在两个维度上被诉说的。一个是从自然哲学到精神哲学的道路，另一个是客观精神的展开道路。在这两种不同的理论趋向中，最能体现黑格尔哲学本质的是作为精神本质的逻辑学。在黑格尔这里，逻辑学依其根本来说是作为有限通向无限、绝对的内在生成机制，是宇宙秩序的根本规律。黑格尔的自由是理论中的思辨逻辑，在黑格尔的哲学及其伦理体系中，自由所遵从的首先是逻辑体系本身，也就是理性本身。黑格尔的自由在理论上是以确认自我存在

---

[1] 《马克思恩格斯文集》第7卷，人民出版社2009年版，第928—929页。
[2] ［法］皮埃尔·勒鲁：《论平等》，王允道译，商务印书馆1988年版，第264页。

为前提的,其中的前提就是理性的个体。这在《精神现象学》第一部分关于意识的讨论中得到了充分的展示。感性确定性的确认是肯定主体存在的第一个步骤,当然,这是自在自由的前提。通过感性的"这一个",对象的存在得到了证明。而且,"无论作为自我或者作为对象的这一个都不仅仅是直接的,仅仅是在感性确定性之中的,而乃同时是间接的;自我通过一个他物,即事情,而获得确定性,而事情同样通过一个他物即自我而具有确定性"[1]。黑格尔这种自我确认的逻辑已经超出了从笛卡尔到康德主体自我的圆满性,开创出一种以主体相互关系为逻辑根本的理论,更重要的是,这种新型关系是以人的历史交往形态为经验材料的。这一点在某种程度上超出了形而上学的思辨性,有一定的历史和现实依据,正如马克思在《博士论文》中关于自我意识的讨论一样,只有"原子偏斜"才能展示出真的自由,创造超出必然性的自由。主体的自我确认既是主观精神对自我的充分经验,也是利用理性在思维中对自己作为对象的经验。自身确定性的实现就是黑格尔从主体的意识过渡到自我意识的结果,因为"自我意识是从感性的和知觉的世界的存在反思而来的,并且,本质上是从他物的回归"[2]。在对经验世界的反思和讨论中,黑格尔从逻辑的层面展示了主体间相互作用的形式。当然,这种主体间关系是逻辑的结果,而并非历史的结果,实际上并不具有历史形态的问题。在黑格尔的哲学体系中,《精神现象学》和《法哲学原理》居于不同的位置,市民社会的交往现实是作为思辨的结果出现的,而不是像马克思深入政治经济学一样,从劳动和财产问题来解答历史。

关于主体间的关系作为承认问题较早在黑格尔的耶拿时期就有所体现,在其早期的《伦理体系》中,黑格尔以家庭为主体自我的原始单位,主要描述了社会伦理发展中的情感关系,以法律为形式描述由霍布斯肇始的契约传统,最终统一在国家这一绝对伦理概念中。在理

---

[1] [德] 黑格尔:《精神现象学》(上卷),贺麟等译,商务印书馆1979年版,第63页。
[2] [德] 黑格尔:《精神现象学》(上卷),贺麟等译,商务印书馆1979年版,第116页。

解霍布斯的契约论时，一切人反对一切人的战争正如在《精神现象学》中主体间早期的否定阶段一样，"就意欲的对象——生命来说，否定或者是来自一个对方，亦即出于欲望，或者是以一个特殊形式与另外一个不相干的形态相反对，或者是以生命的无机的普遍本性的形式来否定生命"①。这种人与人之间的原始冲突是自利原则的结果，是主体间简单的否定，这种主体意识到"精神是这样的绝对的实体，它在它的对立面之充分的自由和独立中，亦即在相互差异，各个独立存在的自我意识中，作为它们的统一而存在：我就是我们，而我们就是我"②。黑格尔既为这种主体的对立找到了原因，也为这种交往形式展示了出路。"在霍布斯的理论中，国家契约的绝对正当性仅仅在于：只有契约才能结束一切人对一切人的战争，而这场战争实际上就是主体为了捍卫自我而发动的。"③ 如何建立一种主体间相互承认的新型伦理关系？主体自我和对象如何在现代历史中得到相互确认？这就是现代契约的达成。通过这样一种新的伦理阶段，主体获得了一种关于现实的自由的可能。"因为第一，通过扬弃，它得以返回自己本身，因为通过扬弃它的对方它又自己同自己统一了；第二，但是它也让对方同样地返回到对方的自我意识，因为在对方中它是它自己，于扬弃对方时它也扬弃了它自己在对方中的存在，因而让对方又得到自由。"④ 市民社会就是这种逻辑的现实体现，也是近现代政治哲学最不可脱离的历史语境。黑格尔在其思辨逻辑中展开了对自由及其何以可能的描述，在黑格尔的体系中，《精神现象学》中关于意识的讨论虽然是在主观精神的范畴中被统摄的，但是关于自由的这一逻辑在客观精神中是一以贯之的。

《法哲学原理》因为同样统一于逻辑学的框架之内，这也就保证

---

① [德] 黑格尔：《精神现象学》（上卷），贺麟等译，商务印书馆1979年版，第121页。
② [德] 黑格尔：《精神现象学》（上卷），贺麟等译，商务印书馆1979年版，第122页。
③ [德] 阿克塞尔·霍耐特：《为承认而斗争》，胡继华译，上海人民出版社2005年版，第14页。
④ [德] 黑格尔：《精神现象学》（上卷），贺麟等译，商务印书馆1979年版，第182页。

第三章　现代人的自由前景：人的独立性与自由个性的实现　　197

了主观精神和客观精神的逻辑一致性。换句话说，黑格尔关于伦理及政治的诸多现实问题的见解是同主观精神的发展历程相契合的。从黑格尔早期神学著作中爱的理论，到耶拿时期的承认理论，到《法哲学原理》中的政治理论，黑格尔的理论在遵从思辨逻辑的同时，也具有历史的经验所指。但相较于马克思，黑格尔对市民社会、历史的理解是应该被批判的，这在《黑格尔法哲学批判》中已经得到明确的表达。我们现在关注的焦点在于黑格尔关于自由理论的结果和出路问题。黑格尔不管是在纯粹思辨的领域，还是在伦理的领域，都为我们确定了一种绝对的自由实体，这就是作为绝对伦理的国家概念。或者我们这样来解读："黑格尔的哲学表面看来是纯粹思辨的'逻辑学'，但其实质是借助于逻各斯（绝对理念）内在的生命力量之外化（体现为'历史的表演'）来诠释或理解人类生活样态的结构演变，其目的是考察逻各斯内见于心（意识，精神），外示于行（政治，伦理）的伦理秩序的生成演变。"① 或者黑格尔认为："国家形态是一个伦理的有机体：它先于其各个组成部分而存在，并在其自我区分、自我编排的过程中得到最终的实现。这是个体存在的特殊性不断被社会伦理关系所破坏并在进一步的发展中被不断修复的一个过程。"② 总之，在黑格尔那里，家庭—市民社会—国家这一政治形式的内在逻辑同样也是早期自然伦理—犯罪—绝对伦理这一伦理形式的逻辑。黑格尔的主体间的自由最终是在国家这一伦理概念中实现统一的。

关于黑格尔国家概念的批判我们在此不做过多的展开，我们应该看到的是黑格尔把自由问题理解为政治问题的理论要求，这既是他对希腊公共政治的向往，也是作为交往的自由的必然形式。

　　　　黑格尔坚持认为，主体之间为相互承认而进行的斗争产生了

---

① 邓安庆：《从"自然伦理"的解体到伦理共同体的重建》，《复旦大学学报》2011年第3期。
② 王福生：《黑格尔承认理论的四副面孔》，《吉林大学社会科学学报》2007年第4期。

一种社会的内在压力，有助于建立一种保障自由的实践政治制度。个体要求其认同在主体之间得到承认，从一开始就作为一种道德紧张关系扎根在社会生活之中，并且超越了现有的一切社会进步制度标准、不断冲突和不断否定，渐渐地通向一种自由交往的境界。①

黑格尔与其他德国哲学家的不同之处在于，在某种程度上把自由重新纳入精神和意志的层面，之前的哲学家把宗教、艺术看作人的自由的一种出路和解答。在黑格尔那里，这些都应是人的自由的产物，甚至国家、法也都是精神理念的结果。柏拉图的理念世界及后来胡塞尔意义上的先验意识都被黑格尔以逻辑和辩证消解掉了，而黑格尔所确立的这种思辨的逻辑已经在最大程度上确立了自由的形式及可能，但是在其展开和发展的问题上，历史的维度被消解掉了，黑格尔就只会进行演绎了。启蒙运动肯定了人的理性及其作用，人的精神的自由从此不断延展自己的力量，并最终在黑格尔那里发展成为世界的标准和法则。但是从历史的维度来看，黑格尔哲学无非神学的恢复，是宗教之合乎理性的最后支柱。

对于理性和自由的关系，马克思着重讨论了个体自由和自由人的联合体的关系，并从虚无主义的角度入手，阐述了实践概念和人的自由的关系。进一步来说，马克思的实践概念所包含的对同一性和非同一性关系的理解成为自由得以实现的关键。一方面，马克思重申了理性的功能和范围，并且找回了理性在理论和事实之间的结合点；另一方面，马克思以感性的实践为出发点揭示了共产主义作为人的自由发展的可能性。

在马克思那里，实践既是理性和感性的统一，也是事实和价值的统一。因为"从前的一切唯物主义（包括费尔巴哈的唯物主义）的

---

① [德] 阿克塞尔·霍耐特：《为承认而斗争》，胡继华译，上海人民出版社2005年版，第9页。

主要缺点是：对对象、现实、感性，只是从客体的或者直观的形式去理解，而不是把它们当做感性的人的活动，当做实践去理解，不是从主体方面去理解"①。在朴素唯物主义的认识论中，认识是建立在主客体二元分立基础上的，认识活动被简单地看作对知识的证实与证伪，是作为科学式的表达来进行的。我们在此对"科学"一词就是在其中立性上使用的，对于这一分化的利弊我们已经在前文中论述过，其积极意义在于保证认识的纯粹性，使其自身能够按照知识的内在逻辑自行推演。但马克思却强调了这种分化所导致的价值虚无主义，因为理性的使用范围扩大到非客体的更广泛领域的时候，这种关系模式就成了导致虚无主义的重要根源，对象、现实和感性所蕴含的能量不仅仅在于它们对于现实生活的符号化的表征，更重要的是在于它们所表现出的现象背后更实际的存在论意义，即我们通常所指的意义和价值属性，这才是生活世界的根本意指。在所谓的"客观的"或"直观的"形式中，人的维度是缺失的，人的感性的存在是被剥离出去的，这种"从前的一切唯物主义"和现代理性在导致人的价值虚无主义上如出一辙，它们是理性虚无主义的两种历史形式。"因此，和唯物主义相反，唯心主义却把能动的方面抽象地发展了"②，面对着朴素唯物主义的这种理性的极端化，对虚无主义的这种不安使得唯心主义走向了另一个极端，它们全部的理论起点奠基于"主体方面"，一切理论建设都以这个感性的自我为中心，自我能动方面的发展成为其终极的理论目标。因此，在这个层面上，人的价值和意义得到了完满的释放，这是以尼采的"权力意志"为代表的非理性主义的核心主张。当然，在马克思的语境中，这种对自我能动性的发扬只是抽象性的，缺乏一定的现实经验基础，尼采的超人也只能在偶然的癫狂状态中出现，并不具有普世价值。因此，理性和非理性的虚无主义都在某种程度上缺乏了一种对事实和价值的权衡，而马克思所指出的把"对象、现实、感

---

① 《马克思恩格斯文集》第1卷，人民出版社2009年版，第499页。
② 《马克思恩格斯文集》第1卷，人民出版社2009年版，第499页。

性""当做实践去理解"就成为解答这一难题的更为根本的方法。既然马克思是在已经洞察到了从前一切唯物主义和唯心主义的缺失的前提下强调实践的,那么马克思的实践一词就应该成为克服虚无主义的最佳方法,事实上也是如此。

马克思不仅从根本上阐明了之前哲学的缺陷,主张用实践概念统一之前极端的二分化,而且把现实的个人作为实践的主体,使实践的价值和意义内涵得到根本性的体现。不管是在理论领域还是在经验领域,"任何人类历史的第一个前提无疑是有生命的个人的存在"①。这个历史前提的现实性不仅体现在马克思以此创建的历史唯物主义中,还在于它构成了历史的根本意义。因为"这是一些现实的个人,是他们的活动和他们的物质生活条件,包括他们得到的现成的和由他们自己的活动所创造出来的物质生活条件"②。这也是马克思的实践概念与从前的唯物主义和唯心主义的区别,而且相较于本书所阐释的两种虚无主义,尤其是就理论理性的抽象性而言,"它的前提是人,但不是某种处在幻想的与世隔绝、离群索居状态的人,而是处在一定条件下进行的、现实的、可以通过经验观察到的发展过程中的人"③。在这个意义上,在后现代主义的语境中所强调的差异和多元化的个人同样摆脱不了虚无和抽象的特性,于是马克思指出"人们不应当再拿某种不以个人为转移的 tertium comparationis〔用作比较的根据即标准〕来衡量自己"④。这是实践具有强烈现实感的根本来源,它从一开始就是以现实的个人为观照的,因此,实践概念本身就蕴含着人的价值内涵。此外,实践还是一切真理问题的合法性保障。综合之前的讨论,我们可以说实践概念在马克思那里具有一种综合而统一的作用。在马克思的《关于费尔巴哈的提纲》中,我们首先看到的不仅是他对唯物主义和唯心主义的批判和纠正,而

---

① 《马克思恩格斯全集》第3卷,人民出版社1960年版,第23页。
② 《马克思恩格斯全集》第3卷,人民出版社1960年版,第23页。
③ 《马克思恩格斯全集》第3卷,人民出版社1960年版,第30页。
④ 《马克思恩格斯全集》第3卷,人民出版社1960年版,第518页。

且在真理问题上也强调了实践的作用。这种强调不仅解答了真理标准问题的一切争论,更重要的是恢复了真理的价值内涵。"人的思维是否具有客观的真理性,这不是一个理论的问题,而是一个实践的问题。"①和实证主义的理性认知不一样,科学知识的真理性不是一种居于自身内部的自证,它的合理意义最终落实在人的实践生活中,人的思维认知能够获得合法性,必须在现实中找到能够在事实和价值层面给予思维双重证明,反过来说也是如此。所以,"人应该在实践中证明自己思维的真理性,即自己思维的现实性和力量,自己思维的此岸性"②。马克思在这里通过强调认识的实践性,也肯定了实践之于认识的优先地位,从而强调了人的价值和意义的优先地位,虚无主义的阴影在人的价值领域的重新昭示下驱散开来。

因此,"全部社会生活在本质上是实践的"。人的生活和历史本身就是价值的创造和延伸,价值之于生活的存在既是必然的也是必需的。"凡是把理论引向神秘主义的神秘东西,都能在人的实践中以及对这种实践的理解中得到合理的解决。"③任何形式的虚无主义都可以在实践中得到清除。

二 个人与公共领域关系的发展态势

随着主体性在现实生活领域的不断强化,现代社会开启了私人领域的独立。市民社会的形成使个人利益成为个人生存的首要目标,他们开始重视个体意志,个人不再是寄居于共同体的纯粹个体,而是试图把自身利益与政治国家的利益分割开来,反对普遍的、整体的政治意志对个人的戕害。对于新出现的这种关系变化,尤其是随着个人从传统共同体的政治独立,人们一方面着手私人领域的建设,另一方面也实现了对个人与公共关系的新思考。在对于这种关系的思考中,人们普遍地展示出

---

① 《马克思恩格斯文集》第 1 卷,人民出版社 2009 年版,第 500 页。
② 《马克思恩格斯文集》第 1 卷,人民出版社 2009 年版,第 500 页。
③ 《马克思恩格斯文集》第 1 卷,人民出版社 2009 年版,第 501 页。

两种思路：一种认为私人领域通过实现的政治独立能够和政治进行平等对话；另一种认为特殊意志能够通过社会发展在更高的社会阶段被扬弃，两种思路实际上暗含了非同一性和同一性之间的矛盾。

（一）个体自由与公共生活的平等态势

个人生活的真正独立伴随着近代资本主义生产而发生。资本主义通过不同形式的物使人实现了相对于传统生活方式的独立，在这个过程中，市民社会概念的出现标志着这一历史阶段的正式形成。市民社会是一个拥有丰富内涵的历史概念，我们应该在历史的整体发展中对其作阶段性的理解。也就是说，市民社会概念具有一定的中介性，它是介于国家意志与个体意志之间的一种普遍的利益诉求。当然，市民社会的首要原则依然是个人自由主义，它表达了人们反抗传统压制、高扬个体诉求的非同一性原则。在这种原则的影响下，哈贝马斯详细分析了在这样一种二分关系中平衡各方利益的可能性。

在自由主义者看来，个人利益和国家利益有着根本不同的着力点。市民社会在启蒙运动和理性主义的不断影响下，不断地强化自身利益的合法性，以此形成了以自我为中心的价值体系。从传统社会生活中独立出来的结果是归属感和认同感的削弱，人们普遍地进化成无根的原子式个人。但是，作为政治民族国家，依旧需要强调政权的合法性、文化的总体内涵等精神原则的一致性，引导人民建立共同的社会认同感。这些问题伴随着现代社会的发展而出现，如我们在上文中所分析的一样，个体自由以物质财富为基础，以所有权为保证，强调的是个人表达自身非同一性的合法性；国家以对个人财富的部分占有为基础，以武装执法为保证，强调的是某一阶级的利益。所以，在极端的自由主义者看来，国家就是相对于个人自由的存在，是个人自由的天敌。由此看来，"自由社会的政治任务就是限制本质上专横的国家对经济生活领域即自由领域的侵犯，保障个体的私有权利"[①]。在这

---

① 涂文娟：《公共与私人——泾渭分明还是辩证融合》，《哲学动态》2010年第4期。

种形势下，个体自由与政治国家的二元对立就是显而易见的了。当然，我们应该了解到这一点："自由主义关于公共私人二分的意图是保障私人权利免受国家的侵犯，并保证私人领域的自由。"① 他们以一种相对极端的方式展示了对非同一性的维护。

阿伦特对私人领域与公共领域的论断也在某种程度上强化了二者的二元对立关系。和古代共同体相比，人们现在所组建的公共领域实际上和人的私人领域完全不能相容，甚至以损害私人领域的空间为前提。首先，人们必然地存在于这两个领域中，私人领域和公共领域是个人生存中原则迥异的两种生活，两者之间有明显的界线。在私人领域中，个体的社会角色相对简单，以情感和个性为主要的原则，人们从这种生活中获得内部或外部的情感满足。在公共领域中，人的社会角色复杂多样且具有易变性，公共领域中的社会交往以理性契约为交往原则，情感和个性让位于理性原则，人们通过理性和交往方式表达自身的诉求。所以，这两个领域有着完全不同的行事法则，"现在每个公民都属于两种存在秩序，而且在他私有的生活和他公有的生活之间存在一道明显的分界线"②。随着这两个领域不断发展，人们首先肯定了这两个领域存在的合理性和合法性，但是，阿伦特所强调的是，公共领域因为从本质上追求同一性，容易挤压私人领域的存在空间，因为"从历史上看，城市国家和公共领域的兴起极有可能是以牺牲家庭和家族的私人领域为代价的"③。在一种二元论的视角中，两者存在着不可调和的矛盾，公共领域渗入私人领域，对家庭关系产生了重要影响，使传统生活方式中的家庭伦理等原则受到挑战，并使自身的合法性受到质疑。

迈克·哥茨根认为，阿伦特用二元对立的方法建立起了一座政治哲学的新大厦，私人领域和公共领域作为两个相互支撑、相互依存的

---

① 涂文娟：《公共与私人——泾渭分明还是辩证融合》，《哲学动态》2010年第4期。
② ［美］阿伦特：《人的境况》，王寅丽译，上海人民出版社2017年版，第15页。
③ ［美］阿伦特：《人的境况》，王寅丽译，上海人民出版社2017年版，第18页。

领域缺一不可。这在阿伦特的理论世界中展示得极为明显,是她诊断现代人生存境况的重要维度。当然,这样做的问题在于,阿伦特没有给这种冲突关系留下足够的缓冲空间,没有为两者留下和解的可能。二元对立的两种生活样态在现实中发生着怎样的交互关系?怎样发生具体的冲突?是否有合理的解答方式?自由的一面和必然的一面是否有兼顾的可能?阿伦特在表面上用一种过于简单的关系强调了两者的差异性。问题的根本在于阿伦特所理解的自由和必然的二分。在她看来,个人是自由的,而公共领域则充满了必然,自由和必然是一种绝对的对立关系。与此不同的是,哈贝马斯把公共领域理解为私人领域和市民社会表达自身意愿的空间。市民社会是构成公共领域的主体,实际上是公共领域和国家的对立。通过厘清市民社会和私人领域之间的关系我们可以发现,市民社会包含了私人领域和公共领域双重空间。市民社会在不同的语境中强调了不同的侧重点,它既强调了资产阶级生活中的个人对自身利益的追求,也表达了个人通过某种途径集结个人意愿,影响公共事务,尤其是政治事务的可能。一方面,哈贝马斯所理解的私人领域和政治领域的关系是对立存在的,他在《公共领域的结构转型》中认为,市民社会更多地表达了个体的意愿,是特殊性的合集,它在原则上是和公共权力对立的。另一方面,"市民社会与众不同的特征就在于,构成其社会生活的诸方面——国内事务、经济领域、文化活动及政治互动——均由个人及个人、群体之志愿性机构来出面组织,而不受国家的直接控制"[1]。在这个意义上,市民社会构成了一个介于国家和个人生活之间的过渡性空间,在一种形式上是对立的社会形态中找到了一种沟通互动的可能。市民社会通过对个人意愿的集中表达,利用各自的职业或社交团体对社会事务进行参与讨论。不管这种空间是否和政治直接关联,它都是社会生活的一部分,都在某种程度上和国家事务存在联系。对类型化公共领域的参

---

[1] David Held, *Models of Democracy*, Stanford University Press, 2006, p. 281.

与，实际上可以看作在私人领域和政治国家之间一种特殊的和解方式。通过两者在这种关系中的互动，个体诉求与国家政治意志才能实现更好的统一。问题的关键在于，通过市民社会所形成的这个独立组织，人们史无前例地构建了一种平等对话、理性沟通的平台。在这个虚拟的对话平台上，现代民主的基本样态得以重新阐释，人民意志得到了充分且合理的展示。

实际上，不管是阿伦特还是哈贝马斯，他们都试图在两者之间建立一种联系。在阿伦特那里，私人领域和公共领域也存在相互渗透的可能，尤其是个人领域中的公共性和公共领域中的个性在一定程度上是可以共存的。所以说，"在阿伦特试图引导我们进入一系列尖锐的对比之中时，我们发现了一个中间地带。……两极之间的关系仍然是辩证的和相互依存的"[①]。在这一点上，我们也可以这样理解，哈贝马斯一方面展示出了个人在与公共领域的互动关系中所展示出来的积极性，另一方面，公共领域也承担了作为个体和政治国家的沟通媒介，普通民众借助公共领域的存在不断与政治国家进行相互的影响或促进。在一种二元思维下，公共领域成为公众实现个人解放的渠道，在这种渠道中，个人和国家都力图把自己的意志传达给对方，实现两者在具体问题上的平等协商。就实际情况来说，两者的相互交叉构成了社会生活的主要内容，公共领域是实现个人特殊利益和国家普遍利益的双重空间。

从根本上看，社群主义者对社会多元组织的倡导、诺奇克对最小国家原则的坚持，也都是把个人利益和国家利益看作两种对立的存在。他们首先强调了个人利益和国家利益的差异性，都把如何调整两者的力量对比作为思考的重心。社群主义者对非同一性的强调和肯定必然使社会走向多元主义，而诺奇克的思路又有使社会陷入无政府主义的危险，当然，他们也都为自己的理论主张设计了相对的程序以避

[①] 转引自涂文娟《公共与私人——泾渭分明还是辩证融合》，《哲学动态》2010年第4期。

免这种混乱，但我们可以看出，这些都是在二元矛盾思路下的无奈之举。

（二）个体自由与公共生活的趋同态势

在关于个体自由和公共生活的关系上，二元分离的局面未能从根本上解决两者之间的对立，非同一性逻辑主导的原则从根本上强调个体自由的优先性，放弃了两者实现统一的可能性。与此不同的是，在这种所谓的对立关系之外，以同一性逻辑为基础的思维方法找到了实现两者和解的途径。在这个问题上，黑格尔法哲学思想和马克思的自由人的联合体为我们提供了一种新的思路。

在黑格尔的法哲学及其创建的伦理体系中，个体自由所遵从的首先是逻辑体系本身。自由及其现实化是个体不断通过理性确认自身、确认他人、确认相互关系的过程，在黑格尔的观念中，人们正是在这个过程中完成了自由意志的同一化，并最终凝结在作为绝对理念的国家概念中。在这个过程中，自由首先是和自由意志联系在一起的。人的主体性的建立首先表现为人的意志的自由表达。主体性是在近代形而上学和资本主义两个维度上被建立起来的，它是人们反对传统等级关系，重新建立依赖原则的结果。在黑格尔的概念中，自由首先显示了人的本体论含义，它是人的本质的自由表达。个体意志作为合法的意见能够真正地在社会中被肯定，这是对人本身的肯定和人的本质的还原。当然，黑格尔所理解的个体自由也并非绝对的自我，而是现实个体与普遍真理的结合。一方面，自由显示出自我的个性，它是人的特殊性的合理展示，它是人从传统依赖关系中解放出来的状态。另一方面，人的自由需要克服特殊性和普遍性的分离，要在一种现实和理想的平衡中实现自身。个体自由绝对不只是一种个人自我臆想的乌托邦，它是在普遍的社会协作中建立起来的普遍意志。正如每个社会成员所设想的完美世界不可能完全相同一样，人们的自由的内涵也并非格格不入，个体的自由实际上包含了普遍性的价值需求。社会的发展就是不断地实现特殊性的普遍性，能够在社会的总体发展中不断地肯定社会的特殊性，从而为更多的人建立普遍的社会自由。

自由不是停留在思辨世界的抽象原则，而是人不断改造世界、实现自身的现实活动。自由的实现最终依赖于理性的力量，它不仅给人的自由提供了充足的物质基础，它还使人扬弃自身的特殊性，实现对他人的肯定，从而在一个统一的过程中实现自由个性。在黑格尔的法哲学观念中，抽象的人格、个体的承认、客观的伦理秩序都蕴含了个体意志不断走向同一的精神原则。在不同的阶段中，个体既展示出了自由的原则，也展示出对自我的规定，这种规定从理性原则出发，把自由的最终实现与个体意志和普遍意志的同一联系在一起。从自由精神的主体角度来看，个体代表了特殊性，群体代表了普遍性，社会的和谐关系实际上指的就是个体间的统一。在这种统一中，人们在实现自身自由的同时也需要承担相应的义务，这是理性个体普遍接受的事实。这种契约关系就是个体和社会能够共生共存的理论基础，人们在一种统一中实现着个体意志的合理表达。所以，与康德主体的内在完满不同，"黑格尔的自由是'伦理实体'的自由"[1]，人只有在社会中，在与社会意志的某种统一中才能实现自身。

黑格尔国家概念的实际内涵是公共生活，而且这种公共生活是包含了特殊性的同一性。黑格尔在国家概念中讨论的问题实际上是人的自由在公共领域何以可能的问题。黑格尔的国家概念是一种普遍性的、同质性的伦理共同体，在这个共同体中，每个个体都是理性的被平等对待的自由意志。黑格尔的国家概念反对原子式的个体，世界上不存在绝对的个体，也不存在绝对的特殊性，任何个体都必须在普遍性的基础上，在某种共同体中存在。个体的现实性由他所建立的社会关系所决定，而这种社会关系本身就是特殊性和普遍性的结合。我们应该在黑格尔的思想中认识到，现代社会是理性个体自由表达自身的机会和平台，没有这样的平台，个体自由就完全是空谈。在《法哲学

---

[1] 高兆明：《心灵秩序与生活秩序》，商务印书馆2014年版，第32页。

原理》中,黑格尔试图证明的是,国家是自由的现实化。黑格尔的国家概念不是政治性的实体,而是一种伦理精神,一种特殊性和普遍性同一化的绝对理念。

自由人的联合蕴含了对主体关系的辩证理解,在这一点上,黑格尔和马克思以不同的面向展开了对个体自由具体形式的讨论,从而使得我们能够借助两者从思辨和现实的维度对自由人的联合体进行进一步的探索。关于自由个性的联合体的这一追问,我们借用社会学这一向度来阐明。滕尼斯在《共同体与社会》中从概念上区分了共同体与社会,认为"关系本身即结合,或者被理解为现实的和有机的生命——这就是共同体的本质;或者被理解为思想的和机械的形态——这就是社会的概念"①。在滕尼斯这里,共同体的生活被理解为一种亲密的、相互信赖的共同生活。在这里个人总是感到与整体处于亲切的联系中,而又不感到在其中丧失了自身。这在某种程度上是和马克思的自由人的联合体是契合的。我们需要注意的是,不管哪一种社会组织形式,其实都存在讨论个人价值和社会价值的关系问题,我们很容易完成一种"乌托邦"的设定,但对于其现实性的道路却谈得太少。滕尼斯为我们区分了共同体和社会,并列举说明了各自的类型:共同体的主要形式有家庭、邻里、友谊,它们以血缘、感情、伦理为纽带;而社会的形式是公司、城市、民族国家、资本主义社会等。我们不禁要问共产主义在这样的分类中居于什么位置,是否值得我们追求,我们的何种价值可以在其中实现等问题。如果用滕尼斯的语境来解释马克思的自由个性的共产主义,那就是本质意志和选择意志的融合何以可能。不管是自由主义的契约论,还是哈贝马斯的交往理性,理性的个人选择性地建立了自我生存其中的社会,这都是一种自我利益权衡之后的结果,这个过程是怎样的?马克思给了我们逻辑的终点,却没有给出程序性的说明。在这一点上黑格尔认为:"自由公民

---

① [德]斐迪南·滕尼斯:《共同体与社会》,林荣远译,商务印书馆1999年版,第52页。

为承认而斗争仅仅是伦理理念现实化的一个环节和手段,为承认而斗争,需要一个属于自由公民的自主的'社会',具有'伦理精神'的民族和国家来调节和规范这个社会。"① 这是黑格尔为自由问题指出的具体形式,但是,在上文中我们已经得出:黑格尔的完美的政治形式是不存在的。

那么,马克思自由个性的联合体是不是一个乌托邦呢?诺齐克在《无政府、国家和乌托邦》中为我们分析了乌托邦能够实现的形式以及意义,最终的结论其实也在某种程度上解答了滕尼斯的意志融合的可能性。但我们还是要沿用诺齐克对乌托邦的疑问并把问题转换成:我们的自由个性的联合体是某一个最终的理想世界吗?诺齐克首先肯定了乌托邦精神的价值意义,这是人类不断进步的动力和希望,但是传统的乌托邦思想却有诸多不合理,比如追求的价值单一。因此,诺齐克提出了多元的新乌托邦的论证。首先,人们是有差别的,"所有可能世界中对我来说的最好世界不会是对你来说的最好世界"②。每种乌托邦价值都有其合理性,如果我们不能同时实现所有的价值,那么就应该保证其被实现的可能性的均等,因为"没有什么理由使我们相信,一种独特的权衡体系会得到普遍的赞同"③,在此,黑格尔的绝对伦理的现实意义是难以界定的,或者说在人类能及的历史时期,这是不现实的。诺齐克于是提出"最低限度的国家"作为"元乌托邦",这是一种所有价值都可以共生共存的共同体,继而用特殊的共同体来满足不同的局部的价值和善。诺齐克提出了"设计手段"和"过滤手段"来进行各种乌托邦的实验和尝试,"在一个可以尝试乌托邦实验的社会里,可以过各种不同类型的生活,可以单独地或共同地追求

---

① 邓安庆:《从"自然伦理"的解体到伦理共同体的重建》,《复旦大学学报》(社会科学版) 2011 年第 3 期。
② [美]诺齐克:《无政府、国家和乌托邦》,姚大志译,中国社会科学出版社 2008 年版,第 356 页。
③ [美]诺齐克:《无政府、国家和乌托邦》,姚大志译,中国社会科学出版社 2008 年版,第 374 页。

关于善的各种不同梦想"①，诺齐克用推论来论证特殊共同体的合法性：因为"对于每个人，都存在着一种对他而言客观上最好的生活"，而且"人们是不同的，所以并不存在一种对所有人在客观上都是最好的生活"。

我们谈论诺齐克的乌托邦理论是为了反观马克思的自由个性在何种程度上能够得以展开，适合某个人自由个性发展的联合体并不等于适合每个人自由个性发展的联合体。但因为人的自由的相似性，我们赞成元乌托邦的价值性存在。因此，我们可以达成这样一种最基本的结论："在乌托邦中并非只存在一种共同体，也并非只过一种生活。乌托邦将由各种乌托邦构成，由众多不同的和相异的共同体构成，在这些共同体中，人们在不同的制度下面过着不同的生活。"②

不管以何种方式讨论个体与共同体的关系，我们都无法消解这两者的存在，问题的关键在于如何在两者利益相悖的矛盾点中找到和解的可能。马克思强调："只有在共同体中，个人才能获得全面发展其才能的手段，也就是说，只有在共同体中才可能有个人自由。"③ 马克思从历史逻辑出发为我们勾画了自由个性的美好世界；而黑格尔以承认为伦理基础的思辨逻辑为现代社会政治理论提供了理论说明。但是在马克思那里，他已经洞察到了未来世界"人对世界的关系是一种人的关系"④，以历史逻辑为指导的自由理论要求我们，现实的个人及其交往形式是自由个性的起点，多元价值的自由发展和相互肯定是必然的历史事实，认可这一点是我们通达自由个性之路、建立自由人的联合体的基石。这样的起点要求我们重新思考现代政治哲学视野中各种特殊共同体在理论和现实上的重要意义。

---

① ［美］诺齐克：《无政府、国家和乌托邦》，姚大志译，中国社会科学出版社2008年版，第367页。
② ［美］诺齐克：《无政府、国家和乌托邦》，姚大志译，中国社会科学出版社2008年版，第373页。
③ 《马克思恩格斯文集》第1卷，人民出版社2009年版，第571页。
④ 《马克思恩格斯文集》第1卷，人民出版社2009年版，第247页。

第五节 时空脱域与自由个性

资本主义对现代社会的影响不仅体现在宏大历史原则的变化中，而且体现在日常生活的细枝末节中。现代社会生产的发展改变了人们对世界的认知方式，改变了社会交往的基本形态。在对时间和空间的感知上，人们基本上从传统的自然观点中独立出来，从传统时空对人的束缚中解放出来。在信息技术和现代交通的发展下，在时间和空间不断资本化的趋势下，时间和空间在微观层面影响人的可能性也越来越大，现代时空对人的生活意识的改变是人在现代社会实现自身自由发展的新的历史语境。

一 现代时间与个人自由

时间是自由的基本维度，在不同的社会形态中，人们对时间的理解和感知有较大区别。在时间问题上，现代社会展示出了两种变化趋势：一种是劳动时间的减少和自由时间的增加，另一种是对时间的关注从永恒转移到当下。这些都影响了人的自由的展开形式。

（一）劳动时间与自由时间

时间是人的生存尺度，是人展示自身生命个性的重要维度。人在时间中完成自身的成长，也完成自我的发展。时间是实现自由个性发展的前提，这首先表现在马克思所划分的劳动时间和自由时间中。

马克思把时间看作自由个性发展的前提，时间自由是人类永恒追求的目标。在传统农耕生活中，人同样把自由寄托于时间。不过，劳动时间和自由时间并没有清晰地划分，劳动活动同样可以作为自由解放的一种可能，即便这种概率很小。相较于传统社会，资本主义生产把人的生命清晰地划分为劳动时间和自由时间。资本的根本目的在于增殖，资本家的根本目的在于获利，于是劳动时间就成为他们想方设法争夺的对象。他们一方面不断延长劳动者的工作时间，尽可能地缩短他们的非劳动时间，不断制造额外的形式来榨取工人的时间；另一方面，他们还通过延长劳动者的工作年龄来获取更多的劳动资源，童工和老年人，妇女和残疾人都成为争取劳动时间的对象。我们可以看到，人与人的平等，尤其是男性与女性的平等不是社会开化的产物，而是资本扩张欲望的衍生品。关于资本主义生产的逻辑已无须多加说明，问题的关键在于如何在时间的意义上实现人的自由和解放。

在马克思看来，解放的道路就在于劳动时间的缩短和自由时间的增加。其中，劳动时间缩短的前提是基本的劳动时间能够满足人们日益增长的物质文化需求，在这个基础上，人们才有能力实现自由个性的发展。因为"剩余劳动一方面是社会的自由时间的基础，从而另一方面是整个社会发展和全部文化的物质基础"①。因此，社会解放的必由之路就是解放生产力，使最小单位时间生产的产品能够满足人的发展，把剩余的时间留给个人。在现代社会，正如时间是财富的表征形式之一，社会财富是作为人实现自我的手段而出现的，人们必须为自由个性的发展留下充足的时间。"个性得到自由发展……并不是为了获得剩余劳动而缩减必要劳动时间，而是直接把社会必要劳动时间缩减到最低限度，那时，与此相适应，由于给所有的人腾出了时间和创造了手段，个人会在艺术、科学等方面得到发展。"② 自由个性必须建立在自由时间的基础上。劳动的剩余价值和剩余劳动时间都必须归全体劳动者所有，为一切人的自由发展服务。在这样的前提下，人才能从自身的个性出发，真正自由地选择自己愿意从事的活动，才能实现人的更高的发展。现代社会已经使社会上的大部分人摆脱了沉重的体力劳动，剥除了劳动对人的生命的全面占有，为生计而花费全部生命时间的人越来越少。在基本的社会分工中，现代人"要提高工作效率，合理地安排时间。正像物质生产中更重要的是提高劳动生产率一样，提高效率和有理性地分配自己的生存时间对个人争得更大的发展

---

① 《马克思恩格斯全集》第47卷，人民出版社1979年版，第257页。
② 《马克思恩格斯文集》第8卷，人民出版社2009年版，第197页。

空间有着特别重要的意义"①。对于现代社会中的个人来说，人一方面应该提高自己的工作效率，为自由的生活安排更多的时间。另一方面，更重要的是，人应该学会分配自己的时间，除了满足基本的物质需求外，那些能够增加自身能力、实现个人全面发展的事情更值得人们花费时间。这既是对自身的尊重，也是对时代的尊重。

伴随着资本主义消费主义浪潮的汹涌发展，人们对于如何利用自由时间有了更多的选择，在某种程度上，人们的需求也被不断地生产出来。一般看来，"自由时间是不被生产劳动吸收的，而用于娱乐和休息从而为劳动者的自由活动和发展开辟广阔天地的余暇时间"②。自由时间区别于劳动时间的意义在于它没有任何非自愿的因素，它排除了任何外在力量的强制性，劳动者在自由时间内可以实现放松身心、自我发展等基本诉求。社会的整体发展目标就是不断提升生产力的发展水平，为全社会压缩更多的劳动时间，节省更多的自由时间。对于社会来说，"真正的经济——节约——是劳动时间的节约。而这种节约就等于发展生产力"③。只有生产力的普遍发展，劳动时间才能最大程度地减少，自由时间才能成为人的生活的主导。具体来看，自由时间包含了丰富的内容，有"个人受教育的时间，发展智力的时间，履行社会职能的时间，进行社交活动的时间，自由运用体力和智力的时间"④。对于不同的个体来说，自由时间的支配方式各不相同。

（二）永恒时间与当下时间

自由时间是人满足自身需求、实现自我发展的前提。在自我发展的过程中，人们创造价值、实现自我的满足，并在此过程中实现生命的充实与获得感。在传统社会中，受传统时间观念的影响，人们普遍地把追求永恒作为人的最高标准，作为个体价值的最高荣誉。但是，

---

① 姚顺良：《自由时间是人的发展空间——马克思"人生时间"哲学发微》，《江西社会科学》2011 年第 8 期。
② 《马克思恩格斯全集》第 47 卷，人民出版社 1979 年版，第 215 页。
③ 《马克思恩格斯全集》第 31 卷，人民出版社 1972 年版，第 107 页。
④ 《马克思恩格斯文集》第 5 卷，人民出版社 2009 年版，第 306 页。

在现代生活中，随着时间的碎片化，人们普遍地把对永恒价值的追求转移到短暂的满足中，以此构成现代人实现自由发展的新图景。

现代人对历史和未来有着一种普遍的冷漠态度。在现代人尤其是现代的年轻人看来，历史和未来应该是历史学家和科幻作家关心的事情，人们至多可以把它们当作娱乐的元素来体验。相比较历史上已经发生的事件，人们对未来的想象只停留在科幻作品中，"事实表明，我们越来越不关心未来将给人类带来的幸福，越来越不关心将使我们获得幸福的进步。我们不再相信未来是前所未闻的幸福的仓库，未来的幸福能使目前的欢乐相形见绌"①。人们既不关心历史及未来，也不关心如何得到永久的幸福。人们不再依赖线性的时间观或者循环的时间观来主导和规范人们的生活，人们的现实生活和生命不需要永恒价值的引领，也不会为此感到空虚。因为现代人认为，他们有无数可以瞬间填满自身、获得快乐的途径。"现代性使永生不再神秘，不再具有魔力。"② 现代文明消解了宗法和宗教的神秘，消解了自然的不可知，自然科学使永恒的神话不攻自破，于是，人们也不再奢望永恒价值本身，天文学和生物科技的发展也一次次地重塑和打碎了这种希望。如此比较起来，人们在传统社会所宣扬的永恒的幸福，持久的快乐需要花费的时间成本极高，而且这种价值本身单调、枯燥、令人难以亲近，远不及当下的愉悦来得直接。由此我们可以看到，"后现代境况有一个总体特征：它摧毁了时间，并使得对于可以无限扩展的时间流的感知凝结成对现在时间的体验，或者将其分割为一系列自足的片段，而每一个片段都是短暂瞬间的强烈体验，并且尽可能彻底地与其过去及其未来的后果分割开来"③。现代社会消解了传统意义上的时间，消解了时间所带给人的期待感和未来感，时间成了无数当下感知的合集，它可以在自己的时间界限内无比丰富，能够快速地完成某种

---

① [英] 鲍曼：《被围困的社会》，郇建立译，江苏人民出版社 2005 年版，第 141 页。
② [英] 鲍曼：《被围困的社会》，郇建立译，江苏人民出版社 2005 年版，第 130 页。
③ [英] 鲍曼：《个体化社会》，范祥涛译，上海三联书店 2002 年版，第 299—300 页。

完整的体验。它自给自足，不依赖于过去和未来的结果，通过内在的感知完成自己的历程。

在现代生活的具体表现中，人们对于时间的感知也处在一种矛盾中。对于自己的身体，人们从追求长寿转移到追求瞬间的快感上来。现在的人们并非放弃了对于生命持久的渴望，只是在欲望的不断倾泻下，人们过早地透支着自己的身体，消耗着自己的精力。正如现代人虽然平均寿命在延长，但猝死率也不断提高；一边暴饮暴食、熬夜纵欲，一边健身塑形、积极养生正是现代人面对自己生命时间所表现出来的矛盾。在爱情和性的问题上，人们颠倒了持久的幸福和短暂的快乐之间的关系，现代人普遍认可爱情成为一种奢侈品，自己不配拥有，人们越来越多地在性上找到满足，我们理解了现代人对永恒追求的放弃，也就理解了现代人的性爱态度。在现代娱乐方式中，游戏也是一种非常重要的生命体验。游戏首先依靠不同的角色设定和代入感，能够满足不同游戏玩家的体验需求。进一步来讲，现在随着移动网络和智能手机的发展，游戏也在朝着小型化和低耗时发展，人们越发对在短时间内能完成的游戏充满好感。一方面是因为现代人的时间被切割成细小的碎片，另一方面，人们在小游戏当中能够更轻易地获得游戏的快感体验。当然，人们即便在游戏中没能取得胜利，没有很好地完成自己的任务，在短暂的痛苦和失落之后，也可以轻易地把希望转移到下一次机会中。人们在游戏中体验到的是不断的胜利和失败，而每一次胜利都能带来巨大的满足，每一次失败也都能被新的时间填补，或者被新的希望所取代。即便是失败了，这种痛苦也可以用别的满足来轻易掩盖，人们只需要关注游戏的快乐即可。在消费领域，人们对当下时间的依赖更加强烈。在现代社会，资本的增殖欲望从未停歇，资本憎恨永恒的商品，因为它违背商业逻辑，抵制消费。资本市场喜欢的是人们层出不穷的需求，转瞬即逝的喜爱，不断变换手中的商品。因此，商业广告需要做的就是不断地宣传新的产品，不断地激发起人们消费的欲望和冲动，商业资本更是如此。社会整体和个人普遍地达成了这样一种默契，人们都把这种从永恒意义向当下时间寻求满足的追求当成一种必然，人们不再轻易地强调传统的价值意义。于是，现代社会的人不再把心理需求寄托在遥远的未来，虚无缥缈的价值让位于简单直接的快乐，人们不断在这种生存环境中实现着自我的解放和囚禁。

二 现代空间与个人自由

现代人除了在新的时间观念变革中体会到了自由的新境地外，还更直观地在空间问题上体会到了这种变化。现代生活极大地扩展了人的生存空间，不仅实现了人对外部空间的掌控能力，还在内部空间的划分上更加细致。现代社会不仅通过大都市的产生不断满足个人的发展需求，也不断地使自然空间参与到人的自由个性的发展中。现代社会所衍生出的空间变革重新定义了人的生存及其意义，使人的自由个性呈现出新的变化。

（一）外部空间与私人空间

现代人独立于传统的自然空间后分别向外和向内扩展了空间范围，在两种不同的维度上实现着自身的发展。脱离开本土生活，人们首先面对的是无限广阔的外部空间；在物质基础达到一定程度后，人们又对自身的日常空间开始感兴趣，人们现代空间与自我的发展以宏观和微观的视角分别展示了出来。

现代社会在第二次工业革命所完成的交通技术革新的基础上，不断扩展着人类活动的能力。伴随着空间流动的强大驱动力，人们脱离本土生活的机会越来越多。在纷繁复杂的社会流动中，"传统的中世纪思想方式的千年藩篱，同旧日的狭隘的故乡藩篱一样崩溃了。在人的外在的眼睛和内心的眼睛前面，都展开了无比广大的视野"[①]。在这个广阔的世界中，人们的交往获得了极大的扩展，人的社会关系变得

---

① 《马克思恩格斯文集》第4卷，人民出版社2009年版，第94页。

更加丰富且自由。资本主义市场是世界历史的主要推手,为了实现资源和市场的最大化,资本主义必须把能够联合起来的一切资源都纳入世界市场中。

"为了这种联合——如果它不仅仅是地域性的联合——,大工业应当首先创造出必要的手段,即大工业城市和廉价而便利的交通。"① 从世界市场的角度来看,资本对空间有着天然的仇恨态度,空间阻碍了资源的流通,增加了时间和资金的成本,"因此,资本一方面要力求摧毁交往即交换的一切地方限制,征服整个地球作为它的市场,另一方面,它又力求用时间去消灭空间"②。在这个基础上,外部空间就被尽可能地联系在一起。人们依靠外部技术的革新完成了自由空间的转换,人们可以自由地根据自己的兴趣和志向选择空间。

在微观层面,人们在日常生活中也越发注意空间与自由个性之间的关联。首先,外部世界的扩展同样激发了人确定自身空间的必要性,公共空间的逐渐显现凸显出私人空间的存在意义。"一个人私有财产的四面墙垒,为他提供了离开公共世界后唯一可靠的藏身之处,让他不仅可以摆脱发生在公共世界内的一切事情,而且可以摆脱其特有的被他人所见和所听的公开性。"③ 复杂的社会关系、紧迫的社会节奏都使人处于一种压力和焦虑中,在这个意义上,私人空间为现代人提供了真正意义上的栖身之地。相较于传统空间给人所提供的实际意义上的保护,现代私人空间,尤其是现代都市住房给人提供的不仅仅是基本的居住保障,更多的是心理层面的呵护。此外,面对公共领域对私人领域的不断侵蚀,私人空间也是个体保持自我的重要途径。"一个私人所有的藏身之处,是保护这种需要隐藏的黑暗以抵挡公共之光的唯一有效途径。"④ 因此,伴随着现代都市生活的发展,人们对

---

① 《马克思恩格斯文集》第1卷,人民出版社2009年版,第568页。
② 《马克思恩格斯文集》第8卷,人民出版社2009年版,第169页。
③ [美] 阿伦特:《人的境况》,王寅丽译,上海人民出版社2017年版,第46页。
④ [美] 阿伦特:《人的境况》,王寅丽译,上海人民出版社2017年版,第47页。

自我住宅的装饰也逐渐成为一种潮流，这不仅表现出人们对都市空间的重视，而且强调了私人空间的独特属性。不仅如此，在公共空间中，人们也增加了对私人空间的重视，社会对多元社会群体的尊重也体现了出来。这主要体现在特殊空间的建造上，母婴室、吸烟室等场所的设置不仅增加了公共空间的包容性，也为个人生存提供了便利。从本质上说，这些都是自由在现代空间的表现形式。

（二）城市空间与个体发展

与传统空间相比，现代社会以大都市为基本表征构建了现代空间的基本形态。在传统生存空间中，资源根据地域的不同而多寡有别，人们的需求只能得到最基本的满足。资本主义生产需要集中的资源和市场，城市化进程就成为不可阻挡的历史趋势。在城市生活中，人们能够依靠工业体系创造出更多的社会财富，人们的需求也在更大程度上能够被满足。不仅如此，人们的需求也是伴随着生产力的发展而发展的，在充足的物质财富下，人们的需求开始不断丰富，这成为城市空间对人的发展的重要作用。城市集合了不同的需求和欲望，而对于需求和欲望的满足能力又和城市的大小息息相关。人们建立起交往关系的范围和深度，社会结构的完整复杂程度都与社会的大小有着密切关系。一般说来，社会在较小的规模上运转，人们所能建立的社会关系就极其有限，自由个性得到发展和认可的可能性就比较小，个人的观念和生活方式更多地受到共同体的影响。所以说，有着明显地域局限性的共同体在实现个体自由发展的可能性上是有限的，多元化的诉求难以被一一肯定。城市在交往范围上极大地扩展了人的界限，使人能够建立起丰富的社会关系，为自身的个性发展建立基础。城市使不同的思潮与观点都能集结成有效的力量，社会风气和制度都能够以较高的宽容度包容人们的各种个性。所以，相较于传统社会共同体，城市居民有着更大的生活自主权。

在社会交往方面，人们独立出原始的社交关系后需要在城市生活中建立自己新的社会关系。相较于传统社会，城市的人员构成更加复杂，社会组织更加多样化。密集的人口带来的是无限交往的可能性，人们在单位时间内所能建立的社会关系更加多样化，所以，"都市中人群的密集互动所带来的巨大社交自由"[①]，使人实现自由发展的可能性增大。

城市空间也重建了人对自然空间的关系。在传统社会，人们一方面从各自的自然生活中汲取各种生存的养料，另一方面想方设法地逃离自己的故乡。自然环境的充裕与贫瘠在不同人的生命中轮番上演，人对于自然也处于一种矛盾的态度中。当现代都市生活成为人的主要生存空间时，人们完成了与自然空间的和解，甚至重新把自然环境作为自由个性的施展空间。现代农业的发展使传统自然空间焕发出了新的活力。

(三) 现实空间与虚拟空间

现代世界不仅在现实空间中发展出自由的新形式，而且创建了一个新的自由空间——以互联网为基础的虚拟空间。相较于现实世界，虚拟空间给我们提供了一个相对平等、自由的存在空间，并成为现代人的重要生存空间。

互联网首先实现了时间和空间的跨越。在现代通信技术的发展下，人的交往基本上可以实现无延迟交流，人们在传播媒介的辅助下，能够极大地缩短对世界信息的获取速度。互联网消解了传统时间观构建起来的社会交往关系，使人与人面对面的交流不断地成为现实，在这个意义上，人们真正地实现了世界历史。在空间问题上，互联网在某种程度上实现了时间对空间的消除。在这样一个虚拟的空间中，人的空间隔离感被极大地削弱了。不管是在社交活动中，还是在商业往来中，人们依托互联网解决了现实世界中的诸种繁杂，使地理要素成为社会交往的隐形要素。在虚拟空间中，社会交往的空间属性被极大地削弱了，人们不自觉地过滤掉了传统社会成员的民族、文化等地域要素，使交往本身更加务实、纯粹。

[①] 陈戎女：《西美尔与现代性》，上海书店出版社2006年版，第94页。

在互联网所构建的虚拟世界中，人们还在更大程度上实现了平等和自由。虚拟空间首先革除了人在现实社会关系中的一切身份，剥夺了传统权力体系的话语权。在虚拟空间中，人们的社会交往是在一个崭新的平台上建立起来的，传统社会的赋权机制在这里都是无效的。"没有人握有特权，没有谁可以控制谁，人人都是平等的，人人都可以在赛博空间占有自己的位置，发出自己的声音，显示自己的存在。"① 主体性在一种纯粹的意义上显示出来，它不依赖于任何现实基础，不依靠任何物质财富，只要能够介入互联网这个虚拟空间，人就以一种原子式的个体存在于这个世界中。人们在这个空间中并无身份上的差异，只有立场上的不同。"网络构建了一个虚拟的世界，就像一场假面舞会，人人都隐去了自己原有身份和地位，按照自己的意愿和想象，重新塑造自己的角色，尽情抒发自己的情感，发泄自己的欲望。"② 社会交往的匿名性在最大程度上完成了人的自由和解放，人们可以抛弃现实生活中的各种繁杂身份和责任，在虚拟空间中实现真正的自我，展示自己最真实的一面。

虚拟空间还给人提供了一种具有狂欢性质的自由场所，它给人提供了一种区别于现实生活的乌托邦空间。狂欢是异于日常生活的非常态的时间状态，在虚拟空间中，狂欢的时间转向空间向度，确切来说，虚拟世界给人提供的是一个放纵自我的特殊空间。"赛博空间毕竟具备了民间狂欢节广场的几乎所有特征：它的非官方、非权力和反贵族化充分显示着民间的姿态和立场；它的无所拘囿的自由和颠覆理性权威、蔑视等级秩序、追逐感性欲望，又使得这一空间成为一个众声喧嚣的狂欢节广场。"③ 传统权力体系的失效预示着自由失去了一切外在的规则束缚。在某些时候，现代社会的理性法则在虚拟空间中甚至退化成非理性的极端情绪，依靠理性建立起来的各种社会秩序被虚

---

① 马大康：《虚拟网络空间的话语狂欢》，《浙江社会科学》2005年第4期。
② 马大康：《虚拟网络空间的话语狂欢》，《浙江社会科学》2005年第4期。
③ 马大康：《虚拟网络空间的话语狂欢》，《浙江社会科学》2005年第4期。

拟空间里的匿名个体打破了。在虚拟空间里，人们还使官方和民间的关系发生了转变。传统官方媒体对民间话语具有绝对的压倒性优势，官方话语的强制性使民间话语一直处于边缘地带。一方面，互联网所营造的虚拟空间从根本上剥除掉了政治性的权威，网络参与者来到了一片自由的沃土。尤其是在与官方媒体的对话和交流中，民间话语在反应速度、情感共识等方面都具有天然的优势，人们在虚拟空间里实现着为数不多的自我解放。另一方面，虚拟空间还包含了现实世界的再现，尤其是游戏、影视等娱乐方式的出现，以不同的想象力实现着现实世界所不能达到或完成的世界，从这个意义上说，虚拟世界是区别于现实世界的彼岸世界，它完成了人们对于理想生活和世界的某种想象。

结　　语

　　与马克思生活的时代相比，现代社会已经取得了长足发展，生产力的快速发展极大地改变了社会形态，并从经济政治深入日常生活领域，不断影响着人的生存形态。马克思用人的发展形态理论简要概括了人的发展的三个阶段，我们又结合现代社会的具体变化详细阐释了这一过程的具体内容。通过这种方式，我们恢复了马克思与现代社会对话的可能，展示了马克思在现代社会所展示的强大生命力。更重要的意义在于，通过对马克思关于人的发展形态的梳理，我们能够对现代性和后现代主义的关系这一重要问题作出回应。只有以辩证法的视角重新审视现代社会，才能以历史的眼光对它们作出准确的定位和评价。

　　马克思客观评价和认识了"以物的依赖性为基础的人的独立性"这一阶段的合理性，即现代社会作为历史阶段的必然性和必要性。在理解由"人的独立性"所导致的现代人的生存危机之时，大多数后现代主义者表现出了消极的态度，因为现代社会发展出"人的独立性"这一社会形态，导致了现代人面临着虚无主义等危机。前资本主义社会既为人提供了随处可栖的意义归属，却又不同程度地限制了自我的发展。当现代人得以摆脱这种原始关系时，却并未在积极意义上实现自由个性的真正发展。也就是说，现代人仍旧无法自由地表达自己的思想、感情及发展自己的能力和个性。现代社会的发展虽然给人们带来了独立与理性，但使人感受到孤立、焦虑和无能为力。按照以往的历史,"所有个体都在不同形式的惯例基础上形成某种本体安全之框架"①。所有人都需要有一定的依靠来支撑生活,需要在某种体系中明确自己的归属。只有这样,人在时间和空间坐标上的位置才能得到明确,人生意义之根源就在这种确定性之中得到定义。人在面临这种无法退却的浪潮时有两种选择:"或者逃避自由带来的重负,重新建立依赖和臣服关系;或者继续前进,力争全面实现以人的独一无二及个性为基础的积极自由。"② 未来无处寻觅,过去支离破碎,现代人所遭遇到的正是这种进退两难的境地。那些对人生怠慢、疲于奔命的人无时无刻不在感叹生命的艰辛,但又不得不摆脱现在的窘境,"于是,为了克服孤独与无能为力感,个人便产生了放弃个性的冲动,要把自己完全消融在外面的世界里"③。这种沉迷或许是无意识的选择,或许是无可奈何的决定,他们都以各自的方式抛弃自己,放弃了对未来的努力和期许。我们要强调的是马克思为我们展示出的另一种选择,即在前进中开辟出自己的自由之路。

马克思从唯物史观中洞见到人的发展的逻辑,提出人的历史发展形态的三个阶段,明确表达了第二个阶段是第三阶段的必要环节并为其创造条件。首先,资本主义创造了巨大的社会财富,使生产力得到极大发展,人的物质生活水平不断得到改善。这一社会财富的积累为人的普遍发展提供了基础,便利的交往手段扩大和完善了人的社会关系,新的需求和欲望在生产生活中不断被更新,人对自然的依赖程度不断降低并可以依据自己的喜好去建立新的社会关系。总之,现代社会创造的物质生产为未来社会的实现提供了更大的可能。其次,在人的发展形态上,现代人的生存状态虽然一直为思想家们所诟病,但现代社会的合理性同样毋庸置疑。现代人的生存状况在马克思的异化劳

---

① [英]吉登斯:《现代性与自我认同》,夏璐译,中国人民大学出版社2016年版,第42页。
② [美]费罗姆:《逃避自由》,刘林海译,国际文化出版公司2002年版,前言第2页。
③ [美]费罗姆:《逃避自由》,刘林海译,国际文化出版公司2002年版,第20页。

动中被全面地展示出来,尤其是人与人关系的异化更是为我们新型交往关系的建立奠定了基础。在前资本主义时期,人的交往从属于传统的交往体系,血缘宗法和道德伦理都在无形之中作为一种规范而存在,在此基础上形成的交往却严格地受时空的限制而无法谈及自由个性的全面发展,甚至或许都不能发展出人的合理的欲望,这种状态也绝非人的终极状态。作为表征的现代资本主义力量承担着这种"破坏性的力量",人与人之间的关系由于人和劳动产品的分离,人的价值属性就隐退在交往的背后,新的交往形式代替了之前所有的交往规范成为简单的计算问题并以物的形式表现出来。在对现代社会的批判中,思想家们一片哀歌,而且忽视了现代社会作为在自由个性的发展之前人们所必需的筹备工作。

马克思终生致力于人的自由和解放,为我们梳理出完整的人的历史发展形态,即从人的依赖到物的依赖到自由个性的发展历程。在面对人的独立性这一阶段上,马克思和后现代主义者以不同的视角展示了人在现代社会所经历的悲喜。因此,"以物的依赖性为基础的人的独立性"的积极意义就在于它是形成新型交往关系的必然环节,作为自由个性的第三个阶段同样是人的依赖关系,只是这种依赖关系完全是出于自发和自愿的。只有如此,"每一个个人的全面而自由的发展"[1]才有可能成为现实,全面的依赖关系才是未来社会的必然形式。在这样一个过程中,个体不断得到完善,正如费罗姆在《逃避自由》中为我们所指出的道路:"解决个体化的人与世界关系的惟一可能的创造性方案是:人积极地与他人发生联系,以及人自发地活动——爱与劳动,借此而不是借始发纽带,把作为自由独立的个体的人重新与世界联系起来。"[2]由此看来,我们应该在现代人的生存危机中看到值得期许的未来,马克思为我们所展示的人的发展形态正在不断地被证实,自由个性的联合体不再是虚幻的"乌托邦",而是基于历史唯物

---

[1] 《马克思恩格斯文集》第5卷,人民出版社2009年版,第683页。
[2] [美]费罗姆:《逃避自由》,刘林海译,国际文化出版公司2002年版,第25页。

主义的真实共同体。现代社会的阵痛犹如新生命的分娩，从舒适安逸的母体胞胎到未知的新世界，这是我们不得不经历的和母体的分别过程。我们对新世界一无所知却满怀欣喜，因为我们知道，在这里我们有机会成长为真正的人。

后现代主义对现代社会的批判在某种程度上是对同一性哲学的批判。后现代主义摒弃了现代社会的宏大叙事原则，从现实的个体出发不断探索对非同一性的追求。现代社会树立了理性和主体性的权威，增强了人在现实生活和思辨层面的存在地位。但是，理性却有着走向自己对立面的危险，有可能成为新的神话。面对理性所取得的肯定性成果，阿多诺的设想就是让辩证法摆脱这些肯定的特性，同时又不减弱它的确定性。也就是说，现代社会的肯定意义应该被置于辩证法的视野中，在看到现代社会所取得的成果时及时发现它的否定意义，阿多诺强调了对现代性的否定性理解应该不以妨碍它的肯定性为代价。但是，在实际的操作过程中，或者说在大部分对现代社会的分析中，人们对否定性的强调都盖过了对肯定性的保留。从尼采开始，人们对于现代社会就表达出了一种极端态度，不管是对传统权威的全盘否定，还是对理性的放弃，后现代主义以一种决绝的态度和现代性划清界限。实际上，这种强烈的态度并非观点上的旗帜鲜明，而只是表达了一种坚决的态度和反抗的愤怒。在这种强烈的反抗情绪下，人们对现代社会的否定性理解占据了绝对地位，由此导致了后现代主义与现代性之间的关系断裂。由于后现代主义反对一切宏大叙事，反对由现代性建立起来的各种同一性规范，在某种程度上导致了虚无主义，这是一味地强调否定性的必然结果。

马克思对现代资本主义社会的态度是鲜明且理性的。和很多后现代主义思想家不同，马克思教给我们的是"不应把现代性及其规划当作失败的事业加以抛弃，我们应该从那些力图否定现代性的偏激方案的失误中吸取教训"[①]。现代社会在取得长远进步的同时也带来了某种失败，面

[①] ［德］哈贝马斯等：《文化现代性精粹读本》，周宪编，中国人民大学出版社2006年版，第145页。

对这些否定性的因素，我们要做的不是全盘放弃现代社会所取得的各种结果，而是要对这些方案进行理性和辩证的分析，澄清现代社会的内部矛盾，对现代社会进行积极的扬弃。只有如此，我们才能真正理解现存的一切事物，并从中发现解放性的力量。与其他哲学家不一样，马克思选择了从总体性的历史辩证法出发理解现代社会和后现代主义的关系。这里的关键是"社会总体性的关键在于不同类型实践活动（社会行动）之间的普遍联系、相同类型实践活动之中不同要素之间的有机统一，而社会领域分化的关键在于不同行为、不同合理性（即工具理性和价值理性）之界域的划分"①。马克思以一种整体的历史观对现存的社会矛盾进行把握，把它们放在历史的环节中来理解。现实地来看，社会中一切事物都存在着普遍的联系，社会在共时性和历时性的层面都是一个有机的统一体，社会本身并不存在绝对的分离和对立。后现代主义的诸多思想家在某种程度上仍旧遵循二元分立的传统思维，区别出理性的不同形式或者不同的范围来规范社会行为。所以说，"马克思兼具现代主义的气质和后现代的意蕴，但又超越了二者的抽象对立"②。他对现代社会的认识是全方位、立体的，他既肯定了资本主义生产所取得的巨大历史成就，也洞察了资本主义的"劣根性"，并为人指明了实现自我解放的道路。与后现代主义所理解的现代社会不同。马克思视域中的现代性和后现代并不是二元对立的关系，两者更不是断裂的，现代性在本质上包含了自我批判，也就是内在否定的基因，马克思所理解的后现代是作为辩证法的否定性而得到强调的。从我们梳理的"人的独立性"的现实意义来看，"现代性内部本身就包含着'自我捍卫'与'自我批判'的双重倾向，孕育着不断自我矫正、自我更新的机制"③。现代性并不是一种变

---

① 郗戈：《现代性问题的诊断与治疗：马克思与哈贝马斯的思想对话》，《山东社会科学》2016 年第 8 期。
② 郗戈：《现代性问题的诊断与治疗：马克思与哈贝马斯的思想对话》，《山东社会科学》2016 年第 8 期。
③ 郗戈：《现代性问题的诊断与治疗：马克思与哈贝马斯的思想对话》，《山东社会科学》2016 年第 8 期。

动不居的完满状态,而是在自身内部存在着自我否定,自我扬弃的动力,马克思对资本主义的分析证明了这一点。资本主义社会在其内部是辩证的,而且现代性和后现代在其关系上也应该理解为辩证法的不同环节,它们在不同的语境中分别展示出了否定性和肯定性的侧面。所以,马克思所区分的现代性的积极意义和消极意义是一个问题的两个方面,它们更应该被理解为一种内部的环节性的区分,这种区分"是在同一种社会活动内部进行的,是对同一种行为中的两个相互联系的内在方面所作的辩证法式的'矛盾分析'"[①]。马克思意义上的现代性和后现代主义实际上可以表征为现代性的肯定意义和否定意义,它们统一于一个共同的历史进程,作为总体性历史的不同环节而存在。

总之,马克思给我们提供了一种历史地和辩证地看待现代社会和后现代主义的视角。马克思对现代资本主义的分析不仅是否定性的,而且是建设性的。马克思用历史唯物主义提出了解读资本主义生产的可能性,并在此基础上把共产主义作为一种总体性的社会运动提出来。现代性展示了社会生活的不同侧面,是对动态社会发展的集中展示。现代性的各种要素在何种意义上能够作为人的解放性力量而存在,作为人的自由的前提或障碍而存在,只有在一种整体性的历史视野中才能得到显现,在这一点上,马克思的工作是值得铭记的。现代生活日新月异,关于现代社会的研究也层出不穷,不管社会在何种程度上发展,马克思人的发展理论都为我们提供了一幅清晰的图谱。由于能力和精力的限制,我们不可能使现代社会的诸多理论都面面俱到,我们能够做的只是提出一种理解的新的可能。只有如此,面对纷繁的现代社会,我们才能清楚地知道我们从哪里来,到哪里去。

---

① 郗戈:《现代性问题的诊断与治疗:马克思与哈贝马斯的思想对话》,《山东社会科学》2016 年第 8 期。

参考文献

一 著作

《马克思恩格斯全集》第 1—50 卷，人民出版社 1956—1985 年版。

《马克思恩格斯文集》第 1—10 卷，人民出版社 2009 年版。

陈戎女：《西美尔与现代性》，上海书店出版社 2006 年版。

陈晓敏：《大陆法系所有权模式历史变迁研究》，中国社会科学出版社 2016 年版。

费孝通：《乡土中国》，北京出版社 2005 年版。

高兆明：《心灵秩序与生活秩序》，商务印书馆 2014 年版。

何真、唐清利：《财产权与宪法的演进》，山东人民出版社 2006 年版。

贺来：《边界意识与人的解放》，上海人民出版社 2007 年版。

胡戎恩：《走向财富——私有财产权的价值与立法》，法律出版社 2006 年版。

李春敏：《马克思的社会空间理论研究》，上海人民出版社 2012 年版。

孙承叔：《真正的马克思》，人民出版社 2009 年版。

谈际尊：《伦理理性化与现代生活方式》，中国社会科学出版社 2013 年版。

汪天文：《社会时间研究》，中国社会科学出版社 2004 年版。

王振林：《西方现代交往理论研究》，中国社会科学出版社 2015 年版。

杨河：《时间概念史研究》，北京大学出版社 1998 年版。

尹田：《法国物权法》，法律出版社 1998 年版。

张盾、田冠浩：《黑格尔与马克思政治哲学六论》，学习出版社 2014 年版。

［德］阿克塞尔·霍耐特：《为承认而斗争》，胡继华译，上海人民出版社 2005 年版。

［德］狄尔泰：《历史中的意义》，艾彦译，译林出版社 2014 年版。

［德］斐迪南·滕尼斯：《共同体与社会》，林荣远译，商务印书馆 1999 年版。

［德］费尔巴哈：《基督教的本质》，荣震华译，商务印书馆 1984 年版。

［德］哈贝马斯：《公共领域的结构转型》，曹卫东等译，学林出版社 1999 年版。

［德］哈贝马斯：《在事实与规范之间》，童世骏译，生活·读书·新知三联书店 2003 年版。

［德］何夫内尔：《基督宗教社会学说》，宁玉译，华东师范大学出版社 2010 年版。

［德］黑格尔：《法哲学原理》，范扬等译，商务印书馆 1961 年版。

［德］黑格尔：《精神现象学》（上卷），贺麟等译，上海人民出版社 2013 年版。

［德］康德：《实践理性批判》，邓晓芒译，人民出版社 2003 年版。

［德］尼采：《历史的用途与滥用》，陈涛等译，上海人民出版社 2000 年版。

［德］施密特：《马克思的自然概念》，吴仲昉译，商务印书馆 1988 年版。

［德］西美尔：《货币哲学》，陈戎女等译，华夏出版社 2002 年版。

［德］西美尔：《金钱、性别、现代生活风格》，顾仁明译，学林出版社 2000 年版。

［法］贡斯当：《古代人的自由与现代人的自由》，阎克文等译，上海人民出版社 2005 年版。

［法］孟德斯鸠：《论法的精神》（上册），张雁深译，商务印书馆 1961 年版。

［法］皮埃尔·勒鲁：《论平等》，王允道译，商务印书馆 1988 年版。

［古希腊］亚里士多德：《物理学》，张竹明译，商务印书馆 1982 年版。

［古希腊］亚里士多德：《政治学》，姚仁权译，北京出版社 2012 年版。

［荷］斯宾诺莎：《伦理学》，贺麟译，商务印书馆 1958 年版。

［加拿大］福尔克：《探索时间之谜：时间的科学和历史》，严丽娟译，海南出版社 2016 年版。

［捷］科西克：《具体的辩证法——关于人与世界问题的研究》，傅小平译，社会科学文献出版社 1989 年版。

［美］阿伦特：《人的境况》，王寅丽译，上海人民出版社 2017 年版。

［美］伯纳德·施瓦茨：《美国法律史》，王军等译，法律出版社 2007 年版。

［美］费罗姆：《逃避自由》，刘林海译，国际文化出版公司 2002 年版。

［美］霍尔姆斯、桑斯坦：《权利的成本——为什么自由依赖于税》，毕竞悦译，北京大学出版社 2004 年版。

［美］贾雷德·戴蒙德：《枪炮、病菌与钢铁》，谢延光译，上海译文出版社 2000 年版。

［美］摩尔根：《古代社会》第 1 册，杨东莼等译，商务印书馆 1971 年版。

［美］诺齐克：《无政府、国家和乌托邦》，姚大志译，中国社会科学出版社 2008 年版。

［美］乔拉德：《健康人格》，刘劲译，华夏出版社 1990 年版。

［美］詹明信：《晚期资本主义的文化逻辑》，陈清侨等译，生活·读书·新知三联书店 1997 年版。

［苏］捷·伊·奥伊则尔曼主编：《辩证法史：德国古典哲学》，徐若木等译，人民出版社1982年版。

［匈］卢卡奇：《历史与阶级意识》，杜章智等译，商务印书馆1996年版。

［英］鲍曼：《被围困的社会》，郇建立译，江苏人民出版社2005年版。

［英］鲍曼：《个体化社会》，范祥涛译，上海三联书店2002年版。

［英］彼得·奥斯本：《时间的政治》，王志宏译，商务印书馆2004年版。

［英］吉登斯：《失控的世界——全球化如何重塑我们的生活》，周红云译，江西人民出版社2001年版。

［英］吉登斯：《现代性与自我认同》，夏璐译，中国人民大学出版社2016年版。

［英］洛克：《政府论》（下篇），叶启芳等译，商务印书馆1964年版。

［英］梅因：《古代法》，沈景一译，商务印书馆1959年版。

［英］席勒：《人本主义研究》，麻乔志等译，上海人民出版社1966年版。

［英］约翰·哈萨德：《时间社会学》，朱红文等译，北京师范大学出版社2009年版。

［英］詹姆斯·斯蒂芬：《自由·平等·博爱》，冯克利等译，广西师范大学出版社2007年版。

二 论文

白刚：《马克思的现代性批判》，《社会科学研究》2009年第1期。

程彪：《历史唯物主义的核心范畴："物质生活的生产方式"》，《吉林大学社会科学学报》2011年第5期。

邓安庆：《从"自然伦理"的解体到伦理共同体的重建》，《复旦大学学报》2011 年第 3 期。

李淑梅:《论马克思自由平等观的变革》,《教学与研究》2008 年第 6 期。

刘怀玉:《社会主义如何让人栖居于现代都市?》,《马克思主义与现实》2017 年第 1 期。

马大康:《虚拟网络空间的话语狂欢》,《浙江社会科学》2005 年第 4 期。

马俊驹:《人格与财产的关系》,《法制与社会发展》2006 年第 1 期。

彭柏林、赖换初:《道德起源的三个视角》,《哲学动态》2003 年第 11 期。

孙正聿:《辩证法:黑格尔、马克思与形而上学》,《中国社会科学》2008 年第 3 期。

涂文娟:《公共与私人——泾渭分明还是辩证融合》,《哲学动态》2010 年第 4 期。

王福生:《黑格尔承认理论的四副面孔》,《吉林大学社会科学学报》2007 年第 4 期。

王治河:《中国式建设性后现代主义与生态文明的建构》,《马克思主义与现实》2009 年第 1 期。

吴晓明:《马克思主义中国化与新文明类型的可能性》,《哲学研究》2019 年第 7 期。

郗戈:《现代性问题的诊断与治疗:马克思与哈贝马斯的思想对话》,《山东社会科学》2016 年第 8 期。

姚顺良:《自由时间是人的发展空间——马克思"人生时间"哲学发微》,《江西社会科学》2011 年第 8 期。

俞金尧、洪庆明:《全球化进程中的时间标准化》,《中国社会科学》2016 年第 7 期。

左玉河:《评民初历法上的"二元社会"》,《近代史研究》2002 年第 3 期。

后　　记

本书主要是在博士学位论文的基础上修改而来的。

目前来说，这仍是我从事过的最重要的工作。但恳切地说，我从未着急让它出版成书。或许正如我潜意识里的"佛渡有缘人"一样，存在形式的变化并不一定能改变它被需要的状况，一切最好都是自然发生。

参加工作的时间已经够长了，长到我的孩子正在失掉儿童的感觉，长到在求学期间所感受到的学术气象、视野已经成为幻境，长到中年生活的难题开始袭扰我。可惜的是，新的工作和生活并没有使三十岁时所遇到的虚无找到答案。我开始意识到，正如赫拉克利特所说的无物常驻，可能永远不会有那么一个固定的结果，但如果非要寻找，那可能是重新学会读书和写作。

重新学会读书和写作是志业，也是职业。生活是流动的、片段的、干瘪的、稍纵即逝的，与之对抗，阅读和写作可能是我诸多尝试后依然有效的行动。马克思说人自由的一无所有，弗洛姆说不能逃避自由，而我需要"自由"，需要"乌托邦"，需要能够持久的人生锚点。如有可能，谨以此书作为自己一个新的生命起点吧。

拙作得以出版，衷心感谢山东师范大学马克思主义学院的大力支持，感谢学院对青年教师的鼓励。谨以此记，以表谢意。

邵长超

2024 年 3 月 11 日